刘宝存　主编

比较高等教育研究丛书

初编　第 **13** 册

俄罗斯高等师范教育人才培养模式变革研究

朋　腾　著

花木兰文化事业有限公司

国家图书馆出版品预行编目资料

俄罗斯高等师范教育人才培养模式变革研究／朋腾 著 —— 初
版 —— 新北市：花木兰文化事业有限公司，2022〔民 111 〕
目 6+238 面；19×26 公分
（比较高等教育研究丛书 初编 第 13 册）
ISBN 978-986-518-748-4（精装）
1.CST：高等教育 2.CST：师范教育 3.CST：师资培育
4.CST：俄国
525.08   110022087

ISBN-978-986-518-748-4

比较高等教育研究丛书
初编　第十三册   ISBN：978-986-518-748-4

俄罗斯高等师范教育人才培养模式变革研究

作　　者 朋　腾
主　　编 刘宝存
企　　划 北京师范大学国际与比较教育研究院
总 编 辑 杜洁祥
副总编辑 杨嘉乐
编辑主任 许郁翎
编　　辑 张雅淋、潘玟静、刘子瑄　美术编辑 陈逸婷
出　　版 花木兰文化事业有限公司
发 行 人 高小娟
联络地址 台湾 235 新北市中和区中安街七二号十三楼
　　　　　电话：02-2923-1455／传真：02-2923-1452
网　　址 http://www.huamulan.tw 信箱 service@huamulans.com
印　　刷 普罗文化出版广告事业
初　　版 2022 年 3 月
定　　价 初编 14 册（精装）台币 38,000 元   版权所有 请勿翻印

俄罗斯高等师范教育人才培养模式变革研究

朋腾 著

作者简介

朋腾，浙江工业大学教育科学与技术学院讲师，北京师范大学教育学博士。主要从事教师教育和高等教育的比较研究工作。曾参与国家及省部级重大教育课题数项，在《比较教育研究》《外国教育研究》《教育科学》等期刊发表文章数篇，以第二作者身份出版专著两部。

提　要

本研究将苏联时期的教育视为新时期俄罗斯教育的母体，尝试分析俄罗斯高等师范教育人才培养的发展走向问题，即在新的时代背景下，俄罗斯如何回答"教师是谁？""如何培养教师"的问题。基于组织变革理论，本研究以变革起点、变革环境、变革过程、变革结果以及变革趋势五大部分对俄罗斯高等师范教育人才培养从苏联时期"知识导向"模式转向"胜任力导向"模式的变革过程展开多方位分析，并得出以下结论：

第一，20 世纪 80 年代末期开始的俄罗斯高等师范教育人才培养模式的变革是受到内外部环境合力影响的产物。从戈尔巴乔夫的"新思维"改革到苏联解体后俄罗斯联邦所面临的全新国际国内环境，是其高等师范教育人才培养模式变革的重要外部影响因素；苏联传统的、侧重"知识导向"的高等师范教育专才培养模式不适应新时期发展需求所显现出的内部危机是催生变革的内在推力。

第二，俄罗斯高等师范教育人才培养模式的变革走过了从"解冻"到"变革"到"再冻结"的发展历程。"解冻"是以雅格金（Г.А. Ягодин）和第聂伯罗夫（Э.Д. Днепров）为首的教育变革者借戈尔巴乔夫"新思维"改革契机采取的"造势"战略，由此打破了苏联教育的平衡状态，形成了教育变革的驱动力；"变革"是随着俄罗斯社会的全面转轨，由政府教育主管部门迅速推动、从 80 年代末的教育改革构想落地入手，进入对高等师范教育人才培养模式的新探索；"再冻结"是俄罗斯政府将高等师范教育侧重"胜任力导向"的人才培养模式通过国家项目推广予以稳定塑形。

第三，俄罗斯高等师范教育人才培养模式的变革是从侧重"知识导向"的专才培养到侧重"胜任力导向"人才培养取向的转变，这一新型模式更加强调以"学生"为中心的人道主义教育理念，更注重突显人才培养的个性化、通才化、专业化及实践导向化特征。

最后，在守成中创新将是未来俄罗斯高等师范教育人才培养模式变革的重要趋势。在立足传统方面，俄罗斯将继续打造区域连续师范教育体系，加强高等师范教育的师范性；在深化创新方面，俄罗斯将着手打造统一数字教育环境，建构基于"数字胜任力"的未来教师胜任力结构模型。

《比较高等教育研究丛书》总序

刘宝存

　　20 世纪 80 年代以来，科学技术突飞猛进，知识经济迅猛发展，国际竞争日趋激烈，经济全球化不断深入，文化多元化趋势增强……世界教育面临前所未有的新形势、新问题和新挑战。为了应对这些新形势、新问题和新挑战，以更好的姿态进入 21 世纪，世界各国无不把教育作为优先发展的战略领域，把教育改革与创新作为应对时代挑战和提高国际竞争力的重要举措，在全球范围内兴起了一场教育改革运动。在如火如荼的全球性教育改革中，世界各国都致力于建构世界一流的教育体系和教育标准，推动教育公平，提高教育质量，改进教学模式和方法，推动教育的国际化和信息化，促进教育治理体系和治理能力的现代化，提升教育为社会经济发展服务的能力，满足社会民众日益增长和个性化的教育需求。与以往的教育改革多聚焦于某一个层次或某一个领域的教育不同，世纪之交的教育改革运动涉及学前教育、基础教育、高等教育、职业教育、师范教育、教育管理、课程与教学等各级各类教育和教育的各个领域，是一场综合性的教育改革，而且迄今已经持续三十多年，但是仍然呈方兴未艾之势。

　　高等教育是一国教育体系中的最高层次，在培养高层次人才、开展科学研究和社会服务、推动国际合作与交流等方面发挥着至关重要的作用。从各国高等教育领域的教育改革看，新自由主义教育思潮成为占主导地位的教育思潮，新公共管理和治理理论被奉为圭臬，追求卓越和效率、倡导分权和扁平化管理、强调公民参与和公共责任，成为高等教育管理的价值取向。世界各国在高等教育中追求卓越，致力于创新人才的培养，特别是培养面向 21 世纪的教师、提高博士生培养的质量成为高等教育改革的重点。为了培养创新人才，各国高等学校在人才培养目标、课程设计、教学模式和方法、教学评价等方面进行改革，本科生科研、基于问题的学习、服务性学习、新生研讨课等以探究能力和实践能力为导向的教学模式和方法风行世界，建构高等教育质量保障体系成为各国的共同选择。在信息技术和全球经济一体化的推动下，各国致力于打造智能化校园，促进信息技术与教育教学、大学治理的融合；致力于发展跨境教育和学生流动，提升高等教育的国际竞争力和影响力。

北京师范大学国际与比较教育研究院是中国成立最早、规模和影响最大的比较教育研究机构，也是比较教育学科唯一的国家重点学科依托机构。该院 1999 年获批首批教育部普通高等学校人文社会科学重点研究基地，2012 年获批教育部国别和区域研究基地，2017 年成为教育部高校高端智库联盟成员单位。该院的使命是：（1）围绕世界和我国教育改革与发展的重大理论、政策和实践前沿问题开展研究，探索教育发展的规律，把握国际教育发展的趋势，为我国教育改革与发展提供理论支撑；（2）为文化教育部门和相关部门培养具有国际视野、通晓国际规则、能够参与国际事务与国际竞争的高层次国际化人才；（3）积极开展教育政策研究与咨询服务工作，为中央和地方政府的重大教育决策提供智力支撑，为区域教育创新和各级各类学校的改革试验提供咨询服务；（4）积极开展国际文化教育交流与合作，引进和传播国际先进理念和教育经验，把我国教育改革发展的先进经验和教育研究的新发现推向世界，成为中外文化教育交流的桥梁和平台。60 多年来，该院紧紧围绕国家战略，服务国家重大需求，密切跟踪国际学术前沿，着力进行学术创新，提升咨政建言水平，成为世界有重要影响的国际与比较教育理论创新中心和咨政服务基地；牢牢把握立德树人的育人方向，创新人才培养模式和方法，成为具有全球竞争力国际化人才的培养基地；充分发挥舆论引导和公共外交功能，深化国际交流与合作，成为中国教育经验国际传播中心和全球教育协同创新中心。

为了总结该院在比较高等教育领域的研究成果，我们以该院近年来的博士后报告和博士论文为基础，组织了这套《比较高等教育研究丛书》。《比较高等教育研究丛书》的各位作者现在已经在全国各地的高等学校工作，成为在比较教育领域崭露头角的新秀。首辑丛书包括十四部，具体如下：

黄海啸　美国大学治理的文化基础研究

陈　玥　中美研究型大学博士生教育质量保障体系的比较研究

翟　月　美国大学非营利管理教育课程设置研究

孙　珂　美国高校创新活动的风险治理机制研究

李丽洁　美国营利性高等教育机构的组织学分析

李　辉　美国联邦政府对外国留学生的监管研究

苏　洋　「一带一路」国家来华留学博士生教育质量监控体系研究

尤　铮　美国大学在亚洲的海外办学研究——基于对纽约大学的考察

肖　军　德国大学治理模式变迁研究

褚艾晶　荷兰高等教育质量保证政策研究

徐　娜　俄罗斯提升国家研究型大学国际竞争力的策略研究——以制度
　　　　变迁理论为视角

郑灵臆　芬兰「研究取向」的小学教师教育研究

朋　腾　俄罗斯高等师范教育人才培养模式变革研究

王　蓉　美国高校服务－学习实践的研究

根据我们的设想，《比较高等教育研究丛书》将不断推出新的著作。现在呈现在各位读者面前的只是丛书的第一辑，在条件成熟时我们陆续将推出第二辑、第三辑……。同时我们也希望在第二辑出版时不仅包括北京师范大学国际与比较教育研究院的研究成果，而且希望将国内外其他高等学校的研究成果纳入其中；不但出版基于博士后研究报告和博士论文修改而成的研究成果，而且希望出版高等学校和研究机构教学科研人员的研究成果，不断提高丛书的质量。同时，我们还希望聆听大家在选题方面的建议。

《比较高等教育研究丛书》的出版，得到花木兰文化事业有限公司的大力支持，特别是杨嘉乐女士为丛书的出版花费了许多心血，在此我谨代表各位作者向她们表示衷心的感谢。

刘宝存

2021 年 11 月 28 日

于北京师范大学国际与比较教育研究院

目次

图目录

绪　论

第一节　问题提出

一、研究背景

（一）师范教育[1]人才培养模式变革对于教师质量的提升至关重要

人类当前正处于第三次科技革命的巨浪之中，紧随而来的是全球性的教育变革。人工智能的迅速发展导致未来社会职业分工不断变化，在人的社会职能不断弱化的情况下，如何促进人在精神品质和道德意识层面的人性的发展是未来教育需要思考的重要议题。正如俄国学者雷兹（Н.А. Лызь）所指出的，"今天，我们不仅在思考教育应该为社会的发展做些什么，而且还要考虑它应该为学习者自己做些什么，毕竟人的发展才是社会发展的目标。从这个角度看，教育最本质的是其人道主义使命，即不仅是给学生必要的社会经验，并帮助其履行专业职责，而更应该使他成为一个快乐的、能成功实现自身主观幸福感的人"[2]。

在这场声势浩大的全球性教育变革中，师范教育变革成为各国关注的焦点。1999 年，在德国利隆举行了发达国家八国首脑峰会，各国就面向 21 世纪的教

1　注：21 世纪初，我国适应教育国际化发展的趋势，将师范教育概念扩展为教师教育，但在俄罗斯依然使用 непрерывное педагогическое образование，即包括职前培养和在职培训的连续师范教育，因此，在本研究中依旧沿用师范教育这一概念。

2　Лызь, Н. А. Тенденции развития образования и смыслы педагогической деятельности [J]. Педагогик, 2017（6）:3-11.

育改革政策达成一致，并共同发布了《科隆宪章——终身学习的目的与希望》，其中强调"教师在推进现代化和提高现代化水准方面，是最重要的资源。"[3]可见，作为承担者教师培养职能的师范教育在教育体系中的先进性作用也愈加明显。师范教育通过培养具备独立工作能力和创造精神的专业教师从根源上保障了所有教育领域教师的质量，从而确保符合时代要求的高质量教育的提供。

伴随着人类进入高度发达的后工业社会，师范教育人才培养模式的转变也迫在眉睫。在大变革大发展大调整的科技时代，人类生活的方方面面都已发生改变。人们学习的机会越来越多，方式也更加多样。人们开始追求更高质量的教育，对教师的期待也更高。在这种情况下，教师如何应对社会中纷繁复杂的教育问题，如何转换身份从"教书匠"成为"引路人"，如何适应时代利用科技辅助教学，如何提高自身专业性等等这些关键性问题都需要师范教育通过自身变革来解决。

教育是一个灵魂唤醒另一个灵魂，可以说，师范教育在应对现代文明所带来的革命性挑战方面起到了至关重要的作用[4]，师范教育的创新变革是整个教育领域乃至整个社会更新发展的重要前提。因此，师范教育现代化是世界各国教育建设与改革的重点，师范教育的变革问题也成为教育理论工作者们重要的研究方向。

（二）历史悠久、独具特色的苏俄师范教育对苏俄教育乃至国家发展意义重大

同德、法、英、美、日等国相似，俄罗斯师范教育历史悠久，自沙皇俄国时代起就已发端的师范教育在苏联时代达到鼎盛。同时，受时代变革、社会转型的影响，俄罗斯承袭苏联连续师范教育体系并结合时代的新型要求，打造出新的独具特色的连续师范教育体系。

首先，俄罗斯师范教育历史悠久，可追溯至沙皇俄国时期。19世纪初，伴随着沙皇亚历山大一世推动创建国民教育体系，俄国高等师范教育正式得以发端。随后经历了三大发展阶段，高等师范教育机构在不同阶段也各不相同。具体而言，1804-1859年为起步发展阶段，这一时期发挥重要功用的是大

3　陈永明：《教师教育研究》[M]，华东师范大学出版社，2003年，第40页。

4　Бордовский Г.А. Модернизация подготовки педагогических кадров на основе гуманитарных технологий [J]. Universum: Вестник Герценовского университета. 2008（12）:3-6.

学附设高等师范院校和中心高等师范院校；1859-1863 年为停滞阶段，这一时期并无高等师范教育机构，仅在大学内开设两年制师范课程；1867-十月革命前为缓慢恢复阶段，这一时期承担培养师资功能的高等师范教育机构为彼得堡文史学院、涅任文史学院、高等女子训练班和舍拉普钦高等师范院校。

十月革命胜利后，苏联经过二十余年的调整于 1953 年开始确立起战后两级师范教育制度：第一级为中等师范学校，培养学前教育阶段和初等普通教育阶段的教师、教养员和少先队辅导员，招收不完全中学毕业生，修业 3-4 年，或者接受完全中学毕业生，修业 2-3 年；第二级为高等师范院校：培养基础普通和中等普通教育机构各科教师的高等师范院校、培养音体美、劳技和外语教师的专门高等师范院校、承担着培养高年级学科教师任务的综合性大学。此外，苏联还形成了多层次的教师进修体系和科研网络，制定了教师考评的条例[5]。

苏联时期发达的师范教育体系为其教育体系提供了大量高水平的师资，大力推动了教育的发展，保障了苏联创新人才的培养，这也为苏联大国地位的形成打下了坚实的根基。更为重要的是，苏联完备的教师职前培养和在职进修体系至今仍在俄罗斯发挥着效力。

除了历史悠久之外，俄罗斯师范教育的另一大特点便是其规模庞大、多层次的连续师范教育体系。目前，根据俄联邦教科部的统计数据，这一体系涵盖了全俄约 874 所教育机构：中等师范教育机构约 416 所，占中等职业教育机构的约五分之一，其中有超过 930 所中等师范专科学院，占中等师范教育机构的约 36%[6]。高等师范教育机构约 458 所，涵盖 76 所师范大学、124 所综合性大学、以及 258 所其他类型的大学和学院[7]。

同时，这一体系内部述实现了教学、科研和师资培养的一体化，是一个动态的、开放的系统。中等师范机构包括师范中专和师范专科，高等师范教育包括师范本科和硕士研究生教育，涵盖高等师范院校、师范大学、综合性大学、语言大学等，高校后师范教育指师范硕士之后的研究生教育，包括副博士和博士教育。这三个层次之间相互衔接，比如形成的师专——高师教

5 张丹华：《俄罗斯师范教育的演进》[J]，外国教育研究，1995 年（4），第 52-56 页。

6 Программа модернизации педагогического образования. [EB/OL]. http://base.garant.ru/1592956/. 2018-10-25.

7 Соболев А.Б. Программа развития педагогического образования: новые вызовы[J]. Психологическая наука и образование. 2015（5）:5–12.

育联合体等，构成了紧密的中等、高等以及高校后师范教育网。除此之外，体系内部还存在师范教育机构与各级各类学校联合体。如此该体系便能将各级各类学校的教学活动、师范教育机构的师资培养和科学研究有机统一起来。

综上所述，俄罗斯的师范教育体系有历史有特色。具体表现为：首先，规模庞大，呈现出多层次的师范教育机构网；其次，功能多样，集教学、科研和师范教育于一体；最后，体系健全，呈现出开放、连续的特点。这一体系将俄罗斯教师的职前培养和专业发展紧密联系起来，将教师的教学活动和科研活动有机结合起来，推动了教师职业的专业化发展，更激发了以师范院校为中心、以周边中小学为依托的地区教育群（региональный образовательный кластер）的发展。

（三）社会转型背景下俄罗斯师范教育处于变革过程中

苏联解体后，俄罗斯社会发生重大转型，无论是意识形态，还是政治、经济、文化等领域都发生了翻天覆地的变化。在教育领域，原来高度集权统一的教育体系崩塌，重建满足新型社会需求的教育制度迫在眉睫，人道主义教育成为俄罗斯教育改革的重要方向。

在人道主义教育理念的影响下，个性化、民主化和人道化的师范教育观开始成为俄罗斯师范教育改革的重要战略指导思想。由此，俄罗斯在 21 世纪初便制定了《2001-2010 年连续师范教育发展计划》，力求在继承苏联传统师范教育体系的基础上重新打造一个开放的、多层级的、多功能的、灵活的、具有动态发展性的连续师范教育现代体系，培养一批具有较强专业能力的、社会参与积极性的、富有创造力的个性化的教师，在不断改变的教育范式和社会文化环境中优化师范教育体系的管理机制。[8]

进入 21 世纪第二个十年，俄罗斯教科部发布《2014-2020 年关于提高普通教育机构师资职业水平综合纲要的构想》（Комплексная программа повышения профессионального уровня педагогических работников общеобразовательных организаций 2014-2020 г.г.），并在此框架下颁布《2014-2017 年师范教育现代化子纲要》（подпрограмма модернизации педагогического образования 2014-2017 г.г.），按照教师职业标准和普通教育国家教育大纲的要求更新师范教育的内

---

8 Программа развития системы непрерывного педагогического образования России на 2001-2010 годы [EB/OL]. http://docs.cntd.ru/document/901790476. 2020-12-29.

容，构建并完善多层级的灵活的高等师范教育体系。[9]

在师范教育不断变革的背景下，高等师范教育人才培养模式也处于不断向个性化要求变革的过程中。高等师范院校不仅要培养熟练掌握学科教学技能的师资，而更要培养真正能够实现自身发展并促进学校发展的个性化的未来教师。培养目标的这一根本转变的真正实现要求必须更新师范教育内容、研究并实际运用创新教育教学方法。为此，俄罗斯一改苏联时期全国高度统一的"一纲一本"模式，转而开始建立并实施《高等师范教育国家教学标准》，由联邦、地方和学校按一定比例共同设置教学内容。此外，随着时代的发展，教学标准也处于不断更新过程中，目前《高等师范教育国家教学标准》已处于第3++代。

综上，由于社会转型以及全球化的影响，俄罗斯教育一直处于深刻的变革之中[10]，师范教育承担着为教育系统培养师资的重任，因而走在改革的前列。无论是俄罗斯国家政府层面，亦或是俄罗斯学术界均对此高度关注。但关于这些变革，国内的研究无论从广度到深度，还是从政策到实施，亦或从个案到整体都不够。

（四）中国师范教育的苏联渊源及变革要求

中国现代意义上的师范教育创建于19世纪末，经历了"学日本"、"仿美国"、"搬苏联"三种模式[11]。其中，"搬苏联"的影响十分为深远。建国初期至1978年以前，我国"搬苏联"构建了独立的师范教育体系。比如师范生一般由国家统一确定招生指标，按照计划单独招生，以保证生源的质量；师范院校定向培养师资等等[12]。我国在效仿苏联师范教育体系的背景下构建的独立师范教育体系符合计划经济时代的要求，满足了我国庞大的基础教育领域对于师资的需求。

改革开放以后，社会各领域全面发展起来，人民的科学文化素质也有了

9 Подпрограмма модернизации педагогического образования. [EB/OL]. https://мино брнауки. рф/проекты/модернизация-педагогического-образования.2018-09-10.

10 Бордовский Геннадий Алексеевич. Модернизация системы подготовки педагогических кадров в учреждениях высшего образования как необходимое условие обеспечения кадровых потребностей школы [J]. Universum: Вестник Герценовского университета. 2007（8）:3-13.

11 顾明远，檀传宝：《2004：中国教育发展报告：变革中的教师与教师教育》[M]，北京师范大学出版社，2004年，第93页。

12 肖甦：《比较教师教育》[M]，江苏教育出版社，2010年，第351页。

大幅度上升，师范教育开始面临新的时代挑战。经过教育体制改革之后，20世纪80年代我国已经形成了以师范院校为主、其他教育机构共同参与的多元化的师范教育体系。90年代以后，我国在师范教育领域的改革更加深入，独立设置的相对封闭的师范院校在一定时期内仍然保留，并逐步建立起开放式的大师范教育体系[13]。21世纪以来，我国在师范教育领域的改革仍在继续，师范教育机构不断升级，非师范院校更多地参与进来，总的来说逐步实现了教师教育的大学化。

当前，同社会其他领域一样，教育领域的改革也已经进入到了深水区，改革的目标从以前的人人有学上转为如今的人人上好学，也就是需要全面综合改革的阶段。中国政府充分认识到，人们对于公正又高质量的期许越来越急迫，但是作为教育之本的我国教师队伍建设却远远不能满足时代的需求。因此，党的十九大报告提出，培养高素质的教师队伍，2018年明确提出实施教师教育振兴计划，从源头处加强教师队伍建设[14]。

毫无疑问，我国的师范教育正处于变革的关键时期。社会对于高学历、高素质、高专业化的教师的需求日益强烈，原有的高等师范教育人才培养模式面临着严峻的挑战，比如培养内容陈旧、培养途径过于简单等等。在教育发展对优质教师资源需求不断增加的条件下，如何进一步推进教师培养模式的改革将是今后一个时期我国师范教育改革和发展的重要方面[15]。

总之，中国师范教育体系与苏俄师范教育体系有极深的渊源，中国师范教育体系仿效苏联师范教育体系而建，且当下中国和俄罗斯师范教育都处于现代化进程之中。因此，对于俄罗斯高等师范教育人才培养模式的变革研究对于探究我国高等师范教育人才培养模式变革的路径有一定的参考价值。

二、研究问题

对于"教师是谁""如何培养教师"的问题，不同的时代背景下、相异的社会环境下对此有不同的回答，而这一回答鲜明地体现在师范人才培养模式之中。可以说，一定的师范人才培养模式体现了国家一定的社会政治、经

---

13 肖甦：《比较教师教育》[M]，江苏教育出版社，2010年，第353页。

14 中华人民共和国中央人民政府，教育部等五部门关于印发《教师教育振兴行动计划（2018-2022年）》的通知。[EB/OL]. http://www.gov.cn/xinwen/2018-03/28/content_5278034.htm. 2018-09-11.

15 钟秉林：《教师教育转型研究》[M]，北京师范大学出版社，2009年，第138页。

济、文化等方面的需求。因此，随着时代和社会的不断发展，师范人才培养模式也在相应进行变革。从世界范围内而言，师范教育体系从封闭走向开放，师范人才培养从专才走向通才是一个普遍趋势。那么对于有着深厚师范教育底蕴和特色的俄罗斯而言，在经历重大社会转型的背景下，其高等师范教育人才培养模式经历了何种变革，呈现出怎样的发展趋势是本研究试图探讨的重要问题。

本研究将对俄罗斯高等师范教育人才培养模式的变革进行探究，分析苏联传统高等师范教育人才培养模式的特征及其在转型后的俄罗斯社会走向变革的影响因素，俄罗斯所采取的具体的变革行动以及所取得的变革结果，即在新的时代背景下俄罗斯如何回答"教师是谁？""如何培养教师"的问题，并探讨在教师队伍质量持续提升的需求下俄罗斯高等师范教育人才培养模式未来的变革走向问题。具体研究子问题如下：

1. 俄罗斯高等师范教育人才培养模式变革的影响因素是什么？
2. 俄罗斯高等师范教育人才培养模式是如何变革的？
3. 俄罗斯高等师范教育人才培养模式变革的结果如何？
4. 俄罗斯高等师范教育人才培养模式变革的趋势如何？

三、研究意义

（一）理论意义

本研究具有一定的理论意义。当前，教师教育学正处于"有名无实"的学科建设的初级阶段，从库恩范式理论的视角看处于范式混战的"前科学"阶段。教师教育学的知识建构还不完善，对于"教师是谁"、"教师如何培养"、"教师由谁培养"以及"如何为教师教育提供保障"等问题的回答仍不明晰，对于教师教育是"谁"的话语体系这一问题仍不明确。本研究从他国（俄罗斯）的师范人才培养实践出发，探究师范人才培养模式的变革问题，在构造范式层面丰富了教师教育范式的研究，完善了对于"教师是谁"、"教师如何培养"这两大教师教育问题的解答，对于教师教育学的学科建设有一定意义。

（二）实践意义

本研究具有一定的实践意义。

第一，教师培养水平的提高对于人才培养质量的提升、国家创新人力资源的储备、乃至一个国家的政治、经济、文化实力的壮大具有重要影响。对俄罗斯高等师范教育人才培养模式的变革环境、过程、结果及趋势进行研究有助于从某一侧面深入了解社会转型背景下的俄罗斯师范教育现代化进程，同时有助于丰富我国当前在俄罗斯师范教育方面的研究成果。

第二，高质量、专业性教师人才的培养关系到人才培养的质量，关系到国家的优质人力资源储备。新中国师范教育体系仿效苏联而建，可以说，我国师范教育体系与苏俄师范教育体系有极深的渊源。在我国社会的转型背景下，师范教育同样处于改革的进程之中，由师范院校和综合性大学共同参与的开放式师范教育新体系正在形成。在此背景下，我国如何改革高等师范教育人才培养模式以此进一步提高教师队伍的质量，成为我国未来一段时间内需要解决的重要任务。

经历着重大社会转型的俄罗斯同样处于努力探索推进国家创新发展的道路中，培养一流拔尖创新人才则是这条发展道路上的重要任务，而教师作为培养人才的中流砥柱，其质量的提升便成为国家关注的重要方面。作为教师队伍质量提升的首要环节，高等师范教育人才培养模式的变革一直是俄罗斯的重要关注点。教师培养要面向世界，对俄罗斯高等师范教育人才培养模式的变革进行研究不仅有利于我们深入了解俄罗斯在新时期如何回答"教师是谁""如何培养教师"的问题，而且能帮助我们从国别的视角窥探世界师范教育的发展走向，从而为我国进行师范人才培养模式的变革提供一定的参考。

第三，对高等师范教育人才培养模式的变革进行研究能够为相关学生选择师范专业、从事教师行业提供一定的参考，也能为在读的师范生更好地促使自身达到培养目标、促进个人的全面发展、确定未来的职业方向提供一定的启发。

第二节　概念界定

苏俄教育家纳维科夫（A.M. Новиков）曾在其著作中指出："概念在任何科学知识体系中都占据着至关重要的特殊位置，因为无论事实、命题、原则，还是规则、理论，它们都是通过概念以及概念间的相互关系表达出来的。概念和语言逻辑思维是人类思维的最高形式，理解是以概念的形式进行表达"[16]。因此，我们首先需要对本研究中所涉及到的概念的内涵、外延以及属性进行界定。

一、知识导向和胜任力导向

（一）知识导向

在对"知识导向"进行界定之前，首先需要对"知识"这一概念进行界定。人们在改造世界的实践中所获得的认识和经验的总和，这是《现代汉语词典》对"知识"一词进行的界定。在俄语中，"知识"对应的单词为"знание"。《俄罗斯大百科词典》对其的界定为，是人类认知活动的结果存在和系统化的一种形式，通过语言的象征手段得以客观化。存在不同类型的知识：常识、个人知识、隐性知识、科学知识等，其中科学知识的特征是逻辑有效性以及证据和认知结果的可重复性。[17]

对于知识的界定受到不同社会客观条件的制约，因而在人类社会发展过程中出现了四种不同类型的知识观，分别是原始知识观、古代知识观、现代知识观和后现代知识观。在此重点分析后两种知识观，现代知识观是现代自然科学知识和技术发展的结果，其主要内涵是：真正的知识是实证的知识，是与认知的对象相一致或相符合的知识，是客观的、普遍的和可靠的知识，观察和实验是获得一切可靠知识的唯一方法，知识的陈述是借助一些特殊的概念、符合、范畴和命题来进行的，"知识就是力量"，知识是价值中立的。[18]而后现代知识观则展现了一幅与现代知识观完全不同的知识图景，知识并非是对客观事物本质的揭示，而是对人们所选择的认识对象特征及其联系的一种猜测、假设或一种暂时的认识，存在不同的陈述形式，概念、符合、范畴都是一定文化的产物，不反映事物的本质，知识／实践、知识／权力、知识／性别、知识／利益等存在复杂关系，没有"价值中立"。[19]不同的知识观指导着不同的知识发展方式，也就是知识以何种方式在大学中进行传递，从而进一步影响到人才培养模式的形成。[20]

16　Новиков А.М. Как работать над диссертацией[M]. Энгвес, 2003: 53.

17　Большой Энциклопедический словарь. Знание [EB/OL]. https://dic.academic.ru/dic.nsf/enc3p/133954. 2020-12-17

18　石中英：《知识转型与教育改革》[M]，北京：教育科学出版社，2001年，第63-64页。

19　石中英：《知识转型与教育改革》[M]，北京：教育科学出版社，2001年，第84页。

20　龚怡祖：《论大学人才培养模式》[M]，南京：江苏教育出版社，1999年，第52页。

本研究中的"知识导向"所对应的俄语是"знаниевый подход"，有不少俄罗斯学者对这一概念进行了界定。伊·雅科夫列娃（И.В. Яковлева）等学者认为，"知识导向"是将"知识"置于优先地位，旨在使知识在行动中得以复现、使知识在思想中正确反映出来，以便将人类文明的科学和文化遗产的最基本要素传递给下一代。[21]阿·苏霍鲁科娃（А.В. Сухорукова）指出，在传统苏联教育理论和实践中"知识导向"占主要地位，其核心是人类在寻找和积累历史经验中所积累的知识，即人类的精神财富，"知识导向"教育模式的本质是向学生传授必要数量的教育知识，其关注点是使学生能够掌握科学基础知识。[22]

在本研究中，"知识导向"侧重于对知识的学习和掌握，目的是将人类文明的科学和文化遗产传递给下一代，在这里，知识是实证的知识，是与认知的对象相一致或相符合的知识，是客观的、普遍的和可靠的知识，这是现代知识观在人才培养中的体现。

（二）胜任力导向

在对"胜任力导向"进行界定之前，首先对"胜任力"这一概念进行界定。本研究中的"胜任力"是对俄语"компетенция"的翻译，该词来源于英语的"competence"，这一俄语外来词作为舶来的概念，最早进入俄罗斯教育学话语体系的时间大概的在 20 世纪 80 年代末。彼时俄罗斯教育界对这一词的使用更偏向"职业能力"含义，这与在美国教师教育运动推动下"能力本位教师教育"（Competence-based Teacher Education）的风靡密切相关，并且 competence 一词最早也是出现在职业教育领域。21 世纪初，博洛尼亚进程子项目之一的欧洲"调优"项目，即"欧洲教育结构调整"项目（TUNING educational structures in Europe）对"competence"的界定为，是认知和元认知技能、知识和理解、人际交往、智力和实践技能、伦理道德的动态结合。[23]

加入博洛尼亚进程后，俄罗斯正式在《高等教育联邦国家教学标准》中

---

21 Яковлева И.В., Косенко Т.С. Компетентностный и знаниевый подходы: философско-образовательные проблемы понимания и применеия [J]. Профессиональное образования в современном мире, 2020（1）: 3474-3480.

22 Сухорукова А.В. От знаниевого подхода к компетентностному [EB/OL]. http://aspirantura-olimpiada.narod.ru/index/0-75. 2021-02-25.

23 TUNING educational structures in Europe. Tuning General Brochure [EB/OL]. http://www.unideusto.org/tuningeu/images/stories/documents/General_Brochure_final _version.pdf. 2020-10-25.

引入"компетенция"这一概念，俄罗斯学者们不再将这一概念囿于职业能力中，而是将其理解为体现人的终身发展、全面发展的"胜任力"。例如厄·阿兹莫夫（Э. Г. Азимов）和阿·舒金（А. Н. Щукин）在《教学法术语和概念新词典》中对"胜任力"的定义是，在这门或那门课程的学习过程中形成的知识、技能和能力的集合，以及根据所掌握的知识、技能和能力完成任何一项活动的才能。[24]阿·胡托尔科伊（А. В. Хуторской）认为，胜任力是针对某些对象和过程而设置的一组相互关联的人格特质（知识、技能、能力、行为方式），以此保证高质量的生产活动。[25]还有俄罗斯学者认为，胜任力是一些内在的、潜在的、隐藏的心理上的新生物，包括知识、思想、行为方式、价值体系和价值观；[26]胜任力是准备好使用知识、技能和外部资源以在特定情景下进行有效活动，准备好在不确定的情况下采取行动。[27]

　　在中文语境中，学者们对"competence"的翻译也众说纷纭，有"胜任力""能力""素养"等多种表达。本研究将"компетенция"定义为"胜任力"，是知识、技能、经验、领悟和伦理道德的动态结合。本研究中的"胜任力导向"这一概念所对应的俄语是"компетентностный подход"，俄罗斯有众多学者对其进行了界定，并且多是从与"知识导向"进行对比的角度进行分析。伊·雅科夫列娃等学者认为，"胜任力导向"的基础是具备使用知识、技能和经验的胜任力，这些知识、技能和经验包括个人的内在资源和外部物质资源，以便能够在困难的现实条件中（包括非标准化情境中）完成自我实现。[28]阿·苏霍鲁科娃指出，在知识快速增加的时代，传统的"知识导向"愈加表现出窄化的特点，社会对于人才的需求不仅需要其掌握知识，还需要应用和发现知识，"胜任力导向"区别于"知识导向"的主要特

24　Азимов Э. Г., Щукин А. Н. Новый словарь методических терминов и понятий（теория и практика обучения языкам）[M]. М.: Идательство ИКАР, 2009: 107.

25　Хуторской А. В. ОпредеМление обще-предметного содержания и ключевых компетенций как характеристика нового подхода к конструированию образовательных стандартов[J]. Вестник Института образования человека, М., 2011（1）: 1–13.

26　Зимняя И. А. Ключевые компетенции–новая парадигма результата образования [J]. Эйдос: интернет_журнал. 2006.

27　Сергеев И. С. Как реализовать компетентностный подход на уроке и во внеурочной деятельности[M]. М. : АРКТИ, 2007: 9, 23.

28　Яковлева И.В., Косенко Т.С. Компетентностный и знаниевый подходы: философско-образовательные проблемы понимания и примененя [J]. Профессиональное образования в современном мире, 2020（1）: 3474-3480.

征在于，它着重于学生对自身胜任力和不可能性的反思性评估，也就是对自身胜任力边界的认知，其主要目的不在于使学生掌握一定数量的知识，而在于使学生形成能在标准化和非标准化情境中明确自身目标、做出决定并行动的胜任力。[29]伊·伊万诺娃（Е.О. Иванова）认为"胜任力导向"区别于"知识导向"有两点：其一，以"胜任力"为表征的培养结果更符合教育的一般目标，即培养能够积极适应社会、独立选择生活、开展工作并实现终身教育和自我完善的公民；其二，其将教育的智力、经验和情感价值成分有机结合在一起。[30]瓦·别莉娅耶娃（В.А. Беляева）等学者认为，"胜任力导向"侧重于教育结果，也就是一个人在不同问题情境中采取适当行动的能力。"胜任力导向"教育模式是在"知识导向"教育模式主要系统准则的基础上构建和实施的，其具备实践导向化的特征，主张创造性地掌握知识体现在非标准情境中行动和解决实际问题的胜任力中，知识、技能和经验不是教育的目标，而是教育的手段和方式。[31]

在本研究中，"胜任力导向"侧重于胜任力的习得，关注的是学习者具备在现实生活（包括标准情境和非标准情境）中创造性地使用所获得的知识、技能和经验解决实践和理论问题的能力，在这里，"胜任力"是知识、技能、经验、领悟和伦理道德的动态而无形的结合，这是后现代知识观在人才培养中的具体表现。

需要重点指出的是，在本研究中，"知识导向"和"胜任力导向"并非二元对立的概念，两者相互联系又各有侧重。"知识"是胜任力的基础和重要组成部分，"胜任力"是创造性地使用"知识"的表现。"胜任力导向"是在"知识导向"基础上的进一步发展，关注的重点在于学习者具备有效利用知识、技能和经验等在现实生活中解决实际问题的能力，从侧重"知识导向"到突出"胜任力导向"体现了知识快速增长的现代社会对于人才需求、对于人的个性的综合性素质需求的变化。

29 Сухорукова А.В. От знаниевого подхода к компетентностному [EB/OL]. http://aspirantura-olimpiada.narod.ru/index/0-75. 2021-02-25.

30 Иванова Е.О. Компетентностный подход в соотношении со знаниево-ориентированным и культурологическим [EB/OL]. http://www.eidos.ru/journal/2007/0930-23.htm. 2021-02-27.

31 Беляева В.А., Петренко А.А. Компетентностный подход в теории педагогического образования[EB/OL]. https://sworld.com.ua/konfer27/132.pdf. 2021-02-27.

二、人才培养模式

（一）人才培养模式的内涵

为了准确、客观地定义人才培养模式，本研究首先对人才培养及模式这两个概念逐一进行定义。

1. 人才培养

首先，何谓人才？《现代汉语词典》对"人才"的界定为：德才兼备的人；有某种特长的人[32]。《教育大辞典》对"人才"一词进行了系统详细的界定：指具有一定科学文化知识、才能和社会需要的品德，能担负一定的工作并作出贡献的人。人才具有各种不同的层次、类型和衡量标准。按才能的表现可以分为"显人才"和"潜人才"；按其贡献大小可分为一般人才和杰出人才；按其专业水平可以分为高级人才、中级人才和初级人才；按其学识范围可分为专才和通才；按其思维特征可分为艺术型人才、逻辑型人才、综合型人才；按其发展过程可分为早熟型人才和晚成型人才；按其知识结构可分为 I 型人才、H 型人才和 T 型人才；按其职业特点可分为：政治、经济、军事、科学、管理、文学、艺术、教育等各类专业技术人才。在本研究中，"人才"特指师范人才，指具有一定科学文化知识、才能和社会需要的品德，能担负教育工作并作出贡献的人[33]。

其次，何谓培养？《现代汉语词典》对"培养"的理解为：按照一定目的长期地教育和训练使成长，比如培养人才等[34]。《教育大辞典》对"培养"的解释为：指教育者使学生掌握系统的科学文化知识和机能、形成其思想品德、健全体魄的过程。其内涵与教育基本相同[35]。

最后，人才培养是现代高等学校所具备的三大功能之一，也是最基本和最重要的功能。培养专门人才是由高等学校的本质所决定的，是与高等学校共生的本体功能，并随着社会的发展而不断变化、提高。[36]

---

32 中国社会科学院语言研究所词典编辑室：《现代汉语词典》，第 7 版，北京：商务印书馆，2016 年，第 1096 页。

33 顾明远：《教育大辞典·增订合编本》，上海：上海教育出版社，1998 年，第 1263 页。

34 中国社会科学院语言研究所词典编辑室：《现代汉语词典》，第 7 版，北京：商务印书馆，2016 年，第 984 页。

35 顾明远：《教育大辞典·增订合编本》，上海：上海教育出版社，1998 年，第 1173 页。

36 顾明远：《教育大辞典·增订合编本》，上海：上海教育出版社，1998 年。

2. 模 式

何谓模式？《现代汉语词典》认为"式"的基本含义是样式、格式[37]；"模"的基本含义是：法式；规范；标准，比如模型、模式、楷模等等。其对"模式"的解释为：某种事物的标准形式或使人可以照着做的标准样式[38]。《辞海》对"模式"的解释为：可以作为范本、模本、变本的式样[39]。综上，可以认为，"模式"具有一定系统结构，并且能按一定标准仿效、复制。

3. 人才培养模式

人才培养模式这一概念并非舶来品，而是中国教育实践与研究的产物。在教育理论界，1983 年文育林首次在文章中提到人才培养模式[40]，这是教育研究者首次提出人才培养模式这一概念，但是当时对人才培养模式的认识较为模糊，并未作出清晰的界定。1998 年，教育部在文件中提到："人才培养模式是学校为学生构建的知识、能力、素质结构，以及实现这种结构的方式，它从根本上规定了人才特征并集中体现了教育思想和教育观念"[41]，这是国家教育行政部门首次对人才培养模式进行直接界定。

此外，"人才培养模式"是带有极强中国色彩的本土概念，在俄语中含义相近的概念有 модель подготовки специалиста。在俄语中，模式（модель）通常被解释为在自然或社会发展进程中的形态样式、模拟系统、系统图式或描述说明，模式是专门化的，通常从理论中获取，例如有原子结构模型、宇宙模型、教学模型等。[42]俄国学者施托夫（В.А. Штофф）、克拉耶夫斯基

---

37 中国社会科学院语言研究所词典编辑室：《现代汉语词典·第 7 版》，北京：商务印书馆，2016 年，第 1193 页。

38 中国社会科学院语言研究所词典编辑室：《现代汉语词典·第 7 版》，北京：商务印书馆，2016 年，第 919 页。

39 《辞海》，上海辞书出版社，1989 年，第 3457 页。

40 文育林：《改革人才培养模式，按学科设置专业》[J]，高等教育研究，1983 年（02），第 22-26、17 页。

41 中华人民共和国教育部.《关于深化教学改革，培养适应 21 世纪需要的高质量人才的意见》[EB/OL]. http://www.moe.gov.cn/srcsite/A08/s7056/199804/t19980410_162625.html. 2018-09-15.

42 Моделирование профессиональной подготовки специалиста в техническом вузе с использованием информационных технологий [EB/OL]. http://www.dslib.net/prof-obrazovanie/modelirovanie-professionalnoj-podgotovki-specialista-v-tehnicheskom-vuze-s.html#3592881. 2018-10-29.

（В.В.Краевский）和廖河（Ю.Я.Лях）认为模式（模型）是一种替代研究的真实对象的系统，该系统可以使研究的基本方面、相互联系、功能规律以及获得有关所研究现象的新知识成为可能。[43]

结合以上学者的观点，本研究中将采用 1988 年教育部的界定，即人才培养模式是为未来教师构建的知识、能力、素质结构，以及实现这种结构的方式，它从根本上规定了人才特征。

（二）人才培养模式的外延

人才培养模式的外延包含具体的许多要素。有学者认为"人才培养模式是人才培养系统中一个最富于变化、最具活力的子系统，包括人才培养理念、专业设置模式、课程设置方式、教学制度体系、教学组织形式、教学管理模式、隐形课程设置、教学评价方式"[44]。

还有许多俄罗斯学者也对人才培养模式的构成要素进行了分析。有学者认为，人才培养模式的建构一般包括专业活动模式和内容模式两方面内容：其一，培养学生的专业活动的各个方面（专业活动模式），是包含对知识、技能和人才个性特征要求的资格特征；其二，教育教学的内容（内容模式），主要指教学计划和教学大纲，其确定了教学信息的内容以及一系列有助于形成具有专业意义的个人特征的教育任务。[45]罗戈任（В.М. Рогожин）和伊拉吉娜（В.С. Елагина）则认为人才培养模式包含专业活动模式、教育内容、教育形式和方法、教育技术以及教育结果六大部分。[46]

还有俄罗斯学者认为，人才培养模式主要包括教育内容、教学法及信息支持以及质量评估系统。[47]此外，人才培养模式包括培养目标、培养内容、教

43 Содержание модели подготовки студентов профессиональных образовательных организаций к самостоятельной проектировочной деятельности [EB/OL]. https://naukovedenie.ru/PDF/39PVN514.pdf. 2018-10-29.

44 董泽芳：《高校人才培养模式的概念界定与要素解析》[J]，大学教育科学，2012 年（03），第 30-36 页。

45 Моделирование профессиональной подготовки специалиста в техническом вузе с использованием информационных технологий [EB/OL]. http://www.dslib.net/prof-obrazovanie/modelirovanie-professionalnoj-podgotovki-specialista-v-tehnicheskom-vuze-s.html#3592881. 2018-10-29.

46 Современная модель подготовки специалистов [EB/OL]. https://www.science-education.ru/ru/article/view?id=27136. 2019-10-20.

47 Актуальные задачи деятельности УМО по образованию в области менеджмента [EB/OL]. https://presentacii.ru/presentation/aktualynye-zadachi-deyatelynosti-umo-po-obrazovaniyu-v-oblasti-menedghmenta-na-2008g-. 2018-10-25.

学过程（技术层面）以及培养结果四个部分也是一类重要观点。[48]玛先科（О.Н. Мащенко）在文章中表示，人才培养模式包括培养目标、培养内容、技术操作、质量评价以及培养结果五个部分，其中技术操作包括教学法和信息支持、物质和技术支持、人员配备三个方面。[49]

就具体的师范人才培养模式（модель подготовки педагогических кадров/учительских кадров/будущего учителя）而言，奥尔洛夫（А.А. Орлов）认为，师范人才培养包括培养目标、教学项目的结构（包括每一门课程内容的逻辑基础）、教学过程的组织、教育学课程的内容和技术路线[50]；普拉东诺娃（Т.Е. Платонова）则认为，构建师范人才培养模式的实质是推动师范人才质量的提升，其中包括人才培养的目标、任务、原则、工作的主要方向、教育教学管理过程得到完善的形式和方法[51]等等。鲍尔多夫斯基（Г.А. Бордовский）在文章中从培养规格、专业设置、课程体系构造三大方面为俄罗斯师范人才培养体系的发展提出了建议[52]。塔雷吉娜（Н. Ф. Талызина）在其著作提到，职业人才培养的质量取决于三个关键点的有效程度，分别是培养目标（为什么而教？）、培养内容（教什么？）以及教学组织原则（如何教？）[53]。

综合中俄两国学者关于人才培养模式外延的分析，本研究认为，人才培养模式的外延包括培养目标、培养内容、培养途径和培养评估四大要素。

（三）人才培养模式构成要素间的相互关系

在本研究中，人才培养模式内部的四要素之间互相作用，其之间相互影响并相互制约的过程与关系便构成了培养模式的实施。在四要素的相互关系

---

48 Технологическое обеспечение учебного процесса [EB/OL]. https://megalektsii.ru/ s24886t3.html. 2018-10-20.

49 Мащенко О.Н. Модель подготовки будущего учителя педагогического колледжа к профессиональному самообразованию [J]. Alma Mater. 2018（1）:57-62.

50 Орлов А. А. Модернизация педагогической подготовки студентов педвузов[J]. Педагогика. 2010（5）:88-95.

51 Платонова Т.Е. Подготовка педагогических кадров к управлению качеством обучения на диагностической основе [J]. Успехи современного естествознания. 2010（01）:81-86.

52 Бордовский Г.А. Модернизация системы подготовки педагогических кадров в учреждениях высшего образования как необходимое условие обеспечения кадровых потребностей школы [J]. Universum: Вестник Герценовского университета, 2007（8）:3-13.

53 Талызина Н. Ф. Управление процессом усвоения знаний: （Психол. основы）[M]. Изд-во МГУ, 1984.:344.

中，处于中心地位的是培养目标，其对于人才培养模式的类型起决定性作用，培养内容、途径和质量评价均服务于培养目标的实现。若培养目标发生改变，则其他三要素：培养内容、培养途径和培养质量评价也会相应改变，从而形成不同类型的人才培养模式。

（四）人才培养模式的类型

对于人才培养模式的类型问题，不同学者基于不同的视角得出的类型也不尽相同。俄罗斯学者阿·马尔戈利斯（A.A. Марголис）将其分为传统模式和新模式两大类，其中传统模式包括"师范学校"模式和"学术导向"模式，新模式包括"教育活动专业化"模式和"职业活动准备的可选择模式"。[54]具体不同模式的特点可见表1。

表1　教师培养模式类型表

		模式特征	培养内容	优势	劣势
传统模式	"师范学校"	培养小学教师的传统模式	通过在教育机构中进行实践培训来掌握基本的教学技能	很好地习得日常教学行为，有助于形成教师的专业认同感	在教育理论、学术科学知识和研究能力方面的培养不足
	"学术导向"	培养初高中教师的传统模式	掌握与学科相关的科学知识，具备解决问题的能力，在中小学实习	所习得的解决问题的能力使得未来教师在课堂上很有效率	此类培养方案下的毕业生在学科背后的学术知识领域是专家，但在教育学领域，且在教育实践领域的培养不足
新模式	"教育活动专业化"	关于教育活动的动态理念，专注于专业自主性和专业标准	掌握学习过程中的研究性知识，注重研究教育科学，注重发展专业认同感和专业道德感	对教师进行专业领域的专家式培养，使其具有专业自主意识和解决问题的能力，负责提高其专业能力，注重同事间的合作活动	没有任何经实践证明的证据表明师范教育质量发生了结构性变化

54 Марголис А.А. Модели подготовки педагогов в рамках программ прикладного бакалавриата и педагогической магистратуры[J]. Психологическая наука и образование. 2015（5）: 45-64.

"职业活动准备的可选择模式"	培养和资格认证均基于所掌握的行动方法，这些方法不是培养大纲中的学习成果，其来源是未来教师的个人实践经验和个人特征	通过实际的工作培训形式掌握教育活动的方法，强大的上岗和监督计划，不关注教育理论和学科背后的科学知识	可以根据学校的需要快速增加学校人数，可以吸引不同类型的候选人，更经济，因为培养时间较短，且基于中小学校进行	缺乏旨在评估教师培训内容和质量的实证研究。在教育专业活动日益复杂的背景下，可以接受经过少量的正式培训就可以进入该行业。

此外，美国自 20 世纪 60 年代以来先后兴起过教师培养模式转型运动，从"能力本位"再到"标准本位"教师培养模式。"能力本位"教师培养模式（Competence-Based Teacher Education，简称 CBTE），兴起于 20 世纪 60 年代，又称"表现本位"教师培养模式（Performance-Based Teacher Education），斯坦福研究所的学者菲·哈米顿（P.D. Hamilton）对其的界定为"以具体的方式呈现明确的目标，让未来的教师有责任去达到这些目标。教师能力和评估他们的措施也具体化，且教学之前要告知每个人。"[55]随后于 20 世纪 80 年代兴起的"标准本位"（Performance Standardsbased Teacher Education，简称 PSBTE）教师培养模式基于认知建构主义学习理论，强调培养反思型和研究型教师，培养方式为以问题研究为中心的参与和反思方式。

中国研究者还从不同维度对教师培养模式进行了分类，以教师教育体制作为划分维度，可把教师培养模式分为"封闭型教师教育"与"开放型教师教育"；以教师教育空间为划分维度，可把教师培养模式划分为大学为本和大学与中小学合作培养模式两种；以教师教育目标维度划分，可分为能力本位、标准本位和反思型教师培养模式；以教师教育结构为划分维度，可以分为单一型和多元型两种。[56]

三、俄罗斯高等师范教育

高等师范教育在俄语中的表述为 высшее педагогическое образование。在本研究中，作为民族国家概念的俄罗斯，是贯通上下一千年的实体存在，俄罗斯高等师范教育涵盖苏联时期的高等师范教育和苏联解体后俄罗斯联邦的高

---

55 Hamilton, P.D.. Compentency-Based Teacher Education，Stanford Research Institute，SRI Project 1958, 1973: 3-4.

56 刘朝锋：《综合化背景下美国小学教师职前培养模式研究》[D]，东北师范大学，2016 年。

等师范教育。苏联的高等师范教育主要指为中等教育机构培养师资的教育体系，主要办学机构包括：培养基础普通和中等普通教育机构各科教师的师范学院和少量综合性大学、以及培养音体美、劳技和外语教师的专门高等师范院校。招收完全中学毕业生和具有一定工龄的中专毕业生，修业期限 4-5 年[57]。

苏联解体后，随着学士—硕士两级高等教育结构的引入，俄罗斯的高等师范教育体系也从传统的单一层级的专家培养结构向学士—硕士两级培养结构转变，其中学士层次修业年限为 4 年（双专业学士修业年限为 5 年），硕士层次修业年限为 2 年，主要办学机构包括师范大学和综合性大学。

四、变革与人才培养模式变革

1. 变　革

"变"字在《新华字典》中的解释为："性质状态或情形和以前不同，更改：变调，变动，变法，变革"。"革"字在其中的解释为："改变：革新，变革"。因此，《新华字典》对"变革"一词的解释为：改变事物的本质（多指社会制度而言），如变革社会。在俄语中，"变革"一词为 реформа，指的是在不破坏现有社会结构的基础上对社会生活的一些方面（秩序、体制、机构等）进行改变、重组。通常在俄罗斯的政府文件中更常使用 модернизация 一词，指根据现代性的要求，通过引入不同的新措施新办法改变某些东西并使之过渡到更完美的状态的过程。

2. 人才培养模式变革

基于组织变革理论，本研究将俄罗斯高等师范教育人才培养模式的变革视作在一定的变革环境中，通过变革者的行动实现从初始状态到目标状态的转换的过程，这一过程是持续的不断向前演进的。人才培养模式变革的主要表现为以培养目标为核心的构成要素，也就是培养目标、培养内容、培养途径和培养评估发生根本性变化。

第三节　文献综述

本研究以 российское высшее педагогическое образование（俄罗斯高等师范教育）、высшее педагогическое образование в Советском союзе（苏联高

---

57 肖甦：《俄罗斯教育 10 年变迁》[M]，北京师范大学出版社，2003 年，第 85、86 页。

等师范教育）、подготовка педагогических/учительских кадров（教师人才培养）、Российское высшее педагогическое учреждение（俄罗斯高等师范院校）等为关键词在俄罗斯电子图书馆"Киберленинка"、Eastview 数据库中进行检索。同时选择俄罗斯教育类优秀期刊杂志比如"Народное образования"，"Педагогика"，"Alma Mater"，"Magister"，"Официальные документы в образовании"，"Университет и школа"，"Мир образования"，"Высшее образование в России"中近 15 年的与本研究相关的论文，最终获得相关俄文文献 93 篇，其中包括专著、期刊论文、博士论文以及官方政策文本。在中文文献方面，文献来源主要为北京师范大学图书馆及其数据库资源，以"苏联师范教育"、"俄罗斯师范教育"、"苏联教育"、"俄罗斯教育"等为关键词进行检索，最终获得相关中文文献 72 多篇，包括专著、期刊论文和硕博论文。

一、关于苏联高等师范教育的研究

（一）关于苏联高等师范教育历史发展的已有研究

本研究将从苏俄学者的研究以及中国学者的研究两个方面进行综述。

1. 苏俄学者的研究

20 世纪 70-80 年代上半叶，经过几十年的发展，苏联师范教育体系逐渐成熟完善，在教育理论界也开始出版关于苏联师范教育史的专著，其中一部重要的专著便是帕纳钦（А.Ф. Паначин）的《苏联师范教育》，这是一部大型的、史料丰富的关于 20 年代-60 年代苏联师范教育体系历史发展过程的专著。其中，苏联高等师范教育的建立与发展是非常重要的内容之一[58]。叶留金在其专著《苏联高等学校》中也简要地论述了自沙皇时期到 70 年代苏联高等师范教育发展的历史演进过程。这两部专著都已翻译成中文版，对于本研究有非常重要的参考作用[59]。此外，格里沙诺夫（П.В. Гришанов）在其专著中研究了 1926-1937 年苏共在组建苏维埃教师知识分子方面所进行的主要活动，探究了苏维埃高等师范教育体系发展和完善的过程。同时，作者通过社会的深层次变化这一棱镜重新审视十月革命前俄国的师范教育，并得

---

58 帕纳钦：《苏联师范教育》[M]，文化教育出版社，1981 年。
59 叶留金、张天恩等译：《苏联高等学校》[M]，教育科学出版社，1983 年。

出结论：1937 年后，苏联已经形成对教师的关怀态度[60]。这一时期，苏联还出版了一些教育史专著，比如尼·阿·康斯坦丁诺夫主编的《苏联教育史》，其中包括列宁关于苏维埃教师的论述，比如使学校从资产阶级进行阶级统治的工具变成对社会进行共产主义改造的工具，采用的办法是把旧教师吸引到自己方面来，并从工农中培养教师；克鲁普斯卡娅论苏维埃教师以及苏维埃教师的培养等等[61]。

总的来说，20 世纪 80 年代下半叶之前的苏联高等师范教育研究多从阶级立场出发，研究角度和方法都过于单一和统一，这就导致苏联高等师范教育中存在的许多问题并没有被研究者们所关注到。20 世纪 80 年代下半叶，苏联社会民主化进程开始改变教育研究的局面。这一时期研究者开始重新审视历史现象，试图全面分析苏联高等师范教育发展的经验、问题和前景。例如，著名学者巴格列边斯基（В.И. Погребенский）在其专著中分析了苏联现代高等师范教育陷入困境的历史根源[62]。

苏联解体后，俄罗斯教育研究进入了新的历史发展时期，教育研究的方法论范式开始多元化，比如文化主义、结构功能主义等等。方法论范式的多元化使得高等教育历史中的被埋藏或者扭曲的许多问题得以发现。这一时期，俄罗斯联邦教育部高等教育研究所（НИИ ВО Минобразования РФ）编写了众多关于苏联高等教育历史的著作，比如俄罗斯高等教育史大百科词典[63]等等。

除此之外，这一时期还有众多学者比如萨多夫尼钦（В.А. Садовничий），别拉库拉夫（В.В. Белокуров），苏世科（В.Г. Сушко），施金（Е.В. Шикин），普良尼科瓦娅（В.Г. Пряникова）和拉夫金（З.И. Равкин）等都发表了许多关于教育哲学、高等教育研究方法论、高等教育的问题及前景的著作，这些著作的发表意味着教育研究进入新的时代，开始进入利用多元化的方法论进行

---

60 Гришанов П.В. Партийное руководство подготовкой и воспитанием учительских кадров в годы социалистической реконструкции народного хозяйства （1926-1937гг.）[M]. Саратов, 1983:18-21.

61 尼·阿·康斯坦丁诺夫：《苏联教育史》[M]，商务印书馆，1996 年。

62 Погребенский В.И. Исторические корни современных противоречий и трудностей педагогического образования. Педагогическое образование: опыт, проблемы, перспективы [M]. М., 1989.

63 Материалы к энциклопедическому словарю по истории высшего образования в России [M]. М.: Изд-во «Республика», 1995.

更加深入、根本性的分析时期，这也直接影响到苏联高等师范教育研究的方向。比如普良尼科瓦娅（В.Г. Пряникова）和拉夫金（З.И. Равкин）的专著《教育史和师范教育思想》分析了 1988-1991 年苏联解体前夕教育体系改革的成果，其中包括苏联高等师范教育体系所进行的一系列调整[64]。萨多夫尼钦（В.А. Садовничий），别拉库拉夫（В.В. Белокуров），苏世科（В.Г. Сушко）和施金（Е.В. Шикин）合著的专著对大学教育进行了重新思考，探讨了大学教育的历史、现状以及未来的发展方式[65]。

2. 国内学者的研究

中国高等师范教育在 20 世纪 80 年代之前积极学习苏联，因此，关于苏联高等师范教育历史发展的宏观研究较为丰富，但主要是以引介描述史实为主，主要有专著（编著和译著）、硕士论文和期刊论文。

在专著方面，《世界教育大系：教师教育》（顾明远、梁忠义，1998）对苏联高等师范教育的历史沿革进行了回顾；《比较师范教育》（苏真，1991）梳理了十月革命后苏联高等师范教育的建立和完善过程：十月革命后，随着扫盲运动的展开，建立一种专门培养中学教师的高等学校势在必行，1918 年苏联创建第一批高等师范院校；1930 年，苏联高等师范教育的领导体系初步理顺；战后经过几十年的发展，苏联形成了完备的高等师范教育体系[66]。

在硕士论文方面，《俄罗斯教师教育发展研究》（周玉梅，2015）一文研究了苏联时期师范教育发展概况[67]。《俄国近现代师范教育发展研究》（李贤智，2007）对苏联师范教育从 20 年代到 50 年代后的发展史进行了梳理[68]。

在期刊论文方面，《苏联高等师范教育简介》（刘久胜，1981）一文简单介绍了 80 年代苏联高等师范教育的情况：这一时期苏联的高等师范教育基本分为综合性的和专门化的两大类，综合性的一般都是建校历史较长、开设的系科和专业较多，大多为普通中学培养师资，专门化的一般是建校历史较短、开设的系科和专业较少，主要是为 60 年代迅速发展起来的职业中学和中等技

64 Пряникова В.Г, Равкин З.И История образования и педагогической мысли [M]. М., Изд-во «Новая школа», 1995.

65 Садовничий В.А, Белокуров В В, Сушко В Г, Шикин Е В. Университетское образование Приглашение к размышлению [M]. М., Изд-во МГУ, 1995.

66 苏真：《比较师范教育》[M]，北京师范大学出版社，1991 年。

67 周玉梅：《俄罗斯教师教育发展研究》[D]，石河子大学，2015 年。

68 李贤智：《俄国近现代师范教育发展研究》[D]，华中师范大学，2007 年。

术学校培养师资。同时文章也指出，这一时期苏联高师教育存在的问题，比如尽管发展速度较快，但仍不能满足普通中学、职业中学和中技学校师资的需要；"女性化"现象严重；高等师范院校发展不平衡；高师教改远远落后于中学等等[69]。

在《苏联高等师范教育的几个问题》（杨希钺，1981）中，作者指出，80年代以来，由于苏联开始向普及中等教育过渡，并且大量开办长日制学校，需要大量受过高等教育的教师和教导员，高等师范教育开始加速发展，但同时也出现了许多问题：由于对师范院校的招生、教学教育活动的安排、学生的独立研究能力、社会政治活动和组织工作能力的培养没有得到重视，毕业分配工作也存在问题，不少师范院校缺乏高水平专家，高等师范教育的毕业生不能满足普通学校的要求[70]。

《苏联高师教育的师范性》（邵德生，1982）一文认为，苏联高师教育师范性主要表现在三个方面：定向培养，高等师范教育招高中毕业生和具有一定工龄，文化程度相当于高中毕业的人，学习4-5年，毕业后教中学以及教中等专业学校和职业技术学校；课程设置上有关教师素质的训练比重很大；教育实习。此外，国家在保证师范性上采取了一系列措施：实行公费制和义务制；扩大高师招生数；为农村，特别是为偏远地区的农村培养师资；提高物质待遇；改进对高等师范院校毕业生的政治思想教育工作；颁发一系列文件，提高对教育工作的要求；设学衔和职称；提高高师的科研水平，为中小学编写教材和教学参考书等等[71]。

综上所述，苏联学者对于其所处时代的高等师范教育的研究丰富且细致，但存在研究角度和研究方法单一等问题，而处于苏联解体前夕的苏联学者对于苏联高等师范教育的反思则能帮助我们更加全面地看待苏联高等师范教育的历史演变。中国学者对于苏联高等师范教育历史发展的整体研究多以翻译评述介绍为主，对于本研究了解苏联高等师范教育有一定的参考意义。

---

69 刘久胜：《苏联高等师范教育简介》[J]，外国教育动态，1981年（06），第15-17页。

70 杨希钺：《苏联高等师范教育的几个问题》[J]，苏联问题参考资料，1981年（04），第20-24页。

71 邵德生：《苏联高师教育的师范性》[J]，黑龙江高教研究，1982年（03），第130-133页。

（二）关于苏联高等师范教育人才培养模式的专题研究

1. 苏联学者的研究

自 50 年代中期开始，苏联教育界一些学者开始关注高等师范教育人才培养问题，比如卡里宁（А.Д. Калинин），康斯坦金诺夫（Н.А. Константинов），梅德斯基（Е.Н. Медынский），施巴耶娃（М.Ф. Шибаева），卡察洛夫（В.Г. Качалов）等。这些研究者不再专注于研究国家教育政策，而更多地关注苏联高等师范教育在人才培养方面的具体情况，关注在人才培养方面出现的一系列问题，以及高等师范院校培养的毕业生对于战后苏联普通中小学的适应问题。

20 世纪 50 年代后半期至 60 年代初期，苏联高等师范教育与国家经济领域的实践联系更加紧密，在这一时期出现了许多研究高等师范教育人才培养问题的学者，比如彼沃瓦洛夫（С.П. Пивоваров）。他在杂志上发表了相关文章，提出了需要完善教师人才培养、优化高等师范教育教学过程、增加基层企业和高等师范教育互动的机会等问题。还有一批研究者开始探讨苏联知识分子的形成问题，其中扎克（Л.М. Зак）和历史学家格拉瓦茨基（М.Е. Главацкий）是研究这一问题的著名学者。在他们的专著中均对苏维埃知识分子的形成和发展阶段进行了详细分析，这些对于后来关于新型教师的历史发展特征研究有重要的意义。尽管在他们的著作中没有专门进行关于高等师范教育人才培养模式的研究，但他们的研究表明作为知识分子的教师的培养模式与文化的发展变化紧密相关[72]。20 世纪 70-80 年代，一批学者记录了苏联著名教师的生活与教学活动。比如维谢洛夫（В.Р. Веселов）的著作《苏联教师的养成》总结了苏联中小学教师培养和培训所需要的学习资料[73]。

2. 国内学者的研究

国内没有专门关于苏联高等师范教育人才培养模式的专著研究，但在部分著作中涉及到苏联高等师范教育人才培养模式中的部分内容，比如《比较师范教育》（苏真，1991）一书详细介绍了自十月革命之后至 70 年代苏联高等师范教育在人才培养方面所进行的改革，例如课程体系不断丰富：教育学科增加了《教育学引论》、《年龄生理学》等理论课程，生物学科增加了《自然

---

72 Главацкий М.Е. Советская историческая литература о формировании производственно-технической интеллигенции. Культурная революция в СССР. 1917-1965. М., 1965:31.

73 В.Р. Веселов. Формирование учительских кадров в СССР[М]. М: МГПИ, 1983.

保护》、《生物地理》等课程。同时，该书还系统介绍了 70、80 年代之后苏联高等师范教育人才培养的情况：在专业设置方面多为双学科专业；在课程体系构造方面以社会科学课程、教育科学课程、专门课程为主；培养途径为课程教学与教育实习相结合，其中教育实习又分为见习、暑期教育实习和学校教育实习三个阶段；基本教学制度为课时制等[74]。

在论文期刊方面，《美苏两国的师范教育》（朱勃，1980）一文对苏联课程体系进行了简要介绍，文章指出自 1956-1957 学年开始，苏联高等师范教育改成五年制，原来培养只教一门学科的教师，现在培养能教两门相近学科的教师[75]。

《谈苏联的改造高等师范教育》（赫罗缅科夫，王贵福摘译，1992）对 80 年代中期苏联改造高等师范教育的情况进行了回顾：课程体系更加丰富，确定马克思列宁主义伦理学、美学和教育学及社会科学现实问题的专题课程作为必修课，根据培养教师劳动训练的教学计划开设"自动机技术"、"生产自动化和机械化"、"经济结构和生产结构"、"社会心理学"等课程；在知识发展方式方面，减少大学生必修课程满负荷的课堂作业，使大学的教育适合于未来职业的需要；在培养途径方面，秋明大学创造了教育心理学连续实习制度；在淘汰模式方面，对大学毕业生的鉴定发生了变化，由国家考试委员会负责进行，授予大学生技术等级鉴定书[76]。

《苏联、美国、日本高师教育实习改革的基本经验》（常思亮，1990）对比了苏联、美国、日本这三国高师教育实习改革的基本经验，在苏联方面，作者指出莫斯科列宁高等师范院校从 1980 至 1985 年进行的"连续性教育实习"实验，积累了大学 1-5 年级连续性教育实习经验，形成了新的高师教育实习模式；同时在课程体系和教学组织形式方面，为了提高教育实习的价值和效果，增加教育理论课程的门类和教学时数[77]。

在《略论苏联 80 年代高等师范教育的改革》（林翅，1989）中作者指出，80 年代后苏联高等师范教育改革的重点之一是改善教师的培养，提高未来教

74　苏真：《比较师范教育》[M]，北京师范大学出版社，1991 年，第 242-256 页。

75　朱勃：《美苏两国的师范教育》[J]，外国教育动态，1980 年（01），第 27-32 页。

76　赫罗缅科夫，王贵福：《谈苏联的改造高等师范教育》[J]，辽宁高等教育研究，
　　1992 年（02），第 83-87 页。

77　常思亮：《苏联、美国、日本高师教育实习改革的基本经验》[J]，外国教育研究，
　　1990 年（03），第 9-14 页。

师的职业技能和能力：在课程体系构造形态方面，四年制高师的教育学科学时占专业学科的四分之一；在培养途径方面，教育实习应当贯穿全程，从第一学年至第五学年[78]。

《苏联高等师范教育的发展》（迟恩莲，1989）一文对战后苏联调整高等师范教育人才培养模式的情况进行了介绍，在专业设置方面，拓宽专业面，培养双学科教师；在课程体系方面，为了反映科技成果的新内容，增加综合性学科、边缘学科和中间学科等新兴学科；在教学组织形式方面，对学习优异的学生加强个别化教学，予以重点培养，同时结合学生未来职业特点进行区别培养；在培养途径方面，减少必修课时数，增加学生独立学习时间，增强学生创造性，同时所有学生均需从事学校科研工作[79]。

综上所述，自20世纪50年代起，苏联学者开始关注苏联高等师范教育人才培养问题以及师范毕业生对于中小学的适应问题。中国学者则对苏联高等师范教育人才培养的各个方面进行了译介。这些对于本研究掌握苏联高等师范教育的人才培养情况有一定意义。但是无论是苏联学者还是中国学者对于苏联高等师范院校人才培养模式的研究都集中在人才培养的某一两个侧面，比如专业设置、课程体系、教育实习等，对苏联高等师范教育人才培养模式全方位综合性研究的文献很少。

二、关于社会转型背景下的俄罗斯教育变革的研究

（一）关于俄罗斯教育变革的研究

1. 俄罗斯学者的研究

苏联解体后，俄罗斯教育开始走上改革转型的道路。作为1990-1992年俄罗斯联邦教育部长和俄罗斯第一部联邦教育法的主要开发者，第聂伯罗夫（Э.Д. Днепров）当属这一时期俄罗斯教育研究领域的领军人物。他在专著《俄罗斯第四次学校改革》和《"昨天"和"明天"之间的学校改革》中高度评价了教育改革对于俄罗斯战略发展的意义[80]。茹科夫（В.И. Жуков）则

---

78 林翅：《略论苏联80年代高等师范教育的改革》[J]，高教探索，1989年（04），第70-75页。

79 迟恩莲：《苏联高等师范教育的发展》[J]，高等师范教育研究，1989年（04），第73-81页。

80 Днепров Э.Д. Школьная реформа между «вчера» и «завтра» [M]. М.: Изд-во ИОП Международная ассоциация развития и интеграция образовательной системы,

分析了 20 世纪最后十年的俄罗斯教育系统变革的过程，总结了俄罗斯高等教育改革的成果。并且作者指出，旨在促进个人核心素养发展的社会教育（социальное образование）将能最大程度上完成教育任务，为社会培养更多的人才[81]。

部分学者从教育心理学的角度思考俄罗斯教育变革的问题，比如沙巴瓦洛夫（B.A. Шаповалов）、卡尔涅托夫（Г.Б. Корнетов）等。沙巴瓦洛夫（B.A. Шаповалов）[82]在专著中首次分析了社会文化对于俄罗斯高等教育变革的影响。作者首先分析了现代社会科学和人文科学中的主要理论和关键概念，以及这些理论概念下的高等教育问题。随后在社会文化范式的框架下，分析了在即将到来的信息化、全球化的 21 世纪，如何在俄罗斯高等教育中保存文化传统的问题，并思考了教育变革对于社会文化发展的依赖性。

卡尔涅托夫在文章中指出有两大因素构成文化，其一为地缘政治，包括领土位置、地形、与海洋的关系、气候、土壤等等；其二为社会文化，主要包括国家权力和宗教。作者认为利用文化途径可以从整体、一般、特定和个体各个层面来思考教育，并可以将这些层面综合起来全面看待教育的发展。在地缘政治方面，俄罗斯同时受到东西方的影响，处于一种中间地带，是东西方文化沟通的桥梁，是一种开放型文化，具有独特的文化认同感，因此为中西方教学文化的对话提供了有利的机会，同时为中西方教学理论的融合提供了基础；在社会文化方面，苏俄教育受到国家权力和东正教正统思想的影响最深，这也促成了俄罗斯人对于集体创造美好未来、追求公平正义的心理，而较少鼓励个人的成功，教育更加注重精神和道德目标，拒绝功利主义和实用主义取向[83]。

还有一些俄罗斯学者比如格尔顺斯基（Б.С. Гершунский)，巴哈莫夫（Н.Н. Пахомов）等对转型之际的俄罗斯教育进行了重点研究，他们指明在国家转型之际，俄罗斯教育领域作为国家最重要的战略阵地之一却处于混乱的危机状况之中，缺乏清晰明确的国家政策加以调控。在此背景下，教育哲学、教育

1996:14

81 Жуков В.И. Российское образование' проблемы перспектив и развития[M]. М.: Изд-во МГСУ «Союз», 1998

82 Шаповалов В.А. Высшая школа в социокультурном контексте[M]. М: Изд-во «Высшая школа», 1992.

83 Корнетов Г.Б. Цивилизационный подход к изучению всемирного исгорико-педагогического процесса[M]. М.: Изд-во ИТПИ МИО, 1994.

思想的更新、联邦教育法的完善对于俄罗斯教育改革具有至关重要的意义。

格尔顺斯基从教育哲学的角度预测了 21 世纪教育各方面发展的战略重点，思考了俄罗斯的教育变革问题。作者认为，教育哲学的本质是一个跨学科的知识体系，可以揭示个体在其生命的不同阶段接受教育的目标以及培养路径，同时可以预测教育发展的未来趋势，从而为教育变革的政策和战略的制定提供依据[84]。

巴哈莫夫（Н.Н. Пахомов）指出，在转型之际，基于一些带有历史局限性的教育观点，俄罗斯在教育方面所进行的改革不甚成功，甚至加剧了教育危机。只有局部一些地区所进行的教育创新激发了新型的教育力量。因此，新的教育思想、新型的教育哲学对于俄罗斯教育体系的变革意义非常重大[85]。

由于俄罗斯社会政治制度发生巨大变化，与之相随的俄罗斯经济、文化、教育等各个领域发生突变。可以说，教育领域的转型受到社会其他各个领域的影响，一些俄罗斯研究者比如邦达列夫斯基（Е.В. Бондаревский），布耶娃（Л.П. Буева），撒别索茨基（А.С. Запесоцкий）、施卡图拉（В.И. Шкатулла）等对此进行了相关研究。他们认为，教育是一种社会现象，它的培养内容、功能和形式会根据社会历史发展阶段的不同而进行相应的改变，它与政治、道德、法律、科学、艺术等其他公共意识形式密切相关。

邦达列夫斯基认为，接受教育的过程是一个逐渐社会化、形成文化认同、实现自我价值的过程，教育的价值取向应当以人为中心。教育的目的是培养完整的文化意义上的人，确保其在个人能力层面、精神层面、实践层面以及社会性方面的全面发展。在以人为中心的教育中，学生是教育过程的积极参与者，教师应当关注学生人格特质的发展，比如独立性、自律性、自我调节和反思能力等等，同时由于儿童尚未发展成熟，教师需要引导学生认识到自身发展的潜力，并给予教育方面的帮助和支持[86]。

布耶娃（Л.П.Буева）指出，文化是具有象征意义的符号体系的历史具体的集合，其中包含了人们的生活方式以及对于世界的理解和思考，并且以知

---

84 Гершунский Б.С. Философия образования для XXI века （в поисках практико-ориентированной образовательной концепции) [M]. М., Изд-во «Совершенство», 1997.

85 Пахомов Н.Н. Кризис образования в контексте глобальных проблем. Философия образования для XXI века[M]. Сб. науч. ст. М., 1992:19.

86 Бондаревская Е.В. Воспитание как возрождение гражданина. Человека культуры и нравственности, Ростов н/Д, 1995.

识、价值观、评价方式、规范、思想等形式保存在社会心理和个人心理的精神活动中。人类文化是多样的，其发展几乎永无止境，但是我们对其的掌握却非常不足，尤其在教育体系中选择这类教学知识更尤为必要，这类知识能够发展学生的思维能力，丰富其文化性，使学生能够在多样性的文化中更易生存[87]。

撒别索茨基（А.С.Запесоцкий）从现代青年创新发展的角度理解俄罗斯教育的变革。作者认为，具有最大创新能力、适应性、智力和精神潜力的年轻人是社会变革的真正驱动力之一，因此国家有责任促进青年的发展。在社会的转型时期，教育的发展应当是社会发展的优先事项，社会可以通过加大对教育的投资将自身更新为新型的社会文化系统，由此能够保护和发展青年人的智力和精神潜力。而处于转型阶段的俄罗斯在青年政策的制定方面非常不足，这也导致了俄罗斯青年的潜力未得到充分挖掘[88]。

施卡图拉（В.И.Шкатулла）则针对高等教育机构的教师、研究生以及参与教育立法的人员撰写了俄罗斯第一部系统介绍教育法的教科书。从教育法的概念、在俄罗斯法律体系中的地位、教育法制度、各级各类教育的法律规制、国际教育法、独联体国家教育空间法律规制、欧洲教育空间的法律规制等多个层面进行了详细阐释[89]。这对于本研究深入了解转型时期的俄罗斯教育法律制度有一定的参考价值。

2. 国内学者的研究

国内学者同样对苏联解体后的俄罗斯教育变革进行了研究，主要以著作（专著、编著）、硕博论文、期刊论文为主。

在著作方面，《俄罗斯教育十年变迁》（肖甦，王义高，2003）对俄罗斯教育制度以及俄罗斯教育思想的十年变迁进行了评述。在教育制度的十年变迁方面主要论述了制度变迁的教育立法和政策导向、俄罗斯各级各类教育的改革等；在俄罗斯教育思想的十年变迁方面则主要介绍了第聂伯罗夫的教改构想、格尔顺斯基的教育哲学、谢列夫科描绘的"现代教育工艺学"图景。

87　Буева Л.П. Человек, культура и образование в кризисном социуме[М]. М., Фонд «Новое тысячелетие», 1998.

88　Запесоцкий А.С Молодежь в современном мире проблемы индивидуализации и социально-культурной интеграции [М]. СПб.' ИГУП, 1996.

89　Шкатулла В И. Образовательное законодательство теоретические и практические проблемы [М]. М., Издательский центр проблем качества подготовки специалистов, 1997.

同时，该著作还对教育思想的十年变迁进行了评析[90]。

在编著方面，《世界教育大系：苏俄教育》（王义高，2000）对苏联解体之后的俄罗斯教育制度方面出现的根本性变化进行了论述，比如教育领域的"非党化"、"非政治化"、"非意识形态化"；教育的市场经济化；教育结构的多元、多极化；教育管理的非集中化和自治化等[91]。

在博士论文方面，《俄罗斯教育现代化区域推进模式研究》（乔桂娟，2013）中提出，当前的俄罗斯仍然没有放弃通过建立统一的教育空间追求教育现代化的目标，但是地区间的发展差异性比较明显，因此俄联邦中央致力于区域推进机制的形成[92]。《俄罗斯教育改革模式的历史文化研究》（李雅君，2010）中指出，如果将自彼得一世改革以来的俄罗斯教育的发展轨迹连成一条曲线，可以清楚地发现俄罗斯教育改革的"摇摆式"特点[93]。《俄罗斯教育发展对其国家竞争力影响之研究》（单春艳，2009）再一次证实了教育现代化对于俄罗斯国家竞争力提升的重要性[94]。

在期刊论文方面，2017年中俄教育战略对话会议综述中详细阐述了面向2030年的中俄教育现代化发展战略，其中指出自新世纪以来，俄罗斯颁布了一系列教育现代化政策，推动俄罗斯教育发生了关键性的制度变革：改革教育投资运作机制、引入联邦国家教育标准、变革教育组织形式、完善教育质量评估机制。同时，面向2030年，俄罗斯教育体系将会呈现出一些新特征：建立开放的、连续性的中学后教育体系，形成含括联合高校、企业大学、职业学院、课程提供者及职业顾问在内的灵活的高等教育和职业教育体系；建设能够激发学生独立学习和创新学习的现代教育环境；聚焦21世纪核心技能和现代能力，更新各级各类教育内容[95]。

有学者指出，在俄罗斯高等教育变革中出现了教育质量危机，《2010年前国家教育现代化构想》这一新型国家教育政策确定了教育的优先发展方向和任务，特别指出要改变教育内容，但对教育体系的新要求不是根据俄罗斯社

90 肖甦：《俄罗斯教育10年变迁》[M]，北京师范大学出版社，2003年。

91 王义高：《世界教育大系：苏俄教育》[M]，吉林教育出版社，2000年。

92 乔桂娟：《俄罗斯教育现代化区域推进模式研究》[D]，东北师范大学，2013年。

93 李雅君：《俄罗斯教育改革模式的历史文化研究》[D]，东北师范大学，2010年。

94 单春艳：《俄罗斯教育发展对其国家竞争力影响之研究》[D]，北京师范大学，2009年。

95 刘永福：《面向2030的中俄教育现代化发展战略——2017年中俄教育战略对话会议综述》[J]，教育研究，2017年，38（10），第154-156页。

会发展的任务和国家科学技术优先发展的任务而确定，而更多的是由教育体系自身要求确定的。于是出现了国家发展的优先政策和目的是一种情况，而教育体系的优先发展则完全是另一种情况的局面，二者无法统一[96]。

更多的研究者对俄罗斯教育变革过程中所颁布的政策、措施进行了评介，比如《2015-2025 年俄罗斯联邦儿童教育发展战略》政策内容分析[97]、国家复兴关键期俄罗斯教育改革的战略性方向规划——基于对《俄联邦 2016-2020 年教育发展目标纲要》的分析[98]等。这类研究对于掌握俄罗斯教育现代化过程中所颁布的重要政策有一定的参考意义。

（二）关于俄罗斯师范教育变革的研究

1. 俄罗斯学者的研究

在关于俄罗斯师范教育变革的研究中，部分俄罗斯学者根据国家颁布的各种改革政策、法令，并紧密结合师范教育的转型现状进行分析，指明改革中出现的各种问题，并为进一步转型发展提出建议，比如苏哈诺夫（A.B Суханов）、特哈格普索耶夫（Х. Г. Тхагапсоев）、比斯库诺夫（А. И. Пискунов）、萨斯普金（В.П. Засыпкин）等。

俄罗斯高等师范教育改革的一个重要组成部分是根据当前俄罗斯的社会文化状况对其教学内容进行改革，因此于 1994 年通过了第一代国家教学标准（ГОС），并且该标准已于 1992 年在部分师范大学进行试点。苏哈诺夫（A.B Суханов）[99]以及特哈格普索耶夫（Х. Г. Тхагапсоев）[100]指出，国家教学标准应当给出明确的教育规范，该教育规范下应有明确的教学活动大纲，而现有的教学标准在这两方面都存在不足。

比斯库诺夫（А. И. Пискунов）认为，当前俄罗斯师范教育方面存在着不

---

96 Г・В・穆哈敏特加诺娃，姜晓燕：《俄罗斯高等教育现代化进程中的质量问题》[J]，教育研究，2006 年（08），第 48-54 页。

97 周常稳，周霖：《《2015-2025 年俄罗斯联邦儿童教育发展战略》政策内容分析》[J]，外国中小学教育，2017 年（10），第 1-7 页。

98 刘茂媛，高凤兰：《国家复兴关键期俄罗斯教育改革的战略性方向规划——基于对《俄联邦 2016-2020 年教育发展目标纲要》的分析》[J]，外国教育研究，2007 年，44（06），第 68-81 页。

99 Суханов А.В Концепция фундаментализации высшего образования и ее отражение в ГОСах[J]. Высшее образование в России, 1996（3）:17-19.

100 Тхагапсоев Х Г Учитель и культура'проблемы подготовки педагогических кадров[J]. Педагогика, 1998（1）

足：首先是教育共同体的需求和师范人才培养两方面断裂；其次是师范院校培养出的高水平师范人才同他们低水平的教学活动结果相矛盾[101]。

萨斯普金（В. П. Засыпкин）在文章中探讨了俄罗斯区域师范教育变革的问题，并利用社会学的理论为该地区进一步实现师范教育变革提出了建议[102]。

此外，大量俄罗斯学者在社会学、心理学、哲学等知识体系框架内进行了关于俄罗斯师范教育变革的研究。

部分学者比如卢卡韦申科夫（В. О. Рукавишинков）、费达多娃（В. Г. Федотова）、格甫洛夫（С. Н. Гавров）、戈尔施科夫（М.К. Горшков）、萨斯拉夫斯卡娅（Т. И. Заславская）等以社会学的理论作为理论基础研究俄罗斯师范教育变革的问题，揭示了社会与教育的相互依存关系，解释了教育作为一种社会制度的特殊性，并在此视角下关注俄罗斯的师范教育，强调应当根据社会特定发展阶段的需要改革师范教育。

卢卡韦申科夫（В. О. Рукавишинков）通过分析西方对后社会主义国家提出的现代化范式得出结论，所有现代化模式的核心都是全球化和西方化，不能全部否定其积极性，也不能忽视其消极作用。所有民族国家加入后工业世界必然会遭遇民族文化被消解、社会混乱等问题，这是社会转型的必然结果，师范教育的现代化必然受其影响[103]。

费达多娃（В. Г. Федотова）在其专著中分析了现代化、新现代化和后现代化理论，并且认为俄罗斯作为后共产主义社会的国家的发展不符合这些理论。作者试图描绘后共产主义国家社会转型的轮廓，并开发一种能够对其进行解释的理论工具，因而提出了欧洲发展模型。该模型作为"另一种"欧洲发展模型，考虑到欧亚后共产主义国家的文明特征。作者认为，俄罗斯在很大程度上会遵守该模型的发展方式。

戈尔施科夫（М.К. Горшков）分析了 20 世纪最后十年俄罗斯社会的变

---

101 Пискунов, А. И. Педагогическое образование: концепция, содержание, структура [EB/OL]. http://piskunovalexey.narod.ru/pedobrazovanie.html.2018-10-07.

102 Засыпкин Владислав Павлович Модернизация высшего педагогического образования в регионе: социологический анализ[J]. Высшее образование в России. 2010（5）.

103 Рукавишников В.О. Социологические' аспекты модернизации России и других посткоммунистических обществ[J]. Социологические исследования. 1995（8）:34-46.

化、转型过程的每个阶段的公众舆论、新的政治和经济环境对人的意识、生活情绪、价值取向、以及教育的影响[104]。

还有部分学者比如别拉杰尔泽夫（Е.П. Белозерцев）、别宁（В.Л. Бенин）、维尔施洛夫斯基（С.Г. Вершловский）等从教育—心理学的角度对俄罗斯师范教育现代化的问题进行了探讨，分析了俄罗斯自历史上形成的师范教育范式与当前社会以及人道主义教育的实际要求不相符合的问题。别宁（В.Л. Бенин）指出，作为民族心理的文化与教育的关系非常密切，社会文化的发展进程对师范教育的现代化产生了巨大的影响[105]。

以上学者的成果能为本研究展现苏联解体后处于转型阶段的俄罗斯社会各方面的情况，以及社会转型对于师范教育变革的影响。此外，每位学者所选取的理论视角不尽相同，得出的结论也因人而异。但不可否认的是，社会的转型发展对于教育的影响巨大，这也为本研究选取理论视角提供一定的借鉴作用。

2. 国内学者的研究

国内学者同样开展了大量社会转型背景下俄罗斯高等师范教育变革的研究，主要有著作（专著、编著）、硕士论文和期刊论文。

在编著《世界教育大系：教师教育》（顾明远，梁忠义，2000）中，作者对俄罗斯高等师范教育制度、目标、课程、改革与动向进行了详细的介绍[106]。《比较教师教育》（肖甦，2010）一书则更为详细地介绍了苏联解体后俄罗斯师范教育政策与管理体制方面的改革，比如师范教育指导思想的转变、师范教育层次结构的变革；此外，还专门介绍了俄罗斯教师职前培养制度现状及多级结构体系[107]。《俄罗斯教育十年变迁》（肖甦，王义高，2003）对90年代俄罗斯高等师范教育领域的改革进行了详细论述，包括师范教育的需求与改革指导思想的变化、高等师范教育向多级结构体制转轨、高等师范教育国家教育标准的确立与实施、高等师范教育内容的更新与扩大、高等师范院校的招生与分配等等[108]。

---

104 Горшков М.К. Российское общество в условиях трансформаций（социологический анализ）. М.: РОССПЭН, 2000.

105 Бенин В.Л. Педагогическая культурология. Уфа: БИТУ, 2004.

106 顾明远：《梁忠义.世界教育大系教师教育》[M]，吉林教育出版社，2000年。

107 肖甦：《比较教师教育》[M]，江苏教育出版社，2010年，第151-187页。

108 肖甦：《俄罗斯教育10年变迁》[M]，北京师范大学出版社，2003年，第91-115页。

在硕士论文中，《俄罗斯教师教育发展研究》（周玉梅，2015）主要就俄罗斯教师教育培养体系、课程、评价等方面对俄罗斯教师教育的转型与发展进行了研究[109]。《俄罗斯教师教育政策研究》（宋增元，2012）认为，俄罗斯独立以后对教师教育进行了重大的改革，最主要的体现是教师教育政策的相继出台。通过对俄罗斯教师教育政策内容的考查与分析，探究俄罗斯教师教育政策的实施效果和存在的问题,在此基础上总结出俄罗斯教师教育政策发展的经验[110]。《转型期俄罗斯高等师范教育改革及其对我国的启示》（吕文胜，2008）从转型期俄罗斯高等师范教育改革的指导思想、政策保障和主要内容等三个方面对转型期俄罗斯高等师范教育的改革进行了论述[111]。

在期刊论文方面，许多研究者开展了关于俄罗斯多层次连续师范教育体系的研究。比如张丹华指出，俄罗斯政府建立的多层次的高等师范教育结构是包括不完全的高等教育、授予学士学位的四年制基础高等教育、5-6 年的授予硕士学位的高等教育[112]。

有研究者从改革指导思想的角度进行研究，比如肖甦从个性化教师教育观提出的背景、个性化教师教育观的内涵及围绕着个性化教师教育观的改革三个方面进行探究[113]。张男星在文章中分析了 80 年代中后期以来俄罗斯师范教育改革的演变过程及指导思想：人道主义思想、科技主义思想和终身教育思想。此外，文章还指出，俄罗斯师范教育的两大特点：一是重视实习，突出师范性；二是分层次培养[114]。石隆伟认为，俄罗斯社会转轨以来，为了进一步提升教师培养的质量和水平，俄罗斯坚持教师教育个性化发展理念，着力培养具有个性化的新型教师。作为教育改革的战略举措，个性化教师培养具有科学的理论基础、明确的培养目标和具体的操作策略，对于提升俄罗斯教师个性化的专业素养起到了积极的作用[115]。除此之外，王凤英认为，2012

---

109 周玉梅：《俄罗斯教师教育发展研究》[D]，石河子大学，2015 年。

110 宋增元：《俄罗斯教师教育政策研究》[D]，浙江师范大学，2012 年。

111 吕文胜：《转型期俄罗斯高等师范教育改革及其对我国的启示》[D]，东北师范大学，2008 年。

112 张丹华：《俄罗斯师范教育的演进》[J]，外国教育研究，1995 年（04），第 52-56 页。

113 肖甦，单丽洁：《俄罗斯师范教育改革指导思想评述》[J]，比较教育研究，2001 年（11），第 36-40 页。

114 张男星：《当前俄罗斯师范教育改革研究》[J]，全球教育展望，2007 年（07），第 87-93 页。

115 石隆伟：《造就个性化新型教师：俄罗斯师范教育的战略性发展》[J]，比较教育年俄罗斯发布《俄罗斯联邦教育法》修订草案，补充增加了有关教育的人文主义层面的内容，指出教育关系的调整应遵循教育的人文主义性质、教育要尊重人的生命和健康、尊重个性权利和自由等，作者认为人文主义是师范教育改革的价值取向[116]。

还有研究者基于俄罗斯所颁布师范教育现代化计划进行了关于师范教育政策的相关研究，比如姜晓燕对 2003 年颁布的俄罗斯师范教育现代化计划进行了评述：优化结构并完善教师职业培养组织、教师培养内容和形式的完善、师范教育改革的科学和教学方法的保证[117]。杜岩岩认为，俄罗斯师范教育调整的策略与措施主要包括师范院校的保留与复归、非政府组织作用的发挥、师范教育国家—社会管理体系的创建，创新人才培养模式，突出师范教育的人文性、专业性和实践性取向，并通过创新师范教育的培养和评价方式、提高人才培养以及质量、更新教师继续教育机制、完善终身师范教育体系等，促进俄罗斯师范教育的现代化[118]。该研究者还基于 2014 年颁布的《关于提高普通教育机构师资职业水平综合纲要的构想》及其子项目《师范教育现代化纲要》，对当前俄罗斯师范教育面临的问题及当前的改革方向进行了剖析，作者认为，与 21 世纪初的改革相比，新一轮改革突破了以往"一体化"和"综合化"的宏观体制变革思路，明确了标准本位和能力本位的政策取向，并从教师培养模式和外部制度保障两条逻辑线索实施全面系统改革[119]。

张丹华详细介绍了俄罗斯高等师范教育本科层次新的培养目标：一般文化知识修养的要求；医学—生物学知识修养的要求；心理—教育学知识修养的要求；所学专业的知识修养的要求[120]。

研究，2012 年，34（11），第 11-14、19 页。

116 王凤英：《新世纪俄罗斯师范教育的人文主义》[J]，教育评论，2013 年（06），第 165-167 页。

117 姜晓燕：《俄罗斯师范教育现代化计划》[J]，比较教育研究，2004 年（02），第 93-94 页。

118 杜岩岩，朱小蔓：《俄罗斯师范教育政策调整的动因、策略与措施——基于《教育的创新发展——提高俄罗斯竞争力的基础》报告解读》[J]，教育研究，2009 年，30（03），第 65-69 页。

119 杜岩岩：《俄罗斯师范教育现代化再出发：方向与措施》[J]，教育研究，2015 年，36（09），第 146-151 页。

120 张丹华：《俄罗斯高等师范教育新的培养目标评介》[J]，外国教育研究，1998 年（02），第 31-35 页。

综上所述，中俄学者对俄罗斯高等师范教育变革的宏观研究有利于我们掌握俄罗斯自 90 年代以来所开展的高等师范教育改革的来龙去脉，同时对于我们了解高师教育的现状有重要的参考意义。

三、关于俄罗斯高等师范教育人才培养模式的研究

尽管在俄罗斯并没有"人才培养模式"这一概念，但俄罗斯学者仍然将师范人才培养视为一个完整的体系。通过对所选文献进行分析，可以发现，俄罗斯一类研究者关注高师人才培养体系的更新，比如鲍尔多夫斯基（Г. А. Бордовский）、赫拉普钦科（В. Г. Храпченко）、梅达洛夫（И. Г. Металова）、施梅列娃（С. А. Шмелева）等；一类研究者关注师范人才培养目标、内容、途径等具体方面，比如拉吉诺娃（Н. Ф. Радионова）、赫拉普钦科（В. Г. Храпченко）等；还有一类研究者则关注影响高等师范院校人才培养模式的各种因素，比如卡利尼科娃（Н. Г. Калинникова）、卡列科夫（А.К. Коллегов）等。

（一）关于人才培养体系的研究

鲍尔多夫斯基（Г.А. Бордовский）认为，高师教育人才培养体系的现代化是满足普通教育机构教师人才需求的必要保证。此外，他还指出，当前社会对于教师胜任力提出了许多新的要求，因此师范人才培养体系需从两个方面进行发展：其一，继续完善两种及以上专业教师培养体系；其二，形成本科和硕士多级培养体系[121]。但赫拉普钦科（В.Г. Храпченков）认为，本科和硕士多级培养体系将会给师范人才培养体系带来一定的问题，比如接受完全高等教育的专家人才数量下降，拿到硕士学位的毕业生将比本科生数量少很多等等，因为体系的调整需要很长时间来适应[122]。

梅达洛夫（И.Г. Металова）认为，教师的专业化水平、公民素养以及对待工作和学生的态度一部分取决于工资因素，但更大程度上是受师范人才培养体系潜移默化的影响。师范人才培养体系如若不能满足新型教学内容和教

---

121 Бордовский, Г. А. Модернизация системы подготовки педагогических кадров в учреждениях высшего образования как необходимое условие обеспечения кадровых потребностей школы[J]. Universum: Вестник Герценовского университета, 2007（8），3-13.

122 Храпченков, В. Г., & Храпченкова, И. В. Проблемы подготовки преподавательских кадров в условиях современных образовательных реформ [J]. Сибирский педагогический журнал, 2012（4），239-243.

学法等的要求，则不能培养出优秀的教师。因此，作者认为应当为未来教师创建全新的专业培养体系，首先需要确定这一新型培养体系的战略定位：传授职业文化；不仅培养学科教师，更应是专业教师；培养研究型教师；该体系应具备功能性特征，也就是将培养活动的内容和结构模式化；能促进教师个人的发展；应有助于教育的基础化；应当保证通识教育的开展；应有助于人道主义教育的技术化；确保学生掌握专业技艺，以保证高水平的教学实践；应当追求综合化；应当保证每位学生都有机会独立地自我实现；确保每一位学生相信自己未来所教学科的社会价值；应对知识和专业技能进行差异化评估[123]。

施梅列娃（C.A. Шмелева）认为，构建高等师范院校师范人才培养模型的目的是促进未来教师的个人发展和专业发展，同时建立模型可以明晰师范人才在未来的独立活动中所需的个人素质结构、素养、性格特征、发展特点、知识水平和技能才干。作者认为，师范院校的主要任务除了满足学生个人对于文化教育知识的需求之外，还应使所培养的学生在一般文化、科学和专业素养上能够满足瞬息万变的劳动力市场的需求，师范院校需要培养未来教师掌握自身职业发展道路的能力，帮助未来教师形成发展自身潜力以及个人专业素质的自我职业意识[124]。

（二）关于人才培养模式内部各要素的研究

1994-1996 年，俄罗斯通过国家教学标准（ГОС），从法律上规定了多级结构教师培养体系的建立。正如苏哈诺夫（А.В.Суханов）和特哈格普索耶夫（Х.Г. Тхагапсоев）所言，国家教学标准为教学活动明确了规范。作者指出，目前高中教师培养过程中出现了许多问题，一方面国家教学标准已经建立，但是没形成具体的教师培养模式；另一方面，高中阶段应该为未来专家的养成做好准备，但现有的标准没有反映大学教学活动对于高中教学的期待的要求[125]。杜岩岩以俄罗斯国立赫尔岑师范大学为例，研究分析了当前俄罗斯高

---

123 Металова, И. Г. К вопросу о системе подготовки будущих учителей иностранного языка в условиях личностно ориентированного подхода [J]. Вестник Чувашского университета, 2006（3）, 331-342.

124 Шмелёва, С. А. Модель профессиональной подготовки выпускника педагогического вуза [J]. Вестник Томского государственного педагогического университета, 2012（5）, 16-22.

125 Суханов А.В Концепция фундаментализации высшего образования и ее отражение в ГОСах [J]. Высшее образование в России,1996（3）, Тхагапсоев Х Г Учитель и

等师范院校教师人才培养模式改革的价值取向：教师培养模式向能力范式转型；强调培养的实践和科研导向；延展大学的社会合作，为学生发展和就业搭建多层次平台[126]。

尽管随着俄罗斯国家教学标准的不断完善，关于高师教育人才培养内部各要素的研究不断增多，我们对人才培养目标（包括培养规格）、培养内容（专业及课程设置）、培养途径以及质量评估这五大要素分别进行综述。

1. 关于培养目标的研究

谢列兹涅娃（Н.А. Селезнева）指出第 3 代《高等职业教育联邦国家教学标准》（ФГОС ВПО）及基本教学大纲（ООП）规定高等教育的培养目标是基于胜任力导向。[127]维尼科娃（О.А. Винникова）进一步指出，在胜任力导向型培养目标框架下，高等教育的结果不被视为所获信息（知识、技能和本领）的总和，而是人在各种情况下的行动力。[128]

拉吉诺娃（Н.Ф. Радионова）认为无论在课程建构上还是在教学过程中都应该以学生为中心，利用新的现代教学技术关注学生的需求，在教学过程中关注学生的专业—教育胜任力的形成[129]。索科洛娃（И.Ю. Соколова）同样认为，教师应当在对学生个体心理特征认识的基础上建立相互理解与合作的关系，在组织教学活动的时候，教师应当考虑到学生个体感知能力和信息处理方式的独特性，应当在教学过程中体现学生的积极认知，应当能够促进学生心理认知活动和智力的发展[130]。

赫拉普钦科（В.Г. Храпченко）在文章中指出，师范人才培养可以分为两个部分，分别是普通教育和专业教育。在前苏联，师范人才培养中的普通教

культура'проблемы подготовки педагогических кадров[J]. Педагогика,1998（1）.

126 杜岩岩：《俄罗斯师范教育的现实困境及破解路径》[J]，教育科学，2015 年，31（04），第 87-91 页。

127 Селезнева Н.А. Проблема реализации компетентностного подхода к результатам образования[J]. Высш. образование в России. 2009（6）:3–9.

128 Винникова О.А. Анализ соотнесения ведущих педагогических категорий «компетенции» и «знания и умения» в профессиональном образовании[J]. Вестник ТГПУ. 2012.11（126）.

129 Радионова Н.Ф. Теоретико-методологические основы развития педагогического образования[J]. Человек и образование. 2007（10-11）：39–44.

130 Соколова И.Ю. Технологии и условия качества подготовки педагогических кадров[J]. Вестник Томского государственного педагогического университета, 2005（2）:68-74.

育承担着政治思想任务, 同时需要对在中学时掌握的普通教育知识进行校正, 从而实现所教学科的专业化；而在当前的俄罗斯, 教师需要在文化多元的社会生活和工作, 需要有与不同的民族、不同社会阶层的人合作和交流的能力, 因此在师范人才培养中需要更高水平的普通教育[131]。

近些年来, 由于俄罗斯社会政治经济等方面的变化, 民族矛盾也日趋严重, 俄罗斯总统普京曾表示：有必要使社会成员养成宽容他人、尊重他人、尊重各民族的文化和生活方式的习惯[132]。并且, 俄罗斯师范教育现代化纲要中直接指出培养未来教师适应多民族文化环境极为重要[133]。此外, 在第 3+代《俄罗斯联邦高等师范教学标准》（ФГОС ВПО 3+）中明确师范生（本科）需掌握在多民族文化教育环境中开展教学工作的胜任力[134]。

可以说, 在当前的俄罗斯社会, 相互理解和尊重不同民族文化是保证俄罗斯各民族公平发展的前提。因此, 有众多俄罗斯学者关注了多民族文化环境下师范人才培养的问题, 比如师范生多民族教育文化形成的问题（纳格尔纳雅 Г. Ю. Нагорная、达布拉谢尔多娃 В. Н. Добросердова）、教师的民族文化教育问题（巴布诺娃 Е. С. Бабунова）、师范生民族语言习得胜任力的培养（阿尼先科娃 Т. В. Анисенкова, 达维多娃 О. И. Давыдова, 哈利多诺夫 М. Г. Харитонов）等等。这些学者均认为, 应当在师范生的培养内容方面增加民族师范教育（этнопедагогическая подготовка）的内容。比如古美洛娃（Ф.Ф. Гумерова）建议增设新型理论知识课程、民族教育和文化课程、民族教育学中教学法课程等等, 以此提高学生在多元文化环境中的交流能力、包容性态度, 帮助学生形成多元文化价值观[135]。

---

131 Храпченков В.Г. Проблемы подготовки педагогических кадров в условиях транзитивного общества[J]. Социальные взаимодействия в транзитивном обществе. Вып. V./под ред. М. В. Удальцовой.–Новосибирск: НГАЭиУ, 2003:210-215.

132 Путин В.В. Важно преломить негативные тенденции в национальных отношениях. [EB/OL]. http://pda.ria.ru/society/20120824/730000926. html.2018-10-20.

133 Программа модернизации педагогического образования. [EB/OL].http:// www. ed. gov.ru/prof edu/sred/rub/315/#1.2018-10-20.

134 ФГОС ВПО по направлению подготовки050100 Педагогическое образование （квалификация （степень）«бакалавр»）.[EB/OL]. http://www. edu.ru/db-mon/mo/Data/d_09/m788. html. 2018-10-21.

135 Гумерова Ф. Ф. Содержание этнопедагогического образования в системе подготовки студентов к педагогической деятельности. Историческая и социально-образовательная мысль, 2017（9）:140-144.

有学者指出，民族文化胜任力（Этнокультурный компетентность）的养成是师范生培养的重要内容，这一胜任力的形成标志着师范生准备好在多民族文化环境中进行教学活动。但仅仅增设民族文化教育课程只能使师范生了解民族文化、价值观等等，而不能真正培养师范生在多民族文化教育环境中开展教学活动的胜任力，这一胜任力的培养需要在多民族文化环境中实地操练，而这一点在当前的师范教育中是缺失的[136]。

2. 关于专业及课程设置的研究

在专业设置方面，鲍尔多夫斯基（Бордовский Геннадий Алексеевич）认为，目前俄罗斯高等师范院校在逐渐完善师资培养方面的双学科化以及多学科化体系[137]。还有研究者认为高等师范院校在进行专业设置时不仅要考虑到新的市场关系体系，还应考虑如何在当下培养学生的爱国主义情怀。比如邦达列夫斯卡娅（Е.В.Бондаревская），布耶娃（Л.П.Буева），萨别索茨基（А.С.Запесоцкий）均将德育视为一种教育现象，是一种教育过程。德育在社会不同的历史发展阶段都表现出不同的内容、功能和形式，它与政治、道德、法律、科学、艺术等公共意识形式密切相关[138]。

俄罗斯教师职业标准规定，俄罗斯教师需掌握信息交流技术胜任力（ИКТ-Компетенция），该胜任力不仅仅指学会使用不同的信息技术（ИКТ-грамотность），还应善于将信息技术应用到教学活动中。该胜任力包含三类：一般使用性胜任力、一般专业性胜任力以及学科定向胜任力[139]。斯塔利钦科

---

136 Якунчев М. А., Карпушина Л. П. К проблеме этнокультурной подготовки студентов высших учебных заведений （на примере педвузов）[J]. Си бирский педагогический журнал. 2010（7）: 292–297.

137 Бордовский Геннадий Алексеевич Модернизация системы подготовки педагогических кадров в учреждениях высшего образования как необходимое условие обеспечения кадровых потребностей школы [J]. Universum: Вестник Герценовского университета. 2007（8）.

138 Бондаревская Е.В. Воспитание как возрождение гражданина[M]. Человека культуры и нравственности , Ростов н/Д, 1995, Буева Л П. Человек, культура и образование в кризисном социуме[M]. М., Фонд «Новое тысячелетие», 1998, Запесоцкий А С Молодежь в современном мире проблемы индивидуализации и.

139 Об утверждении профессионального стандарта «Педагог （ педагогическая деятельность в сфере дошкольного, начального общего, основного общего, среднего общего образования）（воспитатель, учитель）». Приказ Министерства труда и социальной защиты Российской Федерации от 18 октября 2013 г. № 544н г. Москва. [EB/OL]. http://www.rg.ru/gazeta/rg/2013/12/18.html （дата обращения 01.06.2016）. 2018-10-22.

（Б.Е. Стариченко）基于俄罗斯乌拉尔国立师范大学培养师范生信息交流技术胜任力中的一般专业胜任力的实践，总结了确定一般专业胜任力培养内容的原则。同时，作者根据联合国教科文组织的教育信息技术研究所的建议，构建出全新的教学课程"教育中的信息交流技术"（ИКТ в образовании）。该课程采用信息教育环境作为实施电子学习的必要条件，然而，与传统方法不同，该环境由学生自己在虚拟（云）空间中构建，突出体现学生个人学习环境和教师个人教育环境两个组成部分。在课程学习期间，学生逐渐丰富自身学习环境，并在其中得到发展。该课程以模块化原则构建，旨在形成一般信息技术胜任力，在教育学专业本科、硕士和博士阶段均可开设[140]。

南乌拉尔国立人文师范大学（ЧГПУ им. И. Я. Яковлева）教育和心理学系系主任萨哈洛娃（Г. П. Захарова）认为，由于知识在现代师范教育中所扮演的角色和功能逐渐发生变化，因此，现代师范教育的内容也随之发生变化。现代师范教育的课程设计的主要趋势是系统模块化、个性导向化、主体导向化以及交流互动化。通过对教育学本科生学习内容进行模块化构建区分出基本模块、可变模块、可选学科以扩展和深化学科知识领域的特殊模块以及确保理论知识和能力转移到实践活动中的活动实践模块[141]。

赫拉普钦科夫（В.Г. Храпченков）指出，在俄罗斯的师范大学，分量最重的课程通常是教育学原理和教育史，而教育研究方法直到最近几年才成为独立的课程，并且存在着与实际教学工作脱节的问题。并且最近几年在相当多的师范大学里还缺少心理学和教育学诊断课程，这类课程非常重要，因为每一位教师的教学方法都与心理学、教育学紧密相关，如果不加以诊断矫正，将会使这位教师在未来的学科教学中一直带着错误的思维定式。此外，这两位学者在文章中还指出，在俄罗斯近几年还兴起了在俄罗斯族、鞑靼族以及其他民族文化、劳动传统和习俗的基础上研究民族教育学、民族心理学，但是在师范大学的课程设置中还没有做出相应的调整[142]。

---

140 Стариченко Б.Е. О формировании общепрофессиональных ИКТ-компетенций студентов направлений подготовки «Педагогическое образование. Педагогическое образование в России, 2016（7）: 97-103.

141 Problemy podgotovki pedagogov v usloviiakh dvukhurovnevoi sistemy vysshego professional'nogo obrazovaniia[J]. Pedagogika. 2012. [EB/OL]. https://dlib.eastview. com/browse/doc/26865543. 2018-10-23.

142 Храпченков, В.Г., Храпченкова, И. В. Проблемы подготовки преподавательских кадров в условиях современных образовательных реформ. Сибирский

拉吉诺娃（Н. Ф. Радионова）认为，师范教育的内容是不变的和变化的、基础的和应用的、一般文化的和理论方法的、一般职业的和专业的统一体，需要通过模块化的方式来构建内容，在每一个学科里都要确定主要目标、任务以及主要思想，解释选择以及建构教学材料的原则，确定典型的问题任务以及一些需要独立按照教育心理学的规则来完成的任务[143]。对此，鲍尔多夫斯基（Бордовский Геннадий Алексеевич）持相同的观点，他同样认为，师范本科和硕士的课程设计都应该通过非线性原则和模块化技术来实现[144]。

张丹华在研究中指出，不同层次师范教育的课程体系构造也各不相同，在第一层次，一般文化的、心理—教育学的、课程的这三个环节都是必修；第二层次的课程体系中更加重视心理—教育学、教育史和社会教育学知识的学习和实践能力的培养；第三层次的课程更注重按个体兴趣进行，必修课占60%，其余40%为选修课。[145]

王海燕认为，俄罗斯高等师范教育课程目标定位在不仅培养科任教师，更要培养能授予学生一定的知识技能技巧，并能依据学生的志趣与学生一起进行共同创造的教育家。因此，俄罗斯高师教育课程可以分为人道化的师范课程、人文化的师范课程和自然学科、技能型的课程。[146]

王丹在其学位论文中指出，与 1995 年颁布的《俄罗斯高等师范教育标准》不同，2000 年颁布的《俄罗斯高等师范教育标准》不再按照"一般文化课"、"医学—生物学课"、"教育学—心理学课"、"学科专业课"的方式设置课程，而是与高等教育的教育标准保持一致，按照"普通人文社会经济学课"、"普通数学和自然科学课"、"普通职业课"、和"学科专业课"四类重新划分课程，表明了未来教师培养的职业教育理念。此外，2005 年颁布的《高师标准》的课程结构与 2000 年相比在课时分配上没有变

педагогический журнал,2012 （4）:239-243.

143 Радионова Н.Ф. Теоретико-методологические основы развития педагогического образования[J]. Человек и образование. 2007（10-11）:39-44.

144 Бордовский Г.А.Модернизация системы подготовки педагогических кадров в учреждениях высшего образования как необходимое условие обеспечения кадровых потребностей школы[J]. Universum: Вестник Герценовского университета. 2007（8）.

145 张丹华：《俄罗斯多层次师范教育体系概述》[J]，外国教育研究，1996 年（06），第 34-38 页。

146 王海燕：《俄罗斯和美国师范教育课程之比较》[J]，外国教育研究，2001 年（02），第 60-64 页。

动，但在某些课程的种类和课时上稍有变动[147]。李文婷则在其硕士论文中以俄罗斯三所高等师范院校为例，总结了高师教育课程结构和内容方面的特点：各校课程模块基本一致，同时不同学校会根据区域和学校特点增设选修课程[148]。

3. 关于培养途径的研究

在培养途径方面，卡尔顺诺娃（Коршунова Вера Владимировна）认为，高等师范院校师范本科生培养有必要重新构建实践导向型的培养模式，引入以实践为导向的师资培养模式，在现有的学生学习活动模式的基础上，以中小学、中等师范院校和师范大学合作的形式来实施本科课程的高等教育大纲中的基础专业课程[149]。

有部分学者提出应当建立师范教育群（образовательный кластер），比如萨俩洛娃（Залялова Анфиса Григорьевна）认为，职业教育的市场化一定程度上决定了职业教育体系的发展方向，包括师范教育领域，自 2007 年起，鞑靼共和国就尝试在师范教育领域建立教育群[150]。梅列科索夫（Мелекесов Геннадий Анатольевич）同样在文章中以俄罗斯奥伦堡东部地区为例讨论了师范教育群建设的问题，在奥伦堡东部地区按照教育机构网相互作用的原则建立了教育群，该教育群里拥有一切对教育合作感兴趣的教育机构：拥有高素质人才的高等教育机构、"奥伦堡大学（教育）区"中心联合会及奥尔斯克分会，以奥伦堡国立大学为中心的大学教育综合体。作者认为，能够建立教育群的关键在于：地理位置近、相互得益的合作、能共同利用资源。教育群是大学和教育机构之间的教育教学互动；是大学老师和中小学教师的互动；这也是一种能对文化教育互动产生独特影响的人际交往[151]。

此外，格格耶娃（Кекеева Зинаида Очировна）认为高等师范院校作为独

---

147 王丹：《社会转型时期俄罗斯高师课程改革》[D]，上海师范大学，2006 年。

148 李文婷：《俄罗斯高等师范院校师范生课程研究》[D]，上海师范大学，2012 年。

149 Коршунова В.В. Педагогическое образование бакалавров: новые стандарты[J]. Вестник Адыгейского государственного университета. Серия 3: Педагогика и психология. 2015（1）:157.

150 Залялова А.Г. Региональная модель подготовки педагогических кадров в условиях образовательного кластера[J]. Профессиональное образование в России и за рубежом. 2011（3）.

151 Мелекесов Г.А., Ерофеева Н.Е. Образовательный кластер подготовки педагогических кадров [J]. Вестник ОГУ. 2014（3）:164.

立的文化教育空间，应当按照自组织的原则培养未来的教师，应当在师范院校内部建立科学和教育技术中心，将参与科研活动作为未来教师培养的另一大重要途径，以此来提高师范人才的创新能力[152]。赫拉普钦科夫（Храпченков В. Г.）和赫拉普钦科娃（Храпченкова И. В.）同样认为，应当将科学研究工作引入师范大学教育工作中，这样可以使工作重点从单纯的传授教育知识转向到培养学生的独立创造的能力、教师职业素质和习惯中来[153]。

古宁（Е. В. Гунин）和沃洛申（Д. О. Волошин）指出，独立工作应当成为帮助未来教师掌握专业胜任力的重要激励因素之一，独立工作应当贯穿于讲座、研讨会和教学实践之中。通过各种形式的独立工作（比如课后作业、学期论文、课程论文、学位论文等等），可以培养学生对于所选专业的稳定兴趣，掌握解决专业问题的技能和创造力[154]。

索科洛娃（И. Ю. Соколова）认为，教师首先需要确定学生对于学科以及未来职业活动的兴趣所在，还需要确定学生的个人潜力及天赋，只有这样才能有效组织教学形式，体现个性化教学[155]。

4. 关于人才培养质量评估的研究

在人才培养质量评估方面，索科洛娃（И. Ю. Соколова）认为，对教师人才培养质量进行评价可以使师范生在学习过程中不断进行自我发展和自我完善，将教师人才培养质量的组成部分进行区别会让教师和学生设置学习的战略型和战术型目标。比如，教师不仅会开发新的技术、学习方法，还会不仅关注学生知识的习得，更会关注学生智力的发展以及他们职业胜任力的形成。该研究者还认为，当前俄罗斯比较流行的教师人才培养质量评估有三种：师范人才培养的质量应当符合现代社会的发展趋势，其水平由信息化、智能化

---

152 Кекеева З.О. Особенности подготовки педагогических кадров в условиях инновационной деятельности университета[J]. Известия РГПУ им. А.И. Герцена, 2012（151）.

153 Храпченков В.Г., Храпченкова И. В. О социально-экономических предпосылках инноваций в системе образования[J]. Сибирский педагогический журнал, 2008（3）:155–162.

154 Problemy podgotovki pedagogov v usloviiakh dvukhurovnevoi sistemy vysshego professional'nogo obrazovaniia[J] Pedagogika, 2012. [EB/OL]. https://dlib.eastview.com/browse/doc/26865543.2018-10-30.

155 Соколова И.Ю. Технологии и условия качества подготовки педагогических кадров[J]. Вестник Томского государственного педагогического университета, 2005（2）:68-74.

和人道化来决定；质量应当符合"潜在劳动力质量标准"的要求，其重要组成部分是知识水平和职业资格；能使用相应的测试或者技术对质量进行测量（个人素质和知识水平，包括一般智力等）。此外，索科洛娃从教育心理学的角度出发，认为对师范毕业生的质量评估应当从两方面来衡量，其一为他们的智力发展水平（语言和非语言），其二应当有系统的心理学知识储备[156]。

综上所述，中俄两国学者关于俄罗斯高等师范教育的研究由宏观走向深入和细微，尽管较少有关于俄罗斯高等师范教育人才培养模式的全面研究，但有许多学者将焦点关注到了教师人才培养模式的各个方面，比如专业及课程设置、培养途径、培养质量评估等等，这对于本研究有重要的参考意义。当然，缺少关于教师人才培养模式的全面研究也为我们留下了一定的研究空间。

（三）影响因素研究

1. 教育理念的更新

20 世纪 80 年代，苏联教育界开始讨论教育人道化的问题。马伽玛多娃（Л.Х. Магамадова）在其副博士论文中讨论了管理未来教师职业价值取向发展的问题，该学者认为应当重新构建师范人才培养的过程，这种新型培养过程将有助于对教学活动的专业价值观客观化，并促使其转变为师范生个人价值体系的一部分[157]。卡利尼科娃（Н.Г. Калинникова）同意上述观点，同时指出，教育人道化是俄罗斯师范教育转型的重要思想基础，也是师范教育的专业—个体取向形成的根基。师范教育的专业—个体取向在师范人才培养方面的实质体现为：培养师范生的交际能力、技能活动能力以及预测、计划、目标设定和模式建构能力[158]。伽吉耶夫（Г.М. Гаджиев）也同样认为，现代教育应当以人为中心，其实质在于教师在掌握学科知识的基础上还需要保证儿童的发展，这两者相互关联和补充。以人为中心的教育理念对师范教育的发展产生了很大影响，比如多层级师范教育体系，同时促使研究者将师范人才培养目标与社会经济和文化的转变紧密联系起来[159]。

---

156 Соколова И.Ю. Технологии и условия качества подготовки педагогических кадров[J]. Вестник Томского государственного педагогического университета, 2005（2）:68-74.

157 Магамадова Л.Х. Управление процессом развития профессионально-ценностных ориентации будущего учителя: дис. Канд. Пед. Наук.М., 1993: 58.

158 Калинникова Н.Г. Личностно-ориентированные технологии в теории и практике педагогического образования. Знание. Понимание. Умение. 2007（1）:23-31.

159 Гаджиев Г.М. Личностно-ориентированный подход к профессионально-

肖甦，王义高在其专著中指出，20 世纪 90 年代俄罗斯提出教育"新思维"，这一教育新理念在师范院校人才培养模式中得到了具体的体现，使得教师培养模式向个性化转变。[160]

卡利尼科娃（Н.Г. Калинникова）认为，师范教育的专业—个体导向会对人才培养模式产生影响。首先，专业—个体导向下的师范人才培养内容包括知识性内容、教学方法类内容、个人创造性培养以及个性培养；第二，创造促进个性化发展的情境，比如创建联想模型、情景化模型以及个人现实化模型；第三，创造专业实践环境[161]。

马卡洛娃（Н.С. Макарова）分析了现代师范人才培养过程中教学理念发生的变化，结果表明，高等教育领域教学理念方面的变化是现代教师培养概念框架系统化和制度化的基础。作者认为，当前俄罗斯高等师范院校新型人才培养理念方面具有三大变化：其一，连续性和多层级性；其二，秉持开放性、非线性、模块化、灵活和个性化的原则；其三，在教育过程中，师范院校教师的职业活动开始定位于新型功能，师范生认知活动具有新特征。这三大变化深刻影响了俄罗斯高等师范教育新型人才培养模式的构建[162]。

特里亚比钦纳（А.П. Тряпицына）指出俄罗斯普通教育领域的变革是引起高等师范教育人才培养模式变革的重要因素，比如从由中学自行组织毕业考试进行内部评估到全国统一考试的进行、在高中引入侧重专业性教学、学校教育环境实行计算机化等等。普通教育变革对教师能力提出了新的要求：设计反映学校具体任务和目标的教学大纲、设计学校发展计划、实施超学科大纲的教学计划、扩大教育成果评估主体的范围（包括考虑到学生自尊心、父母和外部专家的意见）等等[163]。

педагогической подготовке будущего учителя. Известия Дагестанского государственного педагогического университета[M]. Психолого-педагогические науки. 2012（4）:38-41.

160 肖甦：《俄罗斯教育 10 年变迁》[M]，北京师范大学出版社，2003 年，第 93-95 页。

161 Калинникова Н. Г. Личностно-ориентированные технологии в теории и практике педагогического образования. Знание. Понимание. Умение. 2007（1）:23-31.

162 Макарова Н. С. Дидактический анализ изменений в подготовке современных педагогических кадров [J]. Вестник Челябинского государственного педагогического университета, 2013 （10）:131-140.

163 Тряпицына А.П. Подготовка педагогических кадров и задачи современной школы

鲍尔多夫斯基（Г.А. Бордовский）认为，国家管理层的支持对于师范教育的变革非常重要：国家对教育系统的管理是通过教育管理机构对教育系统施加操作、组织和调整等方面的影响来进行的，包括制定国家教学标准、国家职业活动标准、国家教育机构认证、国家支持教育创新过程等等[164]。卡尔顺诺娃（Коршунова Вера Владимировна）在研究中指出，俄罗斯高等师范院校所培养的新型教师应该能够适应俄罗斯国家教育体系现代化战略，并且能够符合新的联邦国家教学标准和教师职业标准的要求[165]。

2. 教师职业专业化

随着科技的发展、社会的进步，俄罗斯中小学对于优质教师的需求越来越迫切，教师职业的专业化成为俄罗斯学者关注的重点。

教育活动是一项综合活动，包含教学诊断、知识建构、交流互动、组织活动、反思活动等，因此，未来教师需要掌握相应的教师能力（педагогические способности）。总的来说，教师能力是教师个性心理特征的集合，其应满足教学活动的要求，并决定了教师组织教育活动的优劣程度[166]。同时，教育能力的习得也是师范生成长为专业教师的重要保证（库兹明 Н.В. Кузьмина，斯坦金 М.И. Станкин，斯拉斯捷宁 В.А. Сластенин，塔拉谢维奇 Н.Н. Тарасевич等等）。

比如斯拉斯捷宁（В.А. Сластенин）就曾指出，师范生要成为专业教师人才需要具备专业教育能力、基本知识、成就动机以及可靠的自我评价[167]。库兹明（Н.В. Кузьмина）也同样认为，拥有出色的教育能力能够促进教师的职业发展[168]。塔拉谢维奇（Н.Н. Тарасевич）认为教育能力的习得是师范生成长

[J]. Universum: Вестник Герценовского университета, 2010（11）.

164 Бордовский Г. А. Модернизация системы подготовки педагогических кадров в учреждениях высшего образования как необходимое условие обеспечения кадровых потребностей школы [J]. Universum: Вестник Герценовского университета, 2007（8）.

165 Коршунова В. В. Педагогическое образование бакалавров: новые стандарты [J]. Вестник Адыгейского государственного университета. Серия 3: Педагогика и психология. 2015（1）:157.

166 Студопедия. Педагогические способности. [EB/OL]. https://studopedia.ru/4_142104_pedagogicheskie-sposobnosti.html. 2018-10-30.

167 Сластенин В. А. Профессионализм педагога: акмеологический контекст [J]. Пед. Образование и наука. 2002（4）.

168 Кузьмина Н. В. Профессонализм личности преподавателя и мастерства производственного обучения. М., 1990.

为专业教师的催化剂，因此师范院校应当为学生创设心理—教育学条件，以此使学生有机会实际锻炼自身的教育能力[169]。

3. 师范大学综合化

卡列科夫（А.К. Коллегов）指出，到 20 世纪 90 年代初，已经有许多高等师范院校成为师范教育的大型中心，并且随着俄罗斯教育体制改革的不断推进，许多教育机构不断进行重组，以往的狭隘的职业培训方法与新兴的师范教育范式发生冲突，因此，俄罗斯开始出现高等师范院校大学化的现象。此外，这一时期出现了多科性（многопрофильный）师范大学的概念，这一多科性师范大学是科学和教学法中心，并且扩大培养领域，开展研究生专业教育以及科学文化领域的基础和应用科学研究[170]。

4. 人文地理特征

鲍尔多夫斯基在研究中指出，俄罗斯地域辽阔，不同地区的气候、地理、人口、文化和民族特征各不相同，因此这些不同地区教师的培养都应该有不同的优先事项[171]。该研究者在其另一篇文章中还指出，每个在人与人互动领域工作的专业人员都需要掌握人道主义技术（гуманитарная технология），这是协调人与环境之间多边关系最重要的工具，教师需要促使人与人之间、人与社会责任和社会工作、人与家庭和繁衍、人与自然和国家资源、人与历史文化传统和价值观的和谐。因此，在教师培养中需要克服以往的学科中心主义，应该更加人性化[172]。

从中俄学者不多的研究中我们可以认识到，苏联解体后，俄罗斯高等师范院校人才培养模式的转型受到教育理念、教师职业专业化、师范大学综合化、人文地理特征等各方面的推动，这些研究能对于我们思考变革动因有重

---

169 Тарасевич Н.Н. Обретение педагогического мастерства [J]. Сов. Педагогика. 1990（11）．

170 Коллегов, А.К. Диверсификация как основная тенденция развития высшего педагогического образования в России [J]. Вестник Томского государственного педагогического университета, 2010（4）:12-16.

171 Бордовский Г.А. Модернизация системы подготовки педагогических кадров в учреждениях высшего образования как необходимое условие обеспечения кадровых потребностей школы [J]. Universum: Вестник Герценовского университета. 2007（8）．

172 Бордовский Г.А. Модернизация подготовки педагогических кадров на основе гуманитарных технологий[J]. Universum: Вестник Герценовского университета, 2008（12）．

要的借鉴意义。但是，本研究认为除此之外，还需要考虑国家政治经济、历史传统、国际局势、科技等其他因素，综合全部因素进行关于变革动因的思考。

综上，中俄学术界对俄罗斯高等师范院校人才培养模式的问题进行了激烈探讨。21 世纪初，俄罗斯学术界关注的焦点更多的是在教师职业标准对高等师范院校人才培养模式的影响上[173]，当时国家实行的教师职业标准早已落伍，这也就使得高等师范院校师资的培养不符合时代和社会的需求[174]。随着俄联邦政府颁布的师范教育现代化政策的逐步实施，俄罗斯学术界关于高等师范院校人才培养模式的探讨也更加深入。当今的教师处于现代信息技术快速发展的时代中，他们在教育过程中面临着与各个学科互动的过程，因而提升教师的专业能力非常重要，这也因此对高等师范教育人才培养的水平提出了更高的要求[175]。还有学者指出，现代教师的特征不仅仅是学科教师，还应该成为社会和职业高尚品质的载体，[176]成为人与人、家庭、社会、国家、文化传统以及自然的和谐关系的缔造者[177]。此外，还有学者认为，培养符合时代需求的新型教师最重要的因素之一就是教师反思性文化的形成，在高等师范院校的人才培养过程中理应为反思性文化设置专门的课程。[178]

总的来说，学者们普遍关注到，在全球化、信息化、智能化的背景下，教师教什么、教谁、怎么教、以及对于现代教师有哪些新的要求这些问题。如何提升教师专业化水平？如何提高俄罗斯教师的待遇和社会地位？[179]俄罗斯学者们从高等师范教育人才培养模式的各个方面对这些问题进行了深入思考。

173 Коршунова Н. Л. Педагогическое образование без педагогики [J]. Педагогика, 2000:41-48.

174 Пискунов А.И. Педагогическое образование- концепция, содержание, структура [J]. Педагогика, 2001:41-48.

175 Соколова И.И. Педагогическое образование- вызовы современности [J]. Педагогика: 2010:23-28.

176 Данилюк А.Я. Принципы модернизации педагогического образования [J]. Педагогика: 2010:37-46.

177 Бордовский Г.А. Модернизация системы подготовки педагогических кадров в учреждениях высшего образования как необходимое условие обеспечения кадровых потребностей школы [J]. Universum: Вестник Герценовского университета. 2007（8）.

178 Ильков В.А. Perspective directions in development of pedagogical education[J]. Alma mater. Vestnik Vysshey Shkoly, 2017（4）:53-56.

179 Бозиев Р.С. Педагогическое образование в условиях современных цивилизационных вызовов [J]. Педагогика: 2012:54-74.

通过对已有的文献进行综述我们可以得出结论：1. 关于苏联高等师范教育史、包括师范教育在内的俄罗斯教育变革的宏观研究较为丰富，这为本研究掌握苏俄高等师范教育的历史和现状提供了坚实的文献基础；此外，关于社会学理论视角下的俄罗斯教育现代化问题的研究较为丰富，这为本研究选择研究视角也提供了一些借鉴；2. 以往的研究大多只关注教师人才培养模式的某一两个方面，比如培养途径、专业及课程设置等，尽管研究较细致深入，但是关于俄罗斯高等师范教育人才培养模式的全面研究较少；3. 关于俄罗斯高等师范院校教师人才培养模式影响因素的研究不少，但主要涉及教育内部的因素，仍有一些因素未考虑到，比如国家政治经济、历史传统、国际局势、科技等等；4. 中国学者的研究无论是期刊论文还是专著均以评介为主，较少进行实证研究。可以说，后三点为本研究提供了一定的研究空间，凸显了本研究的价值。

第四节　研究设计

一、理论基础

理论为研究提供了一个独特的视角，提供了充满依据的解释和思考方法。

（一）组织变革理论

本研究重点分析俄罗斯高等师范教育人才培养模式的变革，将综合采用美国管理学者阿梅纳基斯（A.A. Armenakis）构建的组织变革框架和中国学者井润田构建的变革时机管理模型作为本研究的研究框架，同时借鉴计划式组织变革理论中的勒温（Lewin）的组织变革三阶段模型分析俄罗斯高等师范教育人才培养模式的变革过程部分。具体如下：

1. 阿梅纳基斯的组织变革框架

自 20 世纪 80 年代以来，组织变革问题开始受到学者们的广泛关注，美国管理学者阿梅纳基斯在对组织变革相关文献进行系统研究的基础上，构建出组织变革的理论框架，包括组织变革的内容、组织变革的情景和组织变革的过程三方面的因素。[180]其中，组织变革的内容体现在变革的实质方面；组

---

180 Armenakis, A.A., Bedaion, A.G. Organizational change: a review of theory and research in the 1990s[J]. Journal of management, 1999, 25（3）:293-315.

织变革的情景表现在组织内外部因素变化方面；组织变革的过程体现在变革采取的行动方式方面。[181]

关于组织变革的内容，肯定不存在单一要素的变革内容，因此不同学者对其的划分也不尽相同。例如莱维特（Leavitt）将组织变革的内容划分为相互影响相互作用的结构变化、技术变革、人员变革三部分。[182]纳德勒（Nadler）和图施曼（Tushman）则认为组织变革包括任务、个人、结构和非正式组织这四大彼此关联的要素，组织转型只有在战略上与上述四要素取得一致性时才能发挥作用。[183]还有学者认为，根据变革内容可以将组织变革划分为两种典型模式：一是渐进式变革；二是激烈式变革。前者通过局部调整从初始状态过渡到目标状态；而激烈式变革则是指快速对组织进行大规模调整，彻底打破初态并迅速建立目标状态，类似休克疗法。[184]

关于组织变革的情景，则是指组织变革处于一个复杂、动态的环境中，变革本身会受到来自内部和外部的驱动力和阻力影响。纳德勒等从外部环境的角度考查了组织变革的影响因素，包括政治体制、法律环境、科学进步和经济危机、技术的更新换代等。[185]巴耐特（Barnett）和卡罗尔（Carrol）则认为外部影响因素包括制度环境和市场不确定性，内部影响因素主要包括组织规模、所处成长周期、组织成立的时间等。[186]

关于组织变革的过程，就是指变革中所采取的行动。关于组织变革的过程研究有两派对立的观点，一派认为组织变革是非持续的、间断的；另一派则认为变革是一个持续过程并不断向前演进。范德文（Van de Ven）和普尔（Poole）提出了四个有关变革过程的理论：生命周期论、目的论、辨证论和

181 井润田：《组织变革管理：融合东西方的观点》[M]，北京：科学出版社，2020 年，第 24 页。

182 Leavitt, H.J. Applied organizational change in industry: Structural, technological and humanistic approaches[C]. Handbook of organizations. Illinois: Rand McNally & Company, 1965:1144-1170.

183 Nadler, D.A., Tushman, M.L. A model for diagnosing organizational behavior[J]. Organizational Dynamics, 1980, 9（2）:35-51.

184 井润田：《组织变革管理：融合东西方的观点》[M]，北京：科学出版社，2020 年，第 26 页。

185 Nadler, D.A., Shaw, R.B., Walton, A.E. Discontinuous change: leading organizational transformation[J]. Academy of Management Executive, 1995, 9（2）：77-80.

186 Barnett, W.P., Carroll, G.R. Modeling internal organizational change[J]. Annual Review of Sociology, 1995（21）：217-236.

演化论。本研究将采用的勒温的组织变革三阶段模型便属于目的论，也是计划式组织变革，即根据管理者已知信息而进行的目标制定、实施、评估和修正的周期。这一连续事件通过组织中的个体具有目的性的行为陆续出现。[187]后文将对这一模型进行具体阐述。

2. 变革时机管理的模型

在组织变革研究中，组织势是一个非常重要的概念，是从正面角度描述领导者如何认识和构建一种能够不断促使组织变革成功的正向力量。西方学者一般从系统视角、行为视角和现象视角对组织势进行界定，系统视角考虑组织势与组织内部其他要素的相互关系，行为视角将组织势视为重复出现的战略行为，现象视角下的组织势则是作为一种组织发展趋势的比喻来描述管理现象。

中国传统文化中同样有许多关于"势"的思考，如"势头"、"势如破竹"、"审时度势"等等。井润田对中国传统文化对势的思考进行了总结，认为体现在三方面：首先是系统观，组织系统与内部要素之间、要素之间相互制约、促进，在对立与联系的相互作用中产生依赖性。在万物对立统一的辩证关系中，在持续变动和循环转化的过程中，支持力和制约力的合力产生了势。其次是势与变革行动之间的契合性，组织在变化的过程中会产生积极的或消极的势，面对不同的形势，管理者必须在内外部环境中审时度势，对不同的情况和问题作出相应决策。第三是主观感知性，中国传统文化中对势的理解强调的是人们对运动事物彼此依赖性的主观感知。当感知到的形势有利时，会采取"应势"策略，当感知到不利时，会通过"造势"调整形势。

组织变革是一个连续的过程，每一阶段的变化都会影响和约束下一阶段变革的方向。井润田基于对组织势的理解，构建出变革时机管理的模型，如图1所示。

---

187 Van de Ven, A. H., Poole, M.S. Explaining development and change in organizational [J]. Academy of Management Review, 1995, 20（3）:510-540.

图 1　变革时机管理的模型

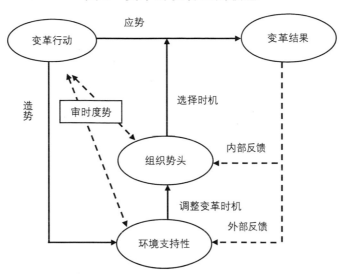

资料来源：井润田：《组织变革管理：融合东西方的观点》[M]，北京：科学出版社，
　　　2020 年，第 101 页。

这一变革时机管理的模型解释了能够达到变革目标的行动方案，其类型可能是激进式的，也可能是渐进式的。其中变革行动包括发起变革、等待、影响环境支持性三方面的内容，环境支持性作为调整变革时机的因素影响着组织势头，变革者根据对内外部环境的判断（即审时度势）将三类变革行动组织成为变革过程的"应势"、"造势"等变革战略。具体而言，当变革者认为当前的组织势头有利于变革时，会直接采用发起变革的行动，即"应势"战略，当变革者认为接下来某个时刻的组织势头有利于变革时，会采用先等待后发起变革的行动，即等待时机的"借势"战略，当变革者认为当前和可预期的未来都没有有利于变革的组织势头时，会采用先影响环境支持性而后等待时机的"借势"战略，即"造势"战略。

3. 勒温三阶段变革过程模型

计划式组织变革之父库特·勒温（Kurt Lewin）认为，组织中永远存在两股相对立的力量，变革推动力和抵制力。当两股力量相平衡时，组织便处于稳定状态，为了打破平衡领导者则需要增强变革推动力，降低抵制力。在此基础上，勒温便提出三阶段变革过程模型：

第一阶段为解冻，也就是创造变革的驱动力。当组织面临某种危机或紧张状况时，才可能出现变革要求。在这种情况下变革者需要采取行动打破原来的平衡状态，具体的解冻策略有：与其他组织进行比较，向组织成员解释变革的必要性；借助高层意志，迫使参与者感知到变革压力；利用权威专家的言论来证实变革的必要性；搜集反对变革的言论，逐一进行引导；利用组织面临的内外环境压力，使成员意识到变革的紧迫性，迎接变革。

第二阶段为变革。该阶段主要关注新的观念和方法的有效落地，实施过程需考虑以下四个方面：描绘并分享组织愿景，综合各方面因素制定达成愿景所需的步骤；制定有效变革策略，确立变革方式并控制变革过程；强化榜样力量，鼓励组织成员认同并模仿其行为；采用树立模范、专家指导等多种途径，鼓励员工参与变革计划的拟定。

第三阶段为再冻结，也就是稳定变革。当改革措施顺利进行后，还要采取种种强化手段使新的行为与态度固定下来，使组织变革处于稳定状态。具体行动有：建立完善的变革奖惩鉴定机制；有计划地向变革参与者提供反复的培训教育；将新的行为、方法及模式融入日常工作中，使其变成组织文化的一部分。

（二）本研究的理论架构

本研究将俄罗斯高等师范教育人才培养模式的变革视作在一定的变革环境中持续的不断向前演进的过程，通过变革者的行动实现从初始状态到目标状态的转换。这种变革实际上是变革者与变革环境相互作用的过程中产生的。本研究将基于阿梅纳基斯的组织变革框架、变革时机管理的模型和勒温三阶段变革过程模型构建出本研究的理论架构图，如图 2 所示。

图 2　本研究的理论架构图

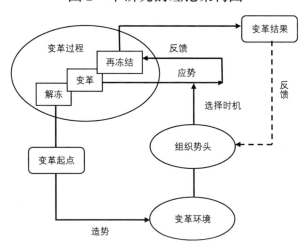

　　具体而言，组织变革是在一定的内外部环境变化的作用下产生的，也就是说内外部环境的危机或紧张状况产生了变革的需求。这时，变革者通过分析环境支持性采用不同的变革行动策略："应势"、"借势"或"造势"，并分步骤分阶段地采取变革行动：从第一阶段的解冻到第二阶段的变革再到第三阶段的再冻结。在每一阶段均需考虑到环境支持性下的组织势头选择合适的时机采取行动。最终实现从初始状态也就是变革起点到目标状态也就是变革结果的转换，变革结果则会继续对组织势头和环境支持性产生内外部反馈，进一步加强组织势从而产生持续性变革。

二、分析框架

　　本研究主要探究俄罗斯高等师范教育人才培养模式的变革，组织变革理论为本研究提供了一个独特的视角，提供了充满依据的解释和思考方法。基于本研究的理论框架，首先需要明确俄罗斯高等师范教育人才培养模式变革的初始状态为何，也就是本研究的变革起点；接下来分析导致出现变革要求的内外部环境中的危机或紧张状况；进而探究基于这种变革需求变革者所采取的变革行动，从解冻即打破原有平衡，到不断基于新的环境支持性及其影响下的组织势头的"尝试—出错"式变革的实施，再到再冻结即稳定变革阶段；紧接着分析经历过稳定变革阶段后呈现出的变革结果，也就是新的高等师范教育人才培养模式，并以个案的形式进行详细阐述；最后分析新的高等师范教育人才培养模式对组织势的加强从而导致的持续性变革，也就是对俄罗斯高等师范教育人才培养模式趋势的分析。

　　基于此，本研究确定的分析框架如图 3 所示。

图 3　本研究论文分析框架图

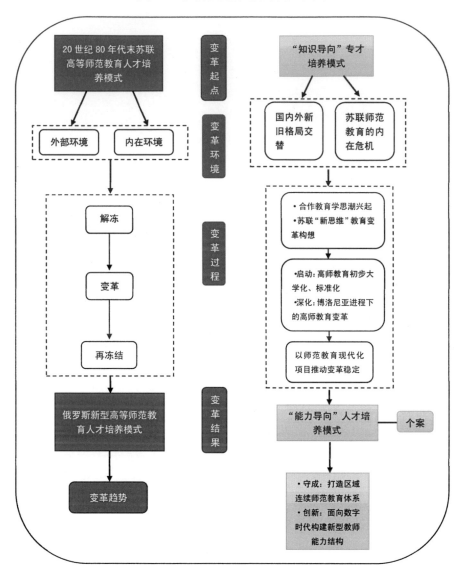

三、研究方法

（一）文献研究法

《教育大辞典》中对文献法的定义为：通过阅读、分析、整理有关文献材料，全面、正确地研究某一问题的方法[188]。陈向明主编的《教育研究方法》

---

188 顾明远：《教育大辞典（增订合编本）》[M]，上海：上海教育出版社，1998 年，第 1821，1822 页。

一书认为文献研究法是通过搜集、分析和研究各种现存的有关文献资料，以形成对事实的科学认识的方法[189]。

本研究的文献来源主要可以分为三大类，分别是俄罗斯国家教育领域政策法律文本、俄罗斯教育研究机构的研究报告以及国内外期刊论文。

在俄罗斯国家教育领域政策法律文本方面，按时间顺序依次为 1992 年俄罗斯联邦政府颁布的《联邦教育法》(《Об образовании》)[190]，1996 年《高等及高等后职业教育》联邦法案（Федеральный закон «О высшем и послевузовском профессиональном образовании»)[191]，2001 年《2010 年前俄罗斯教育现代化构想》(Концепция модернизации российского образования на период до 2010 года)[192]，2014 年俄罗斯联邦政府出台的《俄罗斯联邦 2013-2020 "教育发展" 国家纲要》（Государственная программа российской федерации «Развитие образования» на 2013-2020годы）[193]。

在师范教育领域，2001 年俄联邦教科部颁布《俄罗斯连续师范教育体系 2001-2010 发展纲要》(Программа развития системы непрерывного педагогического образования в России на 2001-2010 гг.)[194]，2003 年俄联邦教科部颁布第 1313 号令《师范教育现代化纲要》(программа модернизации педагогического образования)[195]，2013 年俄罗斯国家劳动部颁布《学前及

189 陈向明主编：《教育研究方法》[M]，北京：教育科学科学出版社，2013 年，第 322 页。

190 Закон Российской Федерации «Об образовании». Ведомости съезда народных депутатов РФ и Верховного Совета РФ ,1992（30）.

191 Федеральный закон «О высшем и послевузовском профессиональном образовании. Собрание законодательства РФ ,1996（35）:4135.

192 Концепция модернизации российского образования на период до 2010 года, утвержденная распоряжением Правительства РФ от 29 12 2001 г № 1756-р .Бюллетень Министерства образования РФ-2001（12）:3.

193 Государственная программа российской федерации «Развитие образования» на 2013-2020годы. [EB/OL]. https://xn--80abucjiibhv9a.xn--p1ai/%D0%B4%D0%BE%D0%BA%D1%83%D0%BC%D0%B5%D0%BD%D1%82%D1%8B/10748/%D1%84%D0%B0%D0%B9%D0%BB/9640/%D0%98%D0%A2%D0%9E%D0%93%20%D0%9F%D1%80%D0%BE%D1%82%D0%BE%D0%BA%D0%BE%D0%BB%20%D0%B2%D1%81%D0%BA%D1%80%D1%8B%D1%82%D0%B8%D1%8F.pdf . 2018-11-05.

194 Программа развития системы непрерывного педагогического образования в России на 2001-2010 гг. [EB/OL]. http://www.kspu.ru/page-9073.html. 2018-10-25

195 Программа модернизации педагогического образования. [EB/OL]. http://base. garant.

普通教育机构教师职业标准》（Профессиональный стандарт «Педагог （педагогическая деятельность в дошкольном, начальном общем, основном общем,среднем общем образовании）（воспитатель,учитель））[196]，2014 年俄罗斯教育科学部发布了《师范教育现代化纲要》（программа «Модернизация педагогического образования в Российской Федерации）[197]。这些俄罗斯国家在教育领域的政策法律文本为俄罗斯教育未来的发展走向提供了指引，也为俄罗斯高等师范学校的转型提供了方针指导。

在俄罗斯教育研究机构的研究报告方面，主要有俄罗斯高等教育研究院（НИИ ВО）、俄罗斯教育科学院（Российской академии образования）、莫斯科大学（МГУ）、社会人道主义学科教师高级培训研究所（Институт переподготовки и повышения квалификации преподавателей социально-гуманитарных дисциплин）、俄罗斯师范教育国际科学院（международная академия наук педагогического образования）等教育研究机构的研究报告。

第三类为已经发表的期刊论文。在俄文期刊方面，以 российское высшее педагогическое образование（俄罗斯高等师范教育）、высшее педагогическое образование в Советском союзе（苏联高等师范教育）、подготовка педагогических/учительских кадров（教师人才培养）、Российское высшее педагогическое учреждение（俄罗斯高等师范院校）等为关键词在俄罗斯电子图书馆"Киберленинка"、Eastview 数据库中进行检索。同时选择俄罗斯教育类优秀期刊杂志比如"Народное образования"，"Педагогика"，"Alma Mater"，"Magister"，"Официальные документы в образовании"，"Университет и школа"，"Мир образования"，"Высшее образование в России"中近 15 年的与本研究相关的论文。在中文期刊方面，文献来源主要为北京师范大学图书馆及其数据库资源，以"苏联师范教育"、"俄罗斯师范教育"、"苏联教育"、"俄罗斯教育"等为关键词进行检索。

---

ru/1592956/. 2018-10-25

196 Профессиональный стандарт «Педагог （ педагогическая деятельность в дошкольном, начальном общем, основном общем,среднем общем образовании） （воспитатель,учитель）.[EB/OL]. http://xn--80aaacgdafieaexjhz1dhebdg0bs2m.xn--p1ai/. 2018-10-25

197 Программа «Модернизация педагогического образования в Российской Федерацииию [EB/OL]. http://xn--80aaacgdafieaexjhz1dhebdg0bs2m.xn--p1ai/. 2018-10-25.

（二）个案研究法

本研究旨在利用个案研究法探讨国家通过制度化主导的人才培养模式变革在具体的高等师范院校是如何呈现的，对高等师范院校一线教师的教育教学活动产生了哪些影响？

1. 个案研究方法的界定

学术界对于个案研究（case study）的定义至今没有统一的结论。一类研究者将个案研究视为一种研究过程来对其进行界定，比如有学者认为（Yin，1994）认为个案研究是实证性探究，它在真实生活场景下对当前现象进行探索，特别适用于现象和场景的界限并不明显的状况。此外，Yin 还认为对于"怎样"和"为什么"的问题，个案研究有明显的优势。[198]

一类研究者则关注的是研究单位——个案，比如有学者（Smith，1978）认为个案是有边界的系统；[199]有研究者（Adelman,Jenkins,and Kemmis,1983）认为，有边界的系统或个案，可能因为特定的关注、事项或假设被选择出来，也就是一个类别中抽取出来的案例。[200]

还有一类研究者将个案研究视为质的研究的一个类别进行界定，比如有学者（Wilson，1979）将个案研究定义为：运用质化的、复杂的和综合的话语描述和分析一些实体的过程，这种描述对象在时间上的展开并不少见；[201]还有学者（Becker，1968）指出个案研究的目的具有两面性，一方面要达到对所研究群体的综合理解，另一方面要对社会结构和过程的常态发展出理论性陈述。[202]

综合以上，本研究采用麦瑞尔姆（Merriam,S.B.）对个案研究的界定："个案研究可以通过实际展开的探究过程、分析的单位（有边界的系统，个案），

---

198 Yin, R.K. Case Study Research: Design and Methods（2nd ed.）Thousand Oaks, Calif,: Sage, 1994:9,13.

199 Smith, L.M. An Evolving Logic of Participant Observation, Educational Ethnography and Other Case Studies. In L. Shulman（ed.）, Review of Research in Education, Itasca, I11.: Peacock, 1978.

200 Adelman, C., Jenkins, D., and Kemmis, S. Rethinking Case Study: Notes from the Second Cambridge Cinference. In Case Study: An Overview. Case Study Methods 1（series）. Victoria, Australia: Deakin University Press, 1983:233.

201 Wilson, S. Explorations of the Usefulness of Case Study Evaluations, Evaluation Quarterly, 1979: 448

202 Becker, H. S. Social Observation and Social Case Studies. In International Encyclopedia of the Social Sciences. Vol.11 New York: Crowell, 1968.

或最终产品进行界定。作为探索的产品，个案研究是对单一实体、现象或社会单位进行的密集的、整体性的描述。个案研究是独特性的、描述性的和解释性的，不能和个案工作、个案方法、个案历史或个案记录相混淆。和所有的研究一样，对个案研究涉及的选择依赖于研究者想知道的是什么"。[203]

2. 选择个案研究方法的理由

本研究之所以选择个案研究方法，是因为该研究方法能够从现实层面对高等师范教育人才培养模式的变革情况进行深入了解，并能够探究变革所带来的影响。研究者利用在俄罗斯国立赫尔岑师范大学联合培养的一年时间内了解其人才培养模式变革的实际情况，并通过访谈法了解到变革对于大学一线教师的教育教学活动所产生的影响。

3. 抽样方法

本研究采用强度抽样方法，抽取了赫尔岑师范大学作为样本。这所师范大学为中俄师范院校联盟内成员，具有深厚的历史底蕴，且该师范大学在人才培养模式变革方面一直处于领先地位，因而本研究认为选取这所大学能为研究俄罗斯高等师范院校人才培养模式的研究提供非常密集和丰富的信息。

4. 资料收集的方法——访谈法

研究者于 2019 年 2 月至 2019 年 12 月在俄罗斯国立赫尔岑师范大学进行联合培养，在联合培养期间通过国外导师与教育学院的教授、副教授建立联系（见表 2），并进行了半结构式访谈,具体访谈提纲见表 3。

表 2　本研究访谈对象表

序　　号	受访者身份	教　龄	性　别	工作单位
1	教　授	40 年	女	
2	副教授	18 年	男	
3	副教授	16 年	女	赫尔岑师范大学教育学院
4	副教授	11 年	女	
5	副教授	11 年	女	

---

203 莎兰·B·麦瑞尔姆，于泽元：《质化方法在教育研究中的应用》[M]，重庆大学出版社，2008 年，第 24 页。

表 3 本研究访谈提纲

序号	问 题
1	您认为自 20 世纪 80 年代末以来俄罗斯在高等师范教育领域发生了哪些变革?
2	您是如何看待这些变革的?
3	近十年来,您觉得您的教育教学活动有哪些显著变化?
4	近十年来,在您的教育教学活动中出现了哪些消极的趋势?
5	您认为这些消极趋势的出现与什么有关?
6	如何评价师范人才培养模式变革给大学的教育教学活动带来的影响?

第一章　变革起点：20 世纪 80 年代苏联高等师范教育侧重"知识导向"的专才培养模式

　　基于高等教育的"专才教育"理念，经过近 60 年的实践苏联高等师范教育到 20 世纪 80 年代已形成侧重"知识导向"的专才培养模式。其中，为中等教育机构培养具备马克思列宁主义崇高理想信念、掌握专业学科知识和一定教育教学方法与技能的苏维埃中学教师是高等师范教育的主要目标，并以学科知识和教育学知识为核心设计培养内容、培养途径和评价环节。在侧重"知识导向"的专才培养模式中，"知识"是已定的客观的结果或结论，以独立的学科专业知识的形式呈现，主要通过"教授"的途径实现知识的传递，并且尤为强调学生对于学科知识、教育学知识和教学技能的掌握情况。

第一节　培养目标——苏维埃中学教师

　　苏联高等师范教育的一大显著特征就是定向培养，即通常招收高中毕业生或者具有一定工龄、文化程度相当于高中毕业的人，毕业生进入中等教育机构担任教师。在苏联，教师在俄语中的表述有两个词，分别是"учитель"和"воспитатель"，其中"учитель"通常指狭义层面上的学科教师，而"воспитатель"的含义则更加广泛，偏重教育、培育等思想信念层面上的教师、导师。由此可见，苏联的教师兼具学科知识的传授者和崇高社会理想的引路人的双重身份，身负"教书"和"育人"两大任务。

一、人才培养目标的确立理念

（一）以苏联教育思想为基础

在苏联七十多年的统治过程中，苏联教育理论自 20 世纪 20 年代初创起也经历了一个不断变化发展的过程。20 年代，苏联兴起了基于人道主义原则的"儿童中心"教育思想，代表人物有克鲁普斯卡娅、马卡连柯等，但滥用道尔顿制和设计教学法、取消班级授课制使得学校教学质量大大下降，不能满足社会主义建设对于掌握高深知识的专门人才的需求。于是在 30 年代的苏联这一思想遭到摒弃，传统教育理念卷土重来。在这一时期，凯洛夫在继承赫尔巴特的教育理论遗产的基础上构建了一套以课堂中心、教师中心和教材中心为基础的教学理论体系，将对儿童的研究彻底排除在外。以凯洛夫教育思想为代表的苏联"传统教育理论"影响极为深远，直到 20 世纪 50 年代末斯大林统治结束后，苏联进入"解冻"时期，赞可夫等教育家、心理学家才开始对以凯洛夫教育学为代表的苏联"不见儿童"的"传统教育理论"进行批评，并对"教育、教学与发展"问题进行探究，但赞可夫的教育理论体系在当时的苏联学界并未得到认可。

到 20 世纪 70 年代之后，为提高学校教育质量以满足时代发展对于新型人才的需求，苏联教育学界开始基于马克思主义关于人的精神和心理发展的理论和人的个性形成的学说来思考教育学的方法论问题。苏联教育理论界开始把教育的客体和教育的对象区分开来：教育学的客体是指个性形成的过程，教育学的对象是指直接的教育、教养、自我教育、自我教养活动。[1]

尽管在 20 世纪 50 年代中期至 80 年代中期苏联学界主要对凯洛夫教育学中的"不见儿童"现象进行了批评，并开始关注学生的心理及认知活动以及学生的个性、兴趣和创造力的培养问题，但这些思想仍是但以凯洛夫教育学为代表的苏联"传统教育理论"的继承和发展，并没有太大突破，仍然强调系统知识的传授，强调以教师为中心。从根本上来讲，苏联教育理论体系实际上没有摆脱赫尔巴特理论的影响，强调的是学科中心、课堂中心、教师中心。[2]

理论指导实践。苏联教育学理论是制定苏联高等师范教育的人才培养目

---

1 王义高：《苏联教育思想发展七十年——方法论问题研究上的新进展》[J]，外国教育动态，1987 年（06），第 27-32、50 页。

2 顾明远：《论苏联教育理论对中国教育的影响》[J]，北京师范大学学报（社会科学版），2004 年（01），第 5-13 页。

标的重要根基。苏联传统教育理论是高等师范教育人才培养目标确立的重要导向，即培养系统掌握专精知识的全面发展的教师。总的来说，苏联的国家教育观念是一种带有革命性质的人道主义，其特别之处在于，仅从社会和政治的角度去看待个人，而忽略人的个性，这也直接导致了人的暴力"社会化"现象。[3]

（二）以苏联社会需求为导向

人才培养目标的确立应充分考虑到社会的需求，苏联师范教育的任务就是为国民经济最重要的部门之一的教育部门培养合格人才。[4]自苏联诞生时起，教师作为培养社会主义新人的重要主体，就被赋予了重要的社会使命，被认定为是共产主义社会创建的生力军。列宁作为苏联革命的导师，对社会主义国家的教师问题进行了深刻的论述。列宁认为，教师是共产主义思想的传播者，是培养社会主义新人的主力军，是社会主义建设的中坚力量，是苏维埃制度的重要支柱。当然，高等师范教育的人才培养目标也随着苏联社会的发展不断调整更新。进入 80 年代后，为使本国教育适应科学技术的发展，苏共于 1984 年颁布《普通学校和职业学校改革的基本方针》，宣布学制延长一年，儿童六岁入学；加强普通教育的劳动教育和职业训练，提高职业技术学校的文化水平。[5]由此，苏联对接受过高等教育的教师需求大大增加，苏联高等师范教育快速发展，社会对高等师范教育的人才培养目标也提出了更高的要求。

在 1984 年颁布的《关于完善普通教育和职业技术教育师资培养和在职培训、改善其生活和工作条件的措施》中，苏共中央和苏联部长会议根据时代发展需要对教师培养质量提出了新的要求，尤其强调未来教师的思想政治能力、心理—教育学能力的提高，以及将学校和生活、生产劳动联系起来的能力的提升。首先，需要保证高等师范院校和大学的教育系对学生进行更深层次的思想政治培养，促进学生对马克思列宁主义伦理学和美学的深入研究；其次，高度重视高等师范院校的毕业生对现代生产基础、技术组织方法、劳

3　Романюк, Л.В. Гуманистическая педагогика[J]. Знание. Понимание. Умение, 2012
　　（2）：304-307.

4　杨希钺：《苏联高等师范教育的几个问题》[J]，苏联问题参考资料，1981 年（04），
　　第 20-24 页。

5　Верховый Совет СССР. Об основных направлениях реформы общеобразовательной
　　и профессиональной школы [EB/OL]. http://www.libussr.ru/doc_ussr/usr_12023.htm.
　　2021-02-20.

动教育教学、社会公益活动、生产劳动以及中学生职业指导等方面的研究；
第三，显著增强对未来教师（中小学教师、大学教师以及生产教学技术指导
教师）的心理—教育学及教学法的培训，在学生集体、班级领导、共青团和
少先队组织活动中用积极形式的教养活动和技能将其武装起来，增强一般理
论和特殊教研室在教学技能培养中的作用。

随后，1985 年版《苏联国民教育法》再次强调教师培养旨在满足教学教
养机构对于高水平师资的需求，并明确指出教师需具有崇高的思想信念和极
高的专业水平，需具备公民责任感和道德素质，需拥有渊博的学识和文化能
力，同时能解决教育在面对社会主义不断完善、科学技术不断进步时出现的
现实问题。[6]

二、人才培养目标的主要内容

一般而言，苏联高等师范教育主要负责培养中学、中等专业教育机构和
职业教育机构的教师，1984 年《普通学校和职业学校改革的基本方针颁布》
后，学制的延长使得高师教育的培养范围扩充至初等普通教育阶段。随着苏
联在社会和科技方面的进步以及中等普通教育的普及，苏联社会对于教师的
培养质量提出了很高的要求。在现代条件下，只有以深刻的马列主义理论武
装了头脑、精通自己所讲授的学科并掌握了教育技巧的教师，才能在学校卓
有成效地执教。[7]

（一）具备崇高的理想信念

早在苏维埃政权诞生之初，新教师就被视为是社会主义文化的重要建设
者，为此，时任人民教育委员、著名教育家卢那察尔斯基就对高等师范院校培
养新教师提出了三个方面的要求。首先，需要重视未来教师道德能力的提升，
因为教师道德素质败坏将会直接影响到下一代的身心健康；其次，需要提升未
来教师的马克思列宁主义审美能力，不能唤起儿童内心对自然的爱的老师不是
真正的教育家；第四，要注重发展未来教师的政治思想意识，教师就是社会主
义者，应当秉持着社会主义理想信念；最后，要教育他人，教师首先要经常进

6　Закон «Об утверждении основ законодательства Союза ССР и Союзных республик о народном образовании» [EB/OL]. http://www.libussr.ru/doc_ussr/usr_8127.htm. 2020-12-28.

7　帕纳钦：《苏联师范教育》[M]，文化教育出版社，1981 年，第 142 页。

行自我教育。[8]进入 20 世纪 50 年代，时任苏共总书记赫鲁晓夫对苏联人民教师再次进行了阐述：教师是党在提高人民文化能力的斗争中最重要的支柱，是本着最高共产主义意识的精神，在光荣的革命传统方面教育社会主义新人的党最亲近的助手。[9]1968 年在全苏教师代表大会上时任苏共总书记勃列日涅夫发表讲话，指出优秀的教师会将自己的全部学识、优秀品质和所有的智慧都传授给学生，没有比这更崇高的事业。[10]

因此，苏联高等师范院校高度重视未来教师马克思列宁主义思想和共产主义信念的塑造。苏联人民教师首先应当是新思想体系中的人，应当是拥有崇高理想信念的人，即具备马克思唯物主义世界观和共产主义的崇高目标，应当是积极的社会活动者，是社会主义新兴事业和成就的献身者。渴望为人民服务，应当是苏联教师从事教育事业最高尚的动机，也是其收获成功最重要的条件。任何一名教师，无论他教授什么学科，首先最重要的是真实的感受到自己是共产主义思想战线上的一名战士，自己所从事的所有工作都蕴含着一定的政治理想。

（二）掌握专精的学科知识

苏联的高等师范院校尤为注重学生在学科领域的知识掌握情况，认为这是未来教授这一门或两门学科的坚实基础。高等师范院校的毕业生未来会进入各类中等教育机构担任学科教师，因而需要掌握广博高深的学科知识，需要对这一学科领域进入深入的科学研究并进而形成解决科学问题的能力。有学者指出，苏联的高等师范院校培养的与其说是科任教师（учитель-предметник），不如说是教师中的学科专家（предметник-учитель），也就是从事教育活动的某一学科领域的专家。[11]

8　Луначарский А.В. Речь на торжественном заседании, посвященном открытию института «Открытие Третьего педагогического института». Петроград, типю «Копейка», 1919:11.

9　Хрущев Н.С. За прочный мир во имя счастья и светлого будущего народов （Речь на Всероссийской съезде учителей 9 июля 1960 г.）. Советская педагогика, 1960 （8）：19.

10　Иващенко Ф.И. Коломинского, Я.Л. Актуальные проблемы возрастной и педагогической психологии [M]. Минск: Вышэйшая школа, 1980: 127.

11　Марголис, А.А. Модели подготовки педагогов в рамках программ прикладного бакалавриата и педагогического магистратуры [J]. Психологическая наук и образование, 2015（5）：45-64.

苏联的高等师范教育极为强调在以学科为中心的专业领域的深入学习，强调纵深拓展学生的科学知识面。只有未来教师具备扎实的学科知识功底，才能胜任中小学的学科教学工作，才能不断提升中小学的教育质量。与此同时，为避免教学内容过于窄化导致未来教师横向知识面的不足，苏联也主张未来教师在良好掌握本专业知识的同时还要学习临近学科作为第二专业。

（三）习得教学技能

毫无疑问，培养学生的教学技能也是苏联高等师范院校的另一任务。教育自诞生之日起便具备技艺的特征，作为一名合格的教师，掌握高水平的教学技能是必要条件之一。教学技能是在有意识的使用教育学心理学知识和教学法知识的基础上掌握教育教学的方式方法，[12]这是苏联教师所必需具备的基本技能。

具体而言又有如下八个方面：理解学生，擅于分析学生的心理特征，能准确判定学生的知识水平、信仰和道德品质；擅长以通俗易懂的方式向学生传授教学材料；善于引起学生学习的兴趣；能预判自己的工作成果；能计划学生应具备的能力素质；能快速了解集体中出现的情况并采取有效措施应对；在教学和教育领域均能进行创造性的工作；精通教育学理论及其实际应用。

总而言之，苏联高等师范院校承担着培养未来普通学校教师的重任，具体目标是培养具有崇高马克思主义信仰和社会主义理想的、掌握深厚学科知识的、具备心理—教育学知识和一定教学技能的、积极参与社会生活实践的、能成为高素质文化模范代表的中学教师。

第二节 培养内容——学科专业培养和教育学培养并重

苏联高等师范教育人才培养内容涵盖三个方面：思想政治培养、专业培养和教育学培养，体现了鲜明的师范性。在专业培养方面，以中学学科作为专业设置依据，主要学习专业学科知识；在教育学培养方面，以心理—教育学课程为主，旨在提升未来教师的教学技能。思想政治培养除学习专门的社

---

12 Адбулина О.А. К проблеме педагогических умений. В ин.: Вопросы общепедагогической подготовки будущих учителей [M]. M., 1972, 11.

会—政治课程之外，还将思政教育融入到专业培养和教育学培养之中。

一、专业设置

（一）宽窄口径结合设置

苏联高等师范教育专业设置口径的宽窄随着国家社会经济、科技等方面的发展不断得到调整。20 世纪 30 年代，为提升国民的知识文化水平，苏联开始普及初等义务教育，并制定和实施分科教学大纲，这一阶段的高等师范院校主要设置窄口径专业。这一设置模式一直持续到 50 年代，1954 年苏共中央和苏联部长会议颁布决议，要求培养广泛专业的专家，苏联高等师范院校转而设置五年制宽口径专业，规定未来教师应当学习两门以上甚至全部中学科目。[13]但是这一转变遭到了苏联学术界的众多质疑，认为这样会削弱未来教师对于学科学习的深入性，影响其在学科科研方面的创造性，并影响其进行教育实习的时间。于是，20 世纪 60 年代苏联高等师范院校又逐渐恢复单学科的窄口径专业设置模式。[14]

随着国民经济的发展和科学技术的飞速革新，以及随之而来的普通教育阶段的教学内容不断调整与更新，进入七十年代之后，苏联开始更加强调扩大未来教师的知识面，表现在专业设置方面即在学科间拓宽专业设置口径。具体表现为，将两个专业打通合并成为一个宽口径专业，一个宽口径专业具有两个主干学科例如历史和教育学、社会学和国家及法律基础、一般技术学科和劳技、物理和外语等。自此苏联高等师范院校开始呈现窄口径专业和宽口径专业设置并行的局面。但是这一时期的宽口径专业设置未充分考虑到学科之间的潜在逻辑，而将相差较大的两门专业结合在一起，比如物理和外语等，导致学生学习效果一般，在任一学科专业内部都属于浅尝辄止的程度。

随后苏联高等师范院校不断调整宽口径专业设置，将相差较小的两个专业相结合。到 20 世纪 80 年代，苏联高等师范院校的宽窄口径结合的专业设置逐渐稳定。以 1987 年苏联国民教育部颁布的高等师范院校全国统一教学大纲中规定的专业目录列表为例，如下表所示，

13 Нестерова И.А. История педагогического образования [EB/OL]. http://odiplom.ru/lab/istoriya-pedagogicheskogo-obrazovaniya.html. 2020-10-01

14 Становление и развитие педагогического образования в России [EB/OL]. http://клуб.минобрнауки.рф/articles/42. 2020-10-01

表4　1987年苏联高等师范院校专业目录表

专业代码	专 业 名 称
2101	俄语语言文学
2102	母语语言文学及补充专业：少数民族学校中的俄语语言文学
2103	外语（两门）
2104	数学，数学和物理
2105	物理，物理和数学
2106	生物、生物和化学，生物和农业基础
2107	地理和生物
2108	历史，历史和教育学，历史和外语
2109	绘画和制图，绘画、制图和劳技
2110	教育学和心理学（学前）
2111	儿童缺陷学
2114	体育教育
2115	初等军事教育和体育教育
2116	少数民族学校中的俄语语言文学
2119	音乐学
2120	一般技术课程和劳技
2121	小学教育学和教学法及补充专业：少数民族学校中的俄语语言文学
2122	化学，化学和生物

资料来源：Министерство просвещения СССР. Перечень учебных программ педагогических институтов, действующих на 1 сентября 1987 года [M]. Москва, 1987:5-40.

　　从表4可以看出，苏联高等师范院校的窄口径专业包括俄语语言文学、母语语言文学、数学、物理、化学、生物、地理、历史、美术、教育学和心理学（学前）、儿童缺陷学、体育、音乐、教育学及教学法。需要强调的是，苏联的单学科窄口径专业强调在学科内部的深入学习，即学科知识的精湛程度，从某种程度上说，这也是一种纵向拓宽，属于学科内部拓宽知识面。宽口径专业是在单学科窄口径专业的基础上增加一个学科相近的副项专业，即双学科宽口径专业设置。例如窄口径专业为数学，宽口径专业为数学和物理学，因此宽窄口径专业共用一个专业代码。学生可选择一个主项专业进行为期四年的学习，也可选择增加一个副项专业，学制延长一年。

苏联高等师范院校通过调整组合相近专业组成双学科宽口径专业，也就是使一个大的专业具备两个主干学科，既注重拓宽未来教师的学科知识面，又能在一定专业范围内培养以此保证专业性和师资培养质量。与此同时，在苏联广袤的农村地区多以小型学校为主，对学科知识面较宽、能胜任多学科教学的教师有强烈需求，宽窄结合的专业设置符合当时苏联社会的需求。

（二）专业设置时间和空间

1. 专业设置时间

苏联按照国民经济各具体部门设置专业门类决定了师范类专业向教育部门输送毕业生的定向模式，因此学生进入高等师范院校便直接确定专业。例如数学和物理专业的学生在入学时起便确定自己的专业，在毕业后直接进入中小学担任数学老师或者物理老师。

此外，师范类专业定向会提前至中学阶段，即高等师范院校会提前培养中学生对于教师职业的兴趣。许多高等师范院校还针对中学九、十年级的学生建立未来教师预备学校，吸引有志从事教育行业的普通学校高年级学生前来深入学习某一学科的专业知识、教育学和心理学知识，使其了解教师的职业特点，为其选择师范类专业打好基础。提前定向使得师范类学生是基于个人兴趣与潜能来选择专业，但中学生年龄尚小、知识面较窄且对自我的认知尚不明确，这种方式一定程度上对学生的限制过大。

2. 专业设置空间

苏联高等师范教育的专业设置以严格的学科来划分，学生在入学时便选定专业，由于学科之间差别很大，所以更换专业的可能性较小。不同专业分属各系，例如物理系、数学系、历史系等，各系下设学科教研室和教育学教研室，分别教授学科知识和教育学知识。也就是说，苏联高等师范教育的专业设置空间以学科专业为边界，一设到底，弹性很小。

二、课程设置

20世纪80年代苏联高等师范院校的全部课程约为4500-5000学时，大致可以分为两类，分别是专业课程和公共课程，其中公共课程涵盖心理—教育学课程和社会—政治课程。专业课程是高等师范院校人才培养内容中的核心课程部分，在各类课程体系中占比最多约为69%。心理—教育学课程占

19%，社会—政治课程占 12%。[15]

　　苏联师范类专业的课程目录通过苏联国民教育部下属教学机构管理局制定的高等师范院校教学大纲（учебные программы педагогических институтов）统一规定。在高等师范院校教学大纲中，苏联国民教育部详细列出所有专业在四年或五年学制内需要学习的所有课程目录，共分为两大类，其一为公共课课程目录，其二为专业课程目录。1984 年教育改革启动之后，苏联结合时代要求对高等师范院校的教学大纲进行修订，充实和丰富了全苏统一课程目录，以此完善高师教育人才培养。

（一）专业课程

　　苏联高等师范院校的毕业生需掌握专精的学科知识，因此专业学科课程的学习是高等师范教育中的重点。针对高等师范院校的 18 个专业（见表 4　1987 年苏联高等师范院校专业目录表），全国统一师范教学大纲按照每个专业的不同要求详细列举了专业课程目录，以专业代码为 2104 的"数学"、"数学和物理学"专业和专业代码为 2105 的"物理"、"物理和数学"专业为例。

　　"数学"、"数学和物理学"专业的主干学科是数学，在课程设置方面多以数学学科知识为主，开设数学史、几何学、数学分析、概率论、数系等多门专业学科课程。第二学科为物理学，仅开设一门物理学课程为《电工学和无线电工程》，具体可见表 5。

表 5　1987 年苏联高等师范院校"数学"和"数学和物理学"专业课程
　　　目录表

课 程 名 称	出台时间	备　注
1. 数学史	1981	同样适用于"物理和数学"专业（2105）
2. 几何学	1986	
3. 数学任务解决实习课	1984	
4. 数学分析	1984	
5. 概率论	1984	同样适用于"物理和数学"专业（2105）
6. 数系	1984	

---

15 Ягофаров Д.А. Общая характеристика педагогического образования России [EB/OL]. https://lexed.ru/obrazovatelnoe-pravo/knigi/yagofarov2005/1111.php. 2020-10-18.

7. 数学教学法	1984	同样适用于"物理和数学"专业（2105）
8. 数学教学法国家考试	1984	
9. 电工学和无线电工程	1985	

资料来源：Управление учебных заведений, министерство просвещения СССР.

Перечень учебных программ педагогических институтов. Москва, 1987: 11

"物理"、"物理和数学"专业的主干学科是物理，在课程设置方面多以物理学科知识为主，但对数学学科知识仍十分重视，开设《高等数学》、《数学史》、《代数和数论》和《几何学》四门基础数学课程，具体可见表6。

表 6 1987 年苏联高等师范院校"物理"和"物理和物理学"专业课程目录表

课　程　名　称	出台时间	备　注
1. 天文学国家考试	1981	
2. 半导体物理导论	1981	专题课程
3. 光量子发生器的物理基础；在教学中使用光量子发生器	1981	
4. 高等数学	1981	
5. 数学史	1981	适用"数学和物理"专业
6. 天文教室和实验室的设备、材料清单	1982	
7. 代数和数论	1982	
8. 几何学	1982	
9. 物理国家考试	1985	
10. 理论物理学	1985	
11. 普通物理学	1985	
12. 物理史	1985	
13. 物理教学法国家考试	1985	
14. 具备计算机技术元素的无线电工程	1985	
15. 物理教学法	1985	
16. 自动化和电子计算基础	1986	
17. 材料技术和技术设计实习课	1986	适用"数学和物理"专业
18. 工作安全防护	1986	同上

资料来源：Управление учебных заведений, министерство просвещения СССР.

Перечень учебных программ педагогических институтов. Москва, 1987: 11

通过"数学"、"数学和物理学"专业和"物理"、"物理和数学"专业的课程目录表不难发现，苏联高等师范院校的教学内容也在不断汲取科技进步的成果，提升师范生对最新科技成果的掌握程度，不断丰富课程目录，增设相关课程，比如具备计算机技术元素的无线电工程、自动化和电子计算基础等。

（二）公共课程

1. 社会—政治课程

社会—政治课程作为公共必修课通常开设《苏共党史》、《政治经济学》、《辩证唯物主义和历史唯物主义》、《科学社会主义》四门政治理论课，约占550学时。在社会—政治课程中，思想政治理论课程占据主要部分，这与苏联当时的时代特征密切相关。这类课程能提升师范生的思想水平、促进具有民族文化能力、强烈公民责任感和爱国主义情感、忘我的牺牲精神、把自己的心灵献给学生的教师的诞生。

同时，为提升师范生的思想水平和文化素养，20世纪80年代以来苏联国民教育部不断修订高师教学大纲，增设了一批社会—政治类课程，包括《科学无神论基础》、《学生共产主义世界观形成》、《苏联法》、《马克思列宁主义伦理学基础》等必修课程，以及《教师无神论培养》、《中小学生共产主义教育中的国家、家庭和社会间的相互关系》等专题课程[16]。具体可见表7。

表7　1987年苏联高等师范院校社会—政治课程目录

课程类型	课程名称	出台时间
必修课	1. 科学无神论基础 2. 学生共产主义世界观形成	1985
	3. 苏联法 4. 大学生社会—政治实践	1986
	5. 马克思列宁主义伦理学和美学基础	1987
专题课程	1. 教师参与宣传的理论及方法 2. 教师无神论培养	1985
	3. 国民教育领域的苏共政策	1986

资料来源：Управление учебных заведений, министерство просвещения СССР.

Перечень учебных программ педагогических институтов. Москва, 1987: 1-4.

---

16 注：俄语原文为 спецкурс，指就某一个课题深入研究学习的特殊课程，可选修。

2. 心理—教育学课程

心理—教育学课程在苏联师范学院各系通常作为公共必修课开设，旨在使学生形成共产主义教育理论和方法，约合 500-600 学时。其中教育学科包括《教师专业导论》、《教育学》、《教育史》和《教养工作方法》四大公共必修课程，约占 200 学时，需按照全苏统一教学大纲和教学计划进行教学。《教育学》是最重要的一门心理—教育学课程，旨在为未来的教师提供有关现代教育科学基础、教学技能基础以及教育思想等方面的知识。主要内容包括四部分：一般教育学基础、教学法、共产主义教养理论和现代学校管理的科学基础。该门课程集中了教育学的主要方法论和基本原理，涵盖了组织中小学校教育过程的主要问题。其主要功能是帮助未来教师为完成社会—教育任务做好理论、实践和心理学方面的准备。苏联《教育学》课程的内容是随着共产主义教育理论和苏联在教育领域的政策纲领的发展而不断改进的，这鲜明地体现在教科书的编写上。在 20 世纪 80 年代末苏联高等师范院校《教育学》课程中采用的教科书是巴班斯基主编的《教育学》。现对其他三门课程的课程目标、内容和功能进行详细说明，具体见表 8。

表 8　苏联高等师范院校教育学科公共必修课程简介

课程	课程目标	课程内容	课程功能
教师专业导论	新生的教师职业规划；帮助新生适应高等师范院校的教育教学活动。	教师职业的特征以及现代社会主义社会普通教育学校对教师个人的要求；毕业生将要从事的教育机构的特征；了解培养体系，了解独立工作、自我教育教养在专业培养中的作用；信息技术学、图书馆学、图书分类学的基础知识。	能够帮助学生深入理解其将来所要从事的职业的意义和内容，能够在求学期间主动积极地投入教育、科研和社会实践中提升专业水平。
教育史	旨在让学生掌握科学的历史方法，以理解和分析最重要的教育现象；开发针对教养问题的课堂教学方法；发展对教育遗产正确评价的能力。	国外学校和教学法的历史；教育学的历史和苏联国民学校；苏联的学校和教育史；其他社会主义国家的学校和教育史。	帮助未来教师形成马克思列宁主义世界观，发展其教育思想，拓宽普通教育学视野。
教养工作方法	旨在拓宽和加深学生在教养工作领域的理论、方	研究学生和学生集体的方法，计划教育工作的方法，	是《教育学》课程中"共产主义教育理

| 法和技术的知识和技能，形成创造性地解决具体教养任务的技能。 | 进行思政、劳动、经济、道德、审美、环境、体育教育及职业定向的工作方法；教育集体与少先队和共青团组织的联合教养工作的方法；学校，家庭，工作集体，公众，校外机构的联合教养工作的方法。 | 论"部分的逻辑延续，并与学生的教育实践有机结合在一起，能使学生对普通教育学校的实践教养活动有理论上的了解。 |

数据来源：Абдуллина, О.А. Общепедагогическая подготовка учителя: Для пед. Спец. высш. учеб. Заведений[М]. М.: Просвещение, 1990: 7-9

心理学科主要开设《普通心理学》、《年龄与教育心理学》、《心理学》、《家庭生活心理学与伦理学》四大公共必修课程，共计 140 学时。苏联师范学院尤为强调教育学科和心理学科的交叉融合，两大学科通常会开展教育合作实验，以此促进学科的共同发展。此外还开设专业课教学法和教学技术手段等课程，约合 100-200 学时。

为提升师范生的教育教学水平，20 世纪 80 年代以来苏联国民教育部也不断修订高师教学大纲，增设了一批心理—教育学课程，包括《中小学生职业定向》、《教育工作的教学法实践》、《高等师范院校心理学教研室配备清单》、《教育技艺基础》、《中小学生劳动教育方法》等必修课程，以及《教育工作科学组织的基础》、《中小学生劳动教育体系》等专题课程[17]。具体可见表 9。

表 9　1987 年苏联高等师范院校心理—教育学课程目录

课程类型	课　程　名　称	出台时间
必修课	1. 教育工作的教学法实践	1982
	2. 高等师范院校心理学教研室配备清单 3. 国民教育经济学 4. 高等师范院校教育学教研室教学设备典型系统	1983
	5. 教育技艺基础 6. 中小学生自我教育的组织学 7. 普通教育机构中夜校学生的教育工作	1984
	8. 中等职业技术师范学校的教育教学工作 9. 中小学生劳动教育方法 10. 年龄心理学和学校卫生学	1985
	11. 学生学习活动的个性化理论及实践 12. 中小学生职业定向	1986

---

17 注：俄语原文为 спецкурс，指就某一个课题深入研究学习的特殊课程，可选修。

	13. 逻辑学 14. 无神论教学法 15. 大学生教育实践 16. 科技进步中的社会教育问题 17. 学校反酒精教育工作方法 18. 中小学生反酒精教育 19. 社会心理学 20. 计算技术和教学技术方法 21. 农村中小学生生活和劳动培训 22. 中小学生积极生活态度培养	1987
专题课程	1. 中小学教学时间延长后的教学过程组织特征	1981
	2. 教育工作科学组织的基础 3. 中小学生劳动集体活动的组织—教育学基础	1982
	3. 中小学生艺术文学理解的心理学 4. 中小学生文学创作心理学 5. 教育教学过程的一般教学法	1983
	6. 中小学教学影视	1984
	7. 教师活动心理学 8. 学生个体及学生集体研究方法 9. 中小学教材 10. 预防教学疏忽和青少年犯罪的方法	1985
	11. 青少年犯罪成因及预防 12. 教学过程中的跨学科联系 13. 马卡连科教育体系的起源及基础 14. 中小学生职业定向	1986
	15. 学生经济教育方法 16. 中小学生劳动教育体系 17. 以列宁的生活实践为范例的中小学生道德教育体系 18. 预测教学和人格潜力心理学 19. 马克思列宁主义教育学在国外：历史和现代 20. 普通学校和职业学校学生的人际关系伦理学和行为文化 21. 脑力劳动文化 22. 自我教育心理学 23. 法律教育方法 24. 中学教学法的现实问题 25. 农村普通学校青少年经济教育 26. 通作为中小学生的教育因素	1987

资料来源：Управление учебных заведений, министерство просвещения СССР. Перечень учебных программ педагогических институтов. Москва, 1987: 1-4

以上新增的心理—教育学课程涵盖较为广泛，涉及到如《普通教育机构管理》、《教育工作科学组织的基础》等教育管理类课程、如《国民教育经济学》等教育经济类课程，也包括《教育教学理论的现实问题》等教育学心理学理论类课程，还囊括了教学法、教育史等方面的内容。此外，苏联还愈加重视教育学、心理学与其他课程的交叉融合，例如《中小学生艺术文学理解的心理学》、《中小学生文学创作心理学》、《思想政治教育的教育学基础》。

此外，20 世纪 80 年代以来苏联愈加重视提升师范生的综合文化素养，增设了符合时代和科技发展要求的少量必修课程如《环境保护》，以及一批选修课程，如《世界艺术文化史》、《俄国及苏联艺术史》、《讲演技能基础》、《职业安全与健康》、《现代生产基础》等。

总的来说，苏联高等师范教育人才培养内容包括专业培养和教育学培养两大方面。在专业培养方面，基于传统的知识观，即"知识具有绝对的客观性，并且倾向于将知识划分为一个个独立的学科领域，"[18]并进而按照学科划分专业，各专业均以学科为中心设计课程知识体系，将知识高度系统化、规范化。在教育学培养方面，同时注重心理—教育学知识和教学技能的培养，为未来教师完成教育教学教养工作打好基础。同时，无论是专业培养还是教育学培养均鲜明体现马克思列宁主义思想和共产主义理想信念，以培养马克思列宁主义世界观为前提。

需要指出的是，20 世纪 80 年代以来苏联更加注重根据时代发展和科技进步成果充实培养内容，以此提升师范生的知识面，使未来教师的业务水平能够适应社会的新需求。在专业培养方面，采用宽窄口径专业结合设置，对师范生进行双学科培养。在教育学培养方面，不断扩充心理—教育学科课程，提升师范生的教育教学能力。此外，还增加一批社会—政治类课程，旨在提升师范生思想水平和综合文化素养。

第三节　培养途径——课程学习与教育实习并举

培养途径是构成培养对象进行认识与实践活动的载体。在苏联高等师范教育侧重"知识导向"的专才培养模式中，培养途径是服务于培养内容的，也就是说培养途径的选择是根据培养内容来决定的。一般而言，可划分为致力于培养学生专业知识和教育知识与技能的教学途径和旨在塑造学生的理想信念和职业志趣的课外活动途径。

一、教学途径

教学途径致力于培养学生的教育知识与技能，是学生学习理论知识、进行实践活动的重要载体。其中课程教学和大学生科研活动是学生学习理论知识的重要途径，连续教育实习使学生将知识应用于实践活动进而培养其教学技能的重要方式。

（一）课程教学

苏联高等师范院校的主要的课程教学形式包括讲授课（лекционный курс）

18 龚怡祖：《略论大学培养模式》[J]，高等教育研究，1998 年（01），第 52 页。

和实验—实践课（лабораторно-практические занятия）。讲授课是教学途径中最传统也最基本的形式，是课程教学的主要载体，教师通过讲授课将系统化的知识传授给学生，同时通过知识教学塑造学生的世界观。实践课则是通过实践实验活动帮助学生在教师的指导下深入学习科学理论知识并掌握独立工作的方法，从而使学生习得教学技能，一般在该课程的学习过程中学生会在教师指导下利用在讲授课中学到的理论知识完成多项实践工作。[19]

同时，考虑到学生的专业和兴趣的特点，加强师范生独立学习、科研创新能力的培养，各院系教研室还会开设研讨课（семинарские занятия）、专题课程（спецкурс）、专题研讨课（спецсеминар）和选修课（факультатив）。研讨课是一种同时具备教学和实践功能的课程，教师需要提前确定研讨会的主题，学生则在研讨会上发表自己基于该主题在教师指导下的科研成果，从而进行关于该主题的科学讨论。[20]研讨课旨在培养学生进行学术辩论交流的技能，并帮助学生巩固所学的理论知识。专题课程（спецкурс）专题研讨课（спецсеминар）则带有一定意义上的理论和方法层面科研性质，其主要目的是在教研室所进行科研的基础上使学生深入探究教育学的前沿问题，吸引学生从事科研工作，培养他们从事教育活动时不断创新方法的能力。

专题课程作为一种教育组织形式，从组织结构上与讲授课有很多共同之处，其特殊之处就在于它是对讲授课程内容进行更加深入的研究，或者对讲授课未涉及到的内容进行深入研究，学生可根据自己的学术兴趣自由选择特殊课程进行学习，一般而言，特殊课程的教师都是某一科学研究领域的专家。[21]例如根据赫尔岑师范大学数学系的档案资料记载，数学教学方法教研室尼·斯捷法诺夫（Н.Л. Стефанов）教授在 1985-1986 学年开设了3 节专题课程，关于在数学和信息学基础学习中使学生形成算法文化基础的方法。参加该门课程学习的学生完成了多篇相关学年末论文，如"研究'算

19 Основные цели, задачи и содержание практического занятия [EB/OL]. https://lms.kgeu.ru/pluginfile.php?file=%2F150159%2Fmod_resource%2Fcontent%2F1%2FМетодические%20указания%20ППС%20к%20проведению%20практических%20%28семинарских%29%20занятий%20и%20лабораторных%20занятий.pdf. 2020-11-09.

20 Словари и энциклопедия на Академике. Семинар [EB/OL]. https://dic.academic.ru/dic.nsf/ruwiki/108542. 2020-11-09.

21 Новый словарь методических терминов и понятий（теория и практика обучения языкам）. Спецкурс [EB/OL]. https://methodological_terms.academic.ru/1906/СПЕЦКУРС. 2020-11-09.

法'的方法和程序设计基础"、"学习'近似计算'时使用微型计算机的方法",并且这些新的方法也被应用到中学的教学实践中。[22]

与专题课程不同,专题研讨课不是教授关于其科研成果的讲座,而是将教师、大学生和研究生集合在一起的教学科研空间,让参与者共同进行相关主题的科研活动。对于大学生而言,参加专题研讨课可以帮助其选择毕业论文的研究课题。一般来说,三、四年级的大学生必须参加专题研讨课,一、二年级学生自愿参加。在大学前三年可以同时参加不同的专题研讨课,并且可以进行更改,到大四阶段则要确定一个与毕业论文相关的专题研讨课进行学习。[23]

综合,20 世纪 80 年代苏联高等师范院校的课程教学形式较为多样,以讲授形式为主,辅以实验、实践和科研,以此让学生深入掌握高深知识、锻炼独立学习和工作的能力。并且随着社会不断进步,对人的创造性要求越高,相应的实验、实践和科研课程的比例也有所增加,并且增加了部分选修课供学生选择。

(二)连续教育实习

苏联高等师范教育尤其强调职业培养,也就是专业的实践性,因为教育不仅是一门科学,更是一门技艺。师范生需要通过教育实习将理论与实践相结合,提升自己的教育教学技能水平。因此,教育实习是师范教育机构组织教学活动的一种重要形式,其主要目标是教会学生将通过教育学、心理学以及其他专业课程学到的理论知识和实践技能应用于教育活动中,并发展未来教师对科学研究工作的兴趣。[24]

为提升未来教师在教育教学法方面的技能水平,苏共中央和苏联部长会议于 1984 年颁布《普通学校和职业学校改革的基本方针》及《关于完善普通教育和职业技术教育师资培养和在职培训、改善其生活和工作条件的措施》,规定苏联高等师范院校需全部实施连续教育实习制度,即教育实习贯穿大学四年或五年学制始终,共包括社会教育实践(общественно-педагогическая

---

22 Ленинградский ордена Трудового Красного Знамени государственный педагогический институт имени А. И. Герцена. Отчёт о работе кафедры методики преподавания математики за 1985-1986 учебный год [M]. 1986: 4.

23 Российский Государственный Гуманитарный Университет. Спецсеминар [EB/OL]. https://www.rsuh.ru/education/ifi/science/seminars.php. 2020-11-09

24 Азимов Э. Г., Щукин А. Н. Новый словарь методических терминов и понятий (теория и практика обучения языкам) [M]. М.: Идательство ИКАР, 2009: 189.

практика）、暑期实习（летняя практика）以及教学—教养实习（учебно-воспитательная практика）三大部分。同时，每所高等师范院校均被分配几所普通教育学校以作为教育教学实习基地。[25]连续教育实习制度使得大学生在低年级阶段便可掌握各种社会工作技能，在高年级则能切实参与普通学校的教学教养实践。[26]

社会教育实践同时也是社会政治实践的组成部分，主要包括未来教师所要从事的一些社会工作。在进行社会教育实践期间，大学生通常担任低年级班级教师助手、四至七年级的支队辅导员、八至十年级的助理班主任、幼儿园的助理教养员或者相关学校兴趣小组的指导员等。

暑期实习的主要目的在于使学生积累知识、掌握教学技能。大学生通常会探究儿童和青少年组织工作的特点，研究少先队集会、共青团会议的筹备和开展方法等。

教学—教养实习则贯穿大学生五年制学习过程之中。大学生通常在第 2 至第 5 学期走进中学课堂担任教师助教或班主任助手，每周实习时间为 4 小时。以赫尔岑师范学院数学系 1985-1986 学年大一第 2 学期的教育实习活动为例，主要实践课程内容包括："观察作为研究学生心理特点的方法"、"问卷作为心理学研究的方法"、"分析活动成果作为心理学研究的方法"、"实验——研究学生心理特点的方法"。[27]四年级及五年级大学生的实习侧重于让学生做好履行学科教师和班主任教师职能的准备。大学生一般在实习负责人的指导下制定实习工作计划，其中包括该专业课堂教学、课外活动、选修课程、课堂指导活动、学生心理—教育研究以及社会政治实践活动的时长和内容。在实习期间，大学生需要进行评价型授课，参与教养和课外活动的差异化评估的分析和讨论。课程教学和课外活动的数量由综合实践计划和时间安排决定。每一年级的教学实习结束后，教研室都会召开总结会议，进行反思总结。[28]

---

25 Калинникова Н.Г. Педагогическое образование в России: уроки истории[J]. Вопросы образования. 2005（4）.304-318.

26 Паначин Ф.Г. Очерки истории школы и педагогической мысли народов СССР （1961 – 1986 гг.）[M]. М., 1987:363.

27 Ленинградский ордена Трудового Красного Знамени государственный педагогический институт имени А.И. Герцена. Отчёт о работе кафедры методики преподавания математики за 1985-1986 учебный год[M]. 1986:1-2.

28 Библиотека нормативно-правовых актов СССР [EB/OL]. http://www.libussr.ru/doc_

此外，生产实践也是高等师范院校进行人才培养的重要路径之一，尤其是自然科学系、化学系和物理系的学生。生产实践往往在学院组织的教学大师班、工业企业、集体农场和国有农场中开展。以农业领域的生产实践为例，自然科学系的学生需要参与农业生产的全部工作周期，包括土壤准备、播种、植物护理和收获。

教育实习在高等师范院校的人才培养中占据了重要的地位，是学院使学生深入领会未来需要从事的事业的重要途径，为学生逐渐形成教育性世界观、并在未来较快成长为教学能手打下坚实基础。由熟悉教育活动到参与教育活动再到独立从事教育活动，贯穿理论学习始终的教育实习具有一定的逻辑性、系统性和循序渐进性，符合学生掌握实践活动的一般规律。

可以说，连续教育实习是苏联高师教育人才培养过程中最重要的环节之一，是师范生的理论学习和未来进入教育机构独立工作之间的重要纽带，是巩固和深化学生的理论知识并发展其从事教育活动的技巧和本领的重要途径，具有多重功能。首先，具有教育功能，能够对社会政治课程知识、专业课程知识和心理—教育学课程知识进行深化学习和应用，能够促进教育学技巧和本领的形成；其次，具有发展功能，能够发展未来教师的认知创造积极性，发展其教育学思维；第三，具有教养功能，促进马克思列宁主义世界观、共产主义理想信念的形成，提高社会参与积极性、促进教师个体的专业教育素质的形成。

（三）大学生科研活动

高等师范院校组织大学生科研活动（НИРС-Научно-исследовательских работ студентов）是使学生深入掌握学科知识和教育学知识、培养独立工作和科研创作能力的重要途径，贯穿大学生学习生活的始终。以赫尔岑师范学院数学系所开展的大学生科研活动为例，大学一年级学生需要准备开题报告；为中学实习课准备教学材料。学校会对开题报告进行评比，并展出优秀报告。大学二年级时，则根据一年级时准备的教学材料在中学的兴趣小组上课。大学三年级和四年级的任务主要有四方面：首先，参加小组科研工作：每学年大约分 8 个小组，小组成员 4-13 人不等，由不同的教师进行指导，小组主题包括开发直观教具、数学教学实践史、6-8 年级数学奥林匹克竞赛教学方法、数学课外活动中计算技能的形成、教师活动中的预测、使学生形成一般和特

---

ussr/usr_13358.htm. 2020-11-15.

殊品质的教学法、开展关于数学教学法科研的方法、中等职业技术学校数学教学的一些问题。其次，参加四年级的专题课程和专题研讨课：每学年教研室会开设不同数量的专题课程和专题研讨课，学生在课上会完成学术论文，并将进行论文评比选出优秀论文。第三，参加大学生科研社团周和社团日活动：所有教师将同已经完成毕业论文的学生共同开展独立研究，并撰写报告。第四，进行大学生数学报纸竞赛；最后，开展教学法奥赛。[29]

二、课外活动途径

通过课外集体活动进行培养也是苏联高等师范院校的重要培养途径。高等师范院校的学生通过积极参与各类社团活动不断提升自己的教学技能、思想道德品质和审美水平以及对教师职业的认同感。

高等师范院校广泛组织针对不同年级学生的教学技能小组（круг педагогических умений），以此分阶段地促进学生的教学能力的提升。教学技能小组会根据学生已经掌握教育学知识的多少来设定预期达到的目标，例如一年级的学生应当通过小组的学习在以下技能方面取得进步：学会观察自己的学生对待劳动、同志和集体的态度；能声情并茂地朗读儿童书籍、童话故事并与学生开展讨论；组织学生观看主题电影、纪录片并展开讨论；根据报纸杂志、广播和电视转播向学生传递国家新闻；帮助举办儿童联欢会、竞赛等等。年级越高，需要掌握的教学能力就越广泛和深入。

其中各类俱乐部是最主要的形式之一，诸如大学生社团、教育学社团、文学讨论社团等。大学生社团的主要功能是宣传党和政府的主要政策思想、对学生进行反宗教教育和马克思列宁主义审美教育。其参与者除学生外，还有学院的教授和老师。在活动内容方面，大学生社团会组织各类讲座、同教师、生产创新能手以及共产劳动队员的访谈、文学讨论会、电影观看等等。

第四节　质量评估——以阶段总结保证质量划一

质量评估作为必不可少的重要环节，贯穿于人才培养的各个阶段。在苏

---

29 Ленинградский ордена Трудового Красного Знамени государственный педагогический институт имени А.И. Герцена. Отчёт о работе кафедры методики преподавания математики за 1985-1986 учебный год[M]. СПБ.: Изд-во РГПУ им. А.И. Герцена, 1986: 5-6.

联时期的教学论中，通常使用检查（контроль）和测验、检验（проверка）两个词汇来指代质量评估。也就是说，在人才培养过程中，教师和学校通常会检查学生的学习成果，以确定学生的知识发展水平和技能水平符合相应学科、课程要求达到的水平。这种检查的形式分为三类：首先是在学期中和学期末进行的考查（зачёт）；其次是学年末考试（курсовые экзамены），最后是修完全部课程之后的国家考试（государственные экзамены）。

一、考 查

考查（зачет）通常是对实验实践项目的完成情况进行的评估，诸如连续教育实习、实验项目、计算图表项目、课程项目、实践课程和研讨课程教学材料的掌握情况等。除此之外，考查还用来评估教学和生产实践的进展情况以及在实践过程中是否按照批准的计划来执行所有的培训任务。

不同类型的项目考查的内容也不尽相同。实验和实践项目通常会依据项目的完成情况来进行考评，教学实习则是按照学生提交的实习报告进行判定，研讨课会根据学生提交的科研报告或者学生在研讨课上的讲演情况进行考评，针对一些社会科学类课程教师则会对学生进行口试，而对部分积极参与课堂讨论的学生则可直接免试。考查的考官通常由实验或实践项目的组长或者课程的授课老师担任。

二、学年末考试

学年末考试（курсовые экзамены），考试内容为所学全部课程或者部分内容，旨在评估学生在该学年内的学习成果，主要包括学生掌握的理论知识的牢固程度、创造性思维的发展程度、独立工作技能的习得情况、综合运用所学知识解决实际任务的技能习得情况。

学年末考试通常在教学计划安排的考试期进行。学生必须通过该学年所有课程的考查，并且完成教学计划规定的实习实践活动才能参加学年末考试。系主任可以考虑社会机构的意见允许表现良好的学生在该学年提前参加考试，前提是他们已完成既定的实践工作，并且通过了该学年所有课程的考查。

考试形式由高等教育机构委员会决定，通常有口试和笔试两种，考官有权向学生提出超出考题范围的问题，并且除理论问题外还可根据学年教学大纲内容提出实践性问题。学年末考试允许授课教师作为考官参与考试。考试时学生可以使用教学大纲，也可以在得到考官允许的前提下使用其他参考书和辅助工具。

学生的成绩一般采用四级评分法："优秀"、"良好"、"合格"和"不合格"来表示，如果一门课程的考试有多位教师参与评分，则最终只能有一个分数。例如根据赫尔岑师范学院数学系的档案资料记载，在数学教学法课程上，共有129名学生参加了学年末考试，有6名学生成绩不合格，原因主要有：较低的数学素养；大量中学数学知识未掌握；对待独立工作不负责任。

只有完成学年教学计划规定的所有任务，并且成功通过学年末考试的学生才能按照系主任的安排进入下一学年的学习。在春季学期的考评中最多只有两个不合格的学生可以经过校长允许进入下一学年学习，并且需要在下一学年的第一个月重新进行考评，通过考评的学生才算正式进入下一学年。

校长会基于系主任的意见，并综合考虑社会机构的建议，对未完成学术任务的学生开除学籍，具体来说有以下四种情况：第一，有三门及以上课程未通过学年末考试的学生；第二，未在规定期限内对没通过考评的课程进行重新考评的学生；第三，已经转入下一学年学习，但未在规定期限内进行重新考评的学生；学年末考试中有两门课程不及格，并且没有完成生产实践任务或者生产实践报告不及格的学生。

未完成实习计划、实习工作收到负面反馈或者实习报告被认定为不合格的学生将在假期再次进行实习。在学年末考期内如果某门课程不及格，不允许在考期内进行重新考试。在某些情况下，如果有正当理由，教务主任可以允许学生重新参加该课程的考试。允许学生在大学期间留级一次，但不得超过两次。当学生有正当理由时，诸如疾病、家庭问题、出差等，校长会根据系主任的提议并综合考虑大学和系下属社会团体的意见决定学生留级重修的问题，并记录在案。

在考试期间，高等师范教育机构的校长、副校长、系主任、教研室主任以及社会团体一起研究学生的培养质量，并概述进一步改进教学过程的措施。考期结束后，考试结果和改善教学过程的建议将提交高等教育机构委员会、系委员会以及教务委员会讨论。

三、国家考试

在苏联，为保证高等师范院校的人才培养质量，政府通过大学国家考试委员会和中等专业教育机构国家资格委员会共同组织国家考试（государственные экзамены）。两大委员会的主席为该专业所属的生产领域的著名专家或者不在毕业生所在教育机构工作的科学家，委员会成员包括校长或副校长、系主任或副主任、教研室主任、大学里的教授或副教授、中等专业教育机构的主任和教师。修完教学大纲要求的全部教学内容的毕业班学生方可参加国家考试。

学生可选择一门社会政治类课程和两至三门专业学科课程进行考试，考试成绩决议需在委员会非公开会议上以少数服从多数原则投票通过，通过考试的学生方可被授予专家文凭和相应的毕业徽章。高等师范院校的毕业生若有 75%以上的教学大纲规定课程上获得"优秀"评价，并且在最后的国家考试中获得"良好"或"优秀"等级，且在科研工作和社会活动中表现优异，则可获得优秀毕业证书。获得这一荣誉的毕业生则可优先进入研究生阶段深造。[30]

总的来说，苏联高等师范教育人才培养质量评估主要采用总结性评价方式。无论是考查还是考试，均是在对学生掌握教学大纲规定的知识和技能的程度进行评价，学生仅获得等级评定或者分数，而缺少反馈环节。尽管在少量评估环节具有反馈性质，例如在教育实习结束后进行总结研讨会，进行优秀论文展出等，但也更多具有树标杆和立榜样的意味，缺乏个性化的互动指导。

本章小结

"掌握好你的科目，把它讲清楚"——是苏联高等师范教育人才培养的主要目标。苏联的高等教育属于职业教育体系，在俄语中被称为高等职业教育，其人才培养的主要目标是为各行各业输送掌握专业技能的专家人才。因此，苏联高等师范教育的主要职能是满足中等教育机构对高水平师资的需求，其主要目标是培养具备高尚的个人品质和崇高理想信念的、掌握专精学科知识和教育学知识、具备教学技能的中学、中等专业学校或职业技术学校教师。简而言之，使未来的教师掌握从事教育事业所必需的知识和技能是高等师范教育的主要任务。这也符合《苏联大百科词典》对教育一词的定义，即为掌

---

30 Совет Министров СССР. Постановление от 21 марта 1961 года N.251 "Об утверждении Положения о высших учебных заведениях СССР"（1961-03-21）[EB/OL]. http://docs.cntd.ru/document/9053534. 2021-2-27.

握系统化的知识、技能的过程及结果。也就是说，教育为每个人提供了未来从事的职业所必需的知识和技能。[31]

传统的侧重"知识导向"的专才培养模式侧重于未来教师对于知识的学习和掌握，其中的"知识"是基于现代知识观的绝对客观的知识，是已定的结论或结果，是一套固化的知识体系，包括学科专业知识、教育学知识和教学技能。无论是培养目标、培养内容，还是培养途径、培养质量评估均以"知识"为核心。主要目标是培养具备高尚的个人品质和崇高理想信念的、掌握专精学科知识和教育学知识、具备教学技能的中学、中等专业学校或职业技术学校教师。培养内容涵盖三方面，其一为学科专业培养内容，即专精的学科知识；其二为关于教育学的培养内容，即关于心理—教育学的知识和教学技能；其三为社会政治修养方面的塑造，主要包括马克思列宁主义思想、共产主义理想信念等。培养途径则服务于培养内容，通过课堂教学和大学生学术科研活动培养学生的理论知识，通过连续教育实习锻炼学生的教学技能。在培养质量评估方面也是对学生所掌握的知识和技能水平进行检查，看是否符合课程和教学大纲所规定的水平。综合来看，这一模式具有统一化、专才化、学术性的人才培养特征。

统一化。首先，苏联高等师范教育实行定向培养，即所有毕业生均进入中等教育机构担任教师；其次，高等师范教育的培养内容由苏联国民教育部制定统一教学大纲和教学计划进行规定，所采用的教科书和教学材料均为全国统一内容，无论是学校还是教师的学术自由性非常有限，尽管教师可自行开发专题课程，但也需依照全苏专题课程统一大纲进行设计或选择；第三，高等师范院校针对所有学生采取相同的方式教授相同的内容，对学生的个性和志趣的考虑较为薄弱；最后，培养评估标准单一，对学生应该掌握的知识和水平有明确规定，对于"优秀"的定义比较公式化和模板化。

专才化。在教育应最大程度上为社会生产各领域服务的理念指导下，苏联高等师范院校的人才培养带有强烈的功利主义、技术至上的特征。一方面，其人才培养目标十分单一，即培养能够掌握马克思列宁主义理论、在专业方面具有高深的理论知识和实际技能的高度熟练的专家，[32]也就是中学的学科

---

31 Прохоров А.М. Большая советская энциклопедия: [в 30 т.] [M]. М.: Советская энциклопедия, 1978.

32 帕纳钦著：《苏联的教育管理》[M]，北京：文化教育出版社，1983年，第20页。

教师。高等学校的毕业生所获得的是相应职业领域的专家证书，即证明拥有在该职业领域工作的资质，高等师范院校的毕业生所获得的便是教师文凭。另一方面，由于其鲜明的专才化倾向，提供给学生可涉猎的知识的广度十分匮乏，学生的综合人文素养十分欠缺。

学术性。"若想给学生一滴水，教师要有长流水"，这是苏联高等师范教育人才培养中的重要观点，也就是非常强调未来教师的专业学术水平。这种学术性体现在专业知识学习和学术科研两方面。在专业知识方面，这部分的课程占据了全部课程的三分之二，足可见对学科专业知识的专精程度要求之高。此外，学系各教研室高度重视教师和学生的共同学术科研活动，教师一般会选择专业或教育学领域的前沿问题进行探究，学生会在参与教师开设的专题课程和专题研讨课上确定毕业论文方向并撰写论文。

第二章　变革环境：外部环境与内部环境的双重影响

人才培养模式兼具稳定性和变革性。在一定历史时期的社会政治、经济、文化之下的人才培养模式是相对稳定的，[1]但是当外部环境出现重大变化，人才培养模式也会随之发生变化，以适应外部环境对人才的新需求，这也是人才培养模式的变革性所在。20世纪80年代末戈尔巴乔夫的"新思维"改革以及直接导致的20世纪90年代初的重大历史事件——苏联解体，无论对俄罗斯国内还是对国际局势的影响无疑都是巨大的，俄罗斯国内外新旧格局交替的外部环境变化所导致的对人才的新需求直接推动了高等师范教育人才培养模式的变革。具体来说，苏联的崩塌直接导致了两极格局的瓦解，全球政治多极化以及经济全球化进程下对具有全球竞争力的国际化人才有迫切需求。这些外部环境的变化又进一步加强了苏联解体对于俄罗斯国家的影响，从政治、经济再到人民生活的各个领域都在不断转型，俄罗斯社会对创新人才产生强烈需要。国际国内环境对于教师提出了全新的要求，而苏联计划经济体制下侧重"知识导向"的专才培养模式与时代脱轨的内在危机逐渐显现。无论是外部环境的变化抑或是师范教育发展的内在诉求都成为高等师范教育人才培养模式变革的强大推动力。

1　龚怡祖：《略论大学培养模式》[J]，高等教育研究，1998年（01），第21页。

第一节　外部环境影响：国内外新旧格局交替对人才的新需求

自 20 世纪 80 年代以来，尤其是苏联解体之后，俄罗斯的国际国内环境对人才出现了全新的诉求。从国际环境方面来看，俄罗斯作为独立国家逐渐融入全球化进程之中，世界政治格局多极化趋势明显、经济全球化进程加快、高等教育国际化浪潮袭来，新的国际环境使得俄罗斯的教育面临着全新的挑战，那便是需要培养具备全球竞争力的创新人才。从国内环境来看，俄罗斯仿照西方模式构建起了以总统制、议会制、三权分立为核心的政治体制架构，资本主义市场经济体制迅速取代苏联时期的计划经济体制，全新社会开始更加需要个性化、多样化、具有竞争力的创新人才。教育不再仅仅是向下一代传授知识，其更应该帮助学生获得个性化的发展、找到自己与世间万物的独特连结、找准自己在社会上的位置。因此，教师的职能也由传统的"教书匠"变成具有人道主义精神的"引路人"，教会学生面对未来瞬息万变的世界，使学生学会学习。

一、全球化格局对国际化人才的迫切需求

苏联解体后，俄罗斯作为独立国家开始融入全球化社会之中，无论在政治、经济还是在教育领域均与国际社会的联系更加密切，培养具有全球竞争力的国际化创新人才成为俄罗斯教育改革的重要方面。

（一）世界政治格局多极化趋势明显

作为当时世界上唯一的社会主义超级大国苏联解体后，以苏联为首的社会主义国家阵营也随之瓦解，以美苏为中心、资本主义和社会主义阵营对抗的两极格局不复存在，世界逐渐呈现出一超多强的格局。美国成为世界上唯一的超级大国，无论在政治影响力，还是在经济、军事实力，抑或是在文化软实力方面都在全球首屈一指。同时，美国还在极力构建以自己为中心的单极世界。尽管美国极力主导单边主义，并且从政治、经济、军事、文化等各方面扩张势力，但世界政治格局走向多极化仍是大势所趋。

在美国极力扩张影响力的同时，世界其他各国也在努力增强实力，形成了以欧盟、日本、中国、俄罗斯为代表的若干政治经济力量中心。1993 年，欧洲共同体发展成为欧洲联盟，"对外用一个声音说话"的"欧洲人的欧

洲"已经成为世界上最重要一股力量，国际地位举足轻重。日本自二战结束后在美国的大力援助下经济飞速发展，并且在不断谋求政治大国地位。而改革开放之后的中国的综合国力迅速增强，在农业、工业、进出口贸易、科技、教育、人民生活水平等各方面的实力都显著加强，在国际社会中的地位日益突出。

俄罗斯作为苏联实力最强的加盟共和国承继了苏联绝大多数领土和经济、军事遗产，并取代苏联获得联合国常任理事国席位，在全球中的影响力仍然不容小觑。此外，俄罗斯还与苏联解体后的各独立主权国家成立独立国家联合体，基于相似的文化传统并以主权平等为基础进一步加强友好睦邻关系和区域经济、军事合作。

（二）世界经济全球化进程加快

经济全球化的现象早在 20 世纪 60、70 年代就已经出现。科学技术的进步、生产力的发展、信息技术革命的到来以及交通运输和通信领域的科技进步使得信息传递的成本大大降低，全球联系日益密切直接推动了经济的全球化。与此同时，跨国公司的出现则提供了恰当的组织形式，大大促进了生产要素在全球的流动和国际分工，从而进一步推动了经济的全球化。20 世纪 90年代以来，各国纷纷实行市场经济体制，试图追赶全球化的浪潮推动本国经济的快速发展。同时世界贸易组织的成立进一步推动了贸易自由化和投资自由化的进程，为国际贸易的扩大、国际资本的流入提供了良好的制度环境，经济全球化的进程开始加速，并且已经成为世界经济发展的必然趋势。

经济全球化将世界变成一个统一的空间，在这个统一的空间内信息、商品和服务、资本等各类资源实现了自由流动。经济全球化的影响是巨大的，它进一步推动了更大范围的国际分工，使得资金、技术、人员、管理等生产要素在国际社会流动和优化配置，从而推动世界生产力的发展。毫无疑问，发达资本主义国家无疑收益最多，因为其拥有雄厚的资本实力、掌握着制定贸易规则的主动权、处于全球分工体系的优势地位。

然而，对于发展中国家却是利弊共存。一方面，处于全球分工体系劣势地位的发展中国家需要接收来自发达国家淘汰的传统工业和一般技术型产业，变成发达国家的高新技术产业的"加工厂"；另一方面，发展中国家则可以引进发达国家的先进科学技术，发展新产业，促进本国产业的转型升级；还可以通过吸引外资扩大本国劳动力就业，发挥劳动力资源优势；此外，也可以利用广阔的国际贸易市场拉动本国经济发展。当然，总体来看是利大于弊的，关键的是需要发展中国家抓住科技革命的机遇不断增强本国创新人才潜力，以知识和人才的创新带动本国经济实力的增强，只有这样，才不担心被全球化的洪流所裹挟。

（三）具备全球竞争力的国际化人才培养是大势所趋

20 世纪 90 年代之后，随着全球化进程的加快，世界各国的联系日益密切逐渐成为一个整体，以联合国、欧盟和亚太经合组织为代表的国际组织和跨国公司活跃在国际舞台，人类逐渐打破民族、信仰、语言等隔阂走向相互理解。在这种情况下，人才培养立足本国的同时面向世界显得尤为重要。人们逐渐意识到竞争与合作是各国不可回避的趋势，培养具有国际视野、跨文化交际能力和全球竞争力的国际化人才，做到知己知彼，对于曾长期封闭的俄罗斯人才培养更具现实性和战略意义。此外，在知识经济时代，国与国之间的竞争说到底是知识的竞争、人才的竞争。因此，培养具备全球竞争力的国际化人才对国家可持续创新发展的推动作用越来越明显。

二、俄罗斯社会转型对创新人才的现实需要

教育要适应于社会的发展，要受社会的经济、政治、文化等方面的制约，并对社会的发展起作用。[2]在俄罗斯经历重大社会转型的背景下，随着政治制度的巨大变革、经济制度的重大转轨、科学技术的进步以及民族文化的传承，俄罗斯社会对于人才的需求发生极大转变，创新人才培养对于对于新时代的俄罗斯而言有重要意义。

（一）政治制度更迭下教育变革的必然

讨论 1991 年苏联解体这一重大历史事件往往需要追溯到 20 世纪 80 年代中后期戈尔巴乔夫的"新思维"改革。20 世纪 80 年代的苏联经济发展停滞，人民生活水平下降，时任苏共总书记戈尔巴乔夫在 1985 年 4 月召开的苏共中央全会上宣布必须加快国家的社会经济发展，并简述了经济结构调整的方针路线。但是最初仅限于经济领域的改革很快波及到社会其他领域。1987年，苏联开启了包括国家意识形态、政治制度在内的整个社会体系的根本性

2　潘懋元：《新编高等教育学》[M]，北京：北京师范大学出版社，1996 年，第 3-14页。

变革。在经济改革并未取得明显成效的情况下，戈尔巴乔夫把改革的重点转向政治领域，开始实行多元化和多党制，放弃了苏共的领导地位。戈尔巴乔夫的"新思维"过于强调对立统一世界的统一性，试图照搬西方价值观和发展模式，最终直接导致了苏联的解体。

苏联解体后，俄罗斯确立了三权分立制度，建立以总统为核心的国家政权。宪法首先规定俄罗斯联邦是共和制的、民主联邦法制国家，承认政治多元化和多党制，立法权、执行权和司法权三权分立。[3]俄罗斯的政治制度的确立参考了西方国家分权与制衡的原则，但同时考虑到俄罗斯无论在沙皇俄国时期还是在苏联时期均长期层处于集权统治之下，且俄罗斯需要一个强权总统稳定岌岌可危的局势，因此又明显强化了总统的权力，规定俄罗斯联邦总统处于议会、政府、法院之上拥有广泛的重要权力。这在一定程度上又体现了俄罗斯特色。

根据马克思辩证唯物主义的观点，社会存在决定社会意识，人是一定社会关系的产物，教育同样也由社会关系所决定。经济基础对教育起着决定性的影响，作为经济基础集中表现的政治也对教育起着决定性的作用，甚至有时比经济的影响更为直接和集中，因为在经济上占有统治地位的阶级，总是要利用政治上的特权，利用国家政权和由国家所制订和颁布的教育方针、政策和各种教育法规来控制教育。[4]伴随着苏联的崩塌和资本主义政治制度在俄罗斯的确立，俄罗斯的教育也必须随之进行改变以此体现新的政治思想和政治制度，教育的变革必然随之发生。

（二）市场经济体制对创新人才的需求

在苏联的计划经济时代，经济发展受到政府的全盘掌控，市场这只"无形的手"的力量几乎不存在，因此人探索创新经济的主动性、创造性受到极大限制，人才培养更是典型的"按需供应"，具备很强的工具主义和技术主义取向。与此同时，苏联的经济结构也极不合理，国家过度强调发展重工业，尤其是机器制造业，再加上美苏争霸的背景下苏联投入大量人力物力财力到军备竞赛、太空竞赛中，极大地拖垮了苏联的经济发展，到苏联后期经济发展更多依赖于石油出口，成为典型的资源依赖型经济。20 世纪 80 年代经济

3　姜士林：《世界宪法全书》[M]，青岛：青岛出版社，1997 年，第 825-837 页。

4　黄济：《对教育本质问题的再认识》[J]，北京师范大学学报（社会科学版），1998年（03），第 5-12 页。

发展滞缓导致苏联人民的生活水平日益下降，远远落后于发达国家的正常水平。

因此经济领域的改革一直是苏联政党以及后来的俄罗斯政府关注的重中之重。戈尔巴乔夫的"新思维"改革最初便是在经济领域内开展，但改革仍旧没有摆脱苏联模式的桎梏，依旧强调发展重工业，尤其是机器制造业，最终改革失败。1987 年，苏共中央开始讨论经济体制改革，允许扩大企业的自主权，1990 年苏联经济发生严重危机，戈尔巴乔夫开始考虑向市场经济体制过渡，并通过《苏联所有制法》，宣布各种所有制形式平等。苏联解体后，伴随着政治制度变革，俄罗斯的经济制度也正式从计划经济体制转向自由的市场经济体制。

伴随着市场经济体制的建立，扭转苏联时期"先天不足"的经济结构、大力发展以科技为核心的高新技术产业、促进国家经济从资源依赖型转向创新经济型成为俄罗斯经济发展的重要目标。推动科技创新，不断在微电子、信息技术等领域推广新的产品和服务，利用技术创新的浪潮引领新兴行业的成长是俄罗斯独立后的重要任务。与此同时，在全球化时代，俄罗斯经济社会被席卷进国际竞争的浪潮中，而由于现实原因，俄罗斯已无法仅依靠低廉劳动力和自然资源出口来占领国际市场。一方面，俄罗斯人口数量增长缓慢、劳动力稀缺；另一方面，自然资源出口行业在国际市场经济中所占份额较少，且以明显的市场需求波动为特征，再加上不可再生资源的开采不可能建立起长久的经济繁荣。在此背景下，大力发展创新型经济、知识型经济成为俄罗斯的不二选择。

国家的创新经济发展的关键在于知识和人才的创新，国与国之间的竞争说到底是知识的竞争、人才的竞争，而潜力是人才最重要的资本。因此，发掘人才潜力对国家可持续创新发展的推动作用越来越明显。此外，高质量的人才资源保证了社会生产的高效进行。市场经济体制下的社会对高素质劳动力需求不断增多的背景下，发掘、增强本国人才潜力、激励本国人才发展创新成为俄罗斯的重要战略任务之一。而传统的工具主义、技术主义指导下培养的专家型人才与新时代的需求严重脱轨，培养创新人才是必然走向。

（三）科技进步和文化传承对综合能力的需求

科技进步是经济发展、国家富强的重要推动力。虽然承继了苏联绝大部分的科技实力，但由于在社会、经济、民族等领域面临着一系列亟待解决的问题，诸如转型初期社会动荡不安、原有经济体系被严重破坏所导致的在科研领域的经费投入严重不足、科研人员流失严重等，20 世纪 90 年代初的俄罗斯在科技领域的发展遭遇了很严重的困境。发展科技是强国之本、兴国之路，而科技进步离不开一支强大的科研队伍，这支队伍则由具备综合能力的创新人才组成。

此外，相比于教育和政治、经济的关系，教育和文化的关系更为紧密，文化作为人类所创造的一切物质文明和精神文明的综合，教育可以被视作是文化的重要组成部分，同时教育又是文化的保存与传递、改革与创新的重要手段，因而教育在文化中占有重要地位。[5]苏联教育具有很强的封闭性以及过重的意识形态色彩，这与中央高度集权的文化制度密切相关。在俄罗斯文化思想领域重新"百花齐放"的背景下，逐渐恢复生机的文艺界开始重新思索价值观的问题。学界开始探讨具有普遍意义的人类价值观问题，诸如人的本质问题、人的自由和权利、人和自然、国家以及家庭的关系等。在独立后的俄罗斯，人本主义价值观的复苏也进一步推动了俄罗斯教育对于人的个性发展的关注。

综上，在信息化、全球化的世界，俄罗斯充分意识到培养具备全球竞争力的国际化创新人才是国家创新发展的关键。教师是创新人才培养的关键力量，提升教师质量也成为俄罗斯落实教育改革的关键环节，培养具备全球视野的、面向未来的教师刻不容缓。这便成为俄罗斯高等师范教育人才培养模式变革的重要外部动力。

第二节　内部环境影响：传统教育模式的矛盾积存

在外部环境对于具备全球竞争力的国际化创新人才的强烈需求之下，传统教育的内在矛盾逐渐凸显。主要表现为传统教育模式对"人"的忽视，统一化培养中师范生个性的缺失以及专才化培养下人文素养的缺位。

一、单一、集中的教育模式对"人"的忽视

在教育领域中，传统的单一化的教育结构不利于多层次人才的培养，也阻碍了教育的国际化发展。而高度集权的教育管理体制则不利于地区和学校

5　黄济：《对教育本质问题的再认识》[J]，北京师范大学学报（社会科学版），1998年（03），第5-12页。

办学积极性的发挥，很难充分考虑到学生的个性发展需求。此外，传统教育理论的僵化也进一步导致了教育领域对"人"的忽视。

（一）单一化教育结构的局限

苏联时期一直实行的是单一化的教育结构，在高等教育领域表现为单一层次的五年制专家培养，统一招生并按国家计划统一分配。具体而言，高等教育学制通常为五年，毕业生被授予相应专业的专家文凭。但是随着科学技术的飞速进步、市场经济的快速发展以及终身教育理念的盛行，单一化的教育结构与社会对于多层次人才的需求严重脱轨。传统的单一化的职业人才专门培养愈加呈现出与时代的脱节，不利于人才的区分、筛选和分流，与快速发展的知识经济时代对于多层次、个性化人才的需求不相适应。此外，苏联高等教育的独特模式也与国际通行的高等教育结构不相符合，从而进一步限制了苏联同其他国家在高等教育领域的合作，对国际学生流动、国际项目的开展也存在一定制约。而对于学生而言，单一化的教育结构给予学生自由选择培养项目、转换学习层次的机会也相对较少，不利于学生的个性化发展。

（二）中央集权的教育管理体制的弊端

苏联的教育管理体制是典型的中央集权化集中管理，随着社会的重大转型以及市场经济的迅猛发展，高度集权的教育管理体制的弊端也逐渐显现出来。所颁布的教育政策、统一规定的教育大纲和教学计划很容易脱离地区、学校乃至个人的实际情况成为空中楼阁，各地区和学校的积极性和创造性也在很大程度上被限制，此外还很容易出现官僚主义、形式主义的等不良现象。在市场经济逐渐取代计划经济的背景下，俄罗斯的办学主体、办学形式以及办学类型都开始逐渐多样化，传统的中央集权的教育管理制度已不再适合教育市场的需求。

（三）传统教育理论的僵化

苏联教育界 20 年代的灵活、开放、富有生命力的良好局面并未持续太久，随着列宁逝世和斯大林的上台所带来的垄断集权统治，苏联对马克思主义思想的理解也逐渐教条化。"左"的教条主义也蔓延到教育领域，儿童心理学研究和儿童学从教育学中剔除，苏联教育学成为强调"权威"、"听话"、"服从"的"没有儿童"的教育学，从人道主义精神走向强权教育精神。

在 30 年代末至 50 年代的苏联教育界具有绝对权威地位的是凯洛夫教育思想，其在赫尔巴特教育思想的基础上建构的"课堂中心、教师中心、教材中心"教育理论体系对苏联教育影响至深。凯洛夫教育思想认为教学的本质问题就是教师如何通过在课堂上讲授教材使学生掌握知识的问题。[6]在这一时期凯洛夫编写的作为高等师范教育教材的《教育学》一书共分为教育学总纲和教学理论两编，主要内容包括教育学的对象和方法、共产主义教育的目的与任务、教学过程、教育和教学的内容、苏维埃学校里组织教学工作的基本形式、教学法和学生知识的测验方法和评定方法，[7]全然不见儿童和教师。

虽然斯大林去世后，赫鲁晓夫开始对斯大林的个人崇拜进行批判，并且在文化教育等各领域实行"解冻"政策，关于儿童的心理学研究开始恢复，苏联教育界也对凯洛夫主编的《教育学》进行重新修订，增加了关于学生的年龄特征、苏维埃学校的教师、德育、美育、体育等内容，[8]但并未脱离凯洛夫教育理论体系的桎梏，苏联教育思想逐渐僵化。强调集体主义教育、劳动教育和共产主义道德教育的过程中忽视集体成员的个性特征，忽略集体和个性的辩证统一关系，将集体主义教育片面理解为命令和服从。注重马克思主义基本原理的学习却将其简单化、机械化、教条化，在培养全面的人和共产主义社会建设者的口号下却忽略个性和社会的辩证统一关系。

因此，尽管自 20 世纪 50 年代末以来苏联逐渐恢复了关于儿童心理学的研究，并开始关注学生和教师，但只见集体不见个人、只见社会不见个性仍是苏联教育理论的主要特征。

二、统一化培养中个性缺失

苏联高等师范教育曾为其培养了大量合格人才，但批量化、统一化的人才培养模式也是造成所培养的教师个性和创造力匮乏的主要原因。高等师范院校的学生是教学再生产过程的对象，对其进行的是粗放的、形式化的培养，[9]这种方式能在短时间内"生产"出大规模的学科教师，但却较难培

6　陈和华：《苏联教育理论发展的历史道路》[J]，现代中小学教育，1989 年（01），第 11-16+47 页。

7　凯洛夫：《教育学》[M]，人民教育出版社，1953 年，第 1-3 页。

8　凯洛夫：《教育学》[M]，人民教育出版社。1957 年，第 1-3 页。

9　Панина Л.Ю. Проблемы подготовки учителей в период перестройки（1985-1991гг.）[J]. Вестник Сургутского государственного педагогического университета. 2020（1）:

养出充分个性化的对教育事业有全面自我认知的教师。

（一）培养内容统一化

苏联高等师范教育的培养内容由苏联国民教育部出台全国统一的教学大纲（Учебные программы）和教学计划（Учебные планы）进行统一规定。各高等师范院校需严格按照全国统一教学计划和大纲执行人才培养。在苏联高等师范教育形成和发展的几十年间，其培养内容一直分为三类：社会政治科学类、心理—教育学类以及专业学科类。

尽管苏联国民教育部会考虑社会和科学技术的新要求以及中学的改革对教学大纲和计划进行调整，但这些调整也主要是涉及专业学科、心理—教育学课以及社会科学三类内容的有机配合和比例关系。[10]例如高等师范教育六十年代的新教学计划中就缩减理论教学的时间而增加了生产实习的时间，并且在心理学、教育学方面都加强了对教师的培养。[11]这种调整大多涉及到的仅仅是学习科目的增删，学习时长的增加或减少等细微之处，而大的调整比如出台新的教学大纲和计划往往需要间隔更久时间。

全国施行统一的教学大纲和计划进行人才培养不能充分发挥高等师范院校的积极性和创造性，对所有的学生都按照统一的标准进行要求则容易忽略学生的个性和创造力。不仅如此，教学大纲和计划始终都落后于社会和科学技术进步的速度，永远都是在将已经生产出的知识传授给学生，而不能走在知识发展之前促进学生创造知识，很难真正激发出学生的学习潜力。

（二）培养路径单一化

苏联高等师范教育的人才培养途径基本可以分为教学途径和课外活动两大部分，教学途径一般包括课程教学途径和生产教学实习，旨在让学生习得专业学科知识和教育学—心理学知识，课外活动则是通过各类师范教育小组培养学生对于教育事业的热爱。这两大途径在苏联几十年的高等师范教育发展过程中几乎未有重大改变，一般做出调整都是在不同培养途径所占的比例问题上。例如 20 世纪 50 年代，苏联在师范教育领域增加劳动教学和职业训练的时间，但却降低了知识学习的质量。于是在 20 世纪 60 年代，苏联又开始着手进行教

92-100.

10 帕纳钦：《苏联师范教育》[M]，文化教育出版社，1981 年，第 145 页。

11 帕纳钦：《苏联师范教育》[M]，文化教育出版社，1981 年，第 126 页。

学内容的改革，确保教学计划、教学大纲和教科书能够反映现代科学和文化方面的最新成就。但是，60 年代的改革强调了知识教育，对生产教学和职业训练又有所忽视，因此 70 年代苏联又开始重新强调职业训练，增加实习时间。

高等师范院校的学生对于培养途径没有选择权，同培养内容一样，培养途径的安排也在全国统一的教学计划中进行了规定。比如 80 年代开始实行连续教育实习之后，所有的学生均需从大一至大四／五期间走进课堂完成从担任班主任助理到独立承担课程这一过程。而在课程教学方面，虽然有讲授课、讨论课、专题实验课等不同类型的课程，但这也针对所有学生的统一安排，学生个人根据自身的兴趣爱好等情况的可选择性很小。

可以说，苏联高等师范教育的人才培养带有大批量流水线作业的特点，任何人进入这一单行轨道中便可培养成相同的掌握深厚学科知识的中学教师。师范生的个性倾向性被无视，不论其学术旨趣、学习能力、对教学方式需求有何不同，都按照统一要求进行培养。教学内容由国民教育部统一规定，培养质量由大学考试委员会和中等专业机构国家资格委员会统一评定，培养路径也为单一的教学和实习。虽然会根据时代的进步和中学教育的需要不断进行调整，但仍十分呆板、封闭，不够灵活，更不能激发出学生的创造性。

三、专才化培养下人文素养的缺位

（一）独立师院建制下的专业培养

苏联的高等师范教育历史悠久，早在 20 世纪 20 年代苏维埃政权建立之初就已经发展起来，并且采用了独立师院建制，这一建制与苏联时期的教育目标和任务密切相关。十月革命之前，培养中等学校教师的场所是大学，数学、自然科学、历史、语言文字和文学系按照学科专业进行培养，但缺少教育学知识的培养，因此中学教师也感觉到自身在教育教法方面的不足。[12]十月革命胜利后，新生的苏维埃政权将扫除文盲、普及教育、实现共产主义教育视为党和国家的重要奋斗目标，而培养大量社会主义教师是重点任务之一。正如其提出的口号：培养出新教师也就是在帮助巩固社会主义民主和建立新型学校方面完成了一半工作。[13]时任国民教育委员会主席、教育家卢那察尔斯

---

12 耶·恩·米定斯基：《三十年来苏联国民教育及其制度》[M]，作家书屋，1951 年，第 215-216 页。

13 帕纳钦：《苏联师范教育》[M]，文化教育出版社，1981 年，第 13 页。

基在 1918 年 8 月底举行的第一次全俄教育大会上就指出："大家非常清楚，应当把教师人数扩大好几倍，应当培养成千上万名教师。我们现在打算为教师办专门学校。这将是为想当教师的青年人开办的一种非常人道的学校。但愿我们能有足够的向渴望学习的教师传授真正知识的干部。没有这种人员，全部计划就成为空谈，因为没有教师的学校，就肯定无疑地等于零"。[14]随后，国民教育委员会便批准通过了高等师范院校章程，规定高等师范院校为培养中等普通学校教师的高等自治学府，给志愿从事教育的人以教育学和科学的培养。[15]

高等师范院校按照学科专业分设学系，一般包括语言和文学系、历史系、地理系、自然科学系、物理数学系、外语系、教育学系，从某种程度上说，高等师范院校的机构是大学教育机构的删减版，同时又增加了心理学教育学学科培养。[16]这也进一步说明，高等师范院校的专业性和目标性更强，其尤为注重学科知识和教育学心理学知识的培养，这能在较短时间内解决苏联快速发展的中等教育机构的教师短缺问题，在苏联历史上大批量充实了教师人才队伍，符合苏联当时的国情需要。但是，与综合性大学相比，同为高等教育机构的高等师范院校却缺少作为高等教育机构应该具备的人文素养的培养。

（二）以学科教师为目标的职业培养

苏联高等师范教育的人才培养模式的形成与苏联时代教师的使命和任务紧密关联。为了培养拥有坚定理想信念的中等学校学科教师，高等师范教育的人才培养基本从三个方面展开，第一是学科知识的深入学习，第二是心理学教育学相关知识以及学科教学法的学习，第三是马克思列宁主义思想政治教育。

教师的重要任务之一便是向学生传授学科知识。因此高等师范教育的人才培养内容有 60%以上都是学科专业知识的学习。同时，教师不仅需要知道教什么还要知道如何教，正如苏联高等师范教育教材《教育学》中所论述的，"学校里所用的教学大纲和教科书不论多么好，但是教育和教学的效果首先还要看教师怎样教学，看他怎样指导学生学习。"[17]因此，高等师范教育的人

---

14 卢那察尔斯基：《论国民教育》，莫斯科，俄罗斯联邦教育科学院出版社 1958 年版，第 44 页。

15 帕纳钦：《苏联师范教育》[M]，文化教育出版社，1981 年，第 23 页。

16 Панина Л.Ю. Проблемы подготовки учителей в период перестройки（1985-1991гг.）[J]. Вестник Сургутского государственного педагогического университета. 2020（1）: 92-100.

17 凯洛夫：《教育学》[M]，人民教育出版社，1957 年，第 70 页。

才培养还注重心理学教育学知识和学科教学法知识的培养，并开展连续教育实习以锻炼未来教师的实际教育教学能力。换句话说，苏维埃的未来教师需承担"教书育人"的职责，在"教书"方面必须拥有足够的教育学—心理学知识储备基础，掌握专精的学科专业知识，具备较为实用的教学技能技巧。

此外，苏联教师还肩负有重要的政治使命，并以此构成"教书"之外的"育人"的全部使命。教师是共产主义思想的传播者，是培养社会主义新人的主力军，是社会主义建设的中坚力量，是苏维埃制度的重要支柱。因此苏联教育学尤其看重教师人格对儿童人格的影响，而这种未来教师人格层面的培养在苏联则带有浓厚的意识形态色彩，也就是被窄化为马克思列宁主义思想的教条式学习和共产主义信仰的口号式培养。而更广泛的关于人文能力层面的培养少之又少，对于学生对人类生存的意义和价值的关怀的关注极为不足，仅在戈尔巴乔夫上台后的80年代中期增加了少量通识教育课程，诸如世界艺术文化史、环境保护，但这相对于人类丰富的精神文化遗产而言实在是杯水车薪。

本章小结

从戈尔巴乔夫的"新思维"改革到苏联解体后，俄罗斯所面临的全新国际国内环境是其高等师范教育人才培养模式变革的重要外部影响因素，苏联传统的高等师范教育"知识导向"人才培养模式与新时代脱轨所显现出来的内部危机是导致变革的内在推力。在国际环境方面，政治多极化趋势愈加明显、经济全球化进程加快、高等教育国际化浪潮不断袭来，俄罗斯也主动融入联系愈加紧密的国际社会之中。在国内环境方面，资本主义制度取代社会主义制度，计划经济体制向市场经济体制转轨，文化教育等领域也开始去意识形态化，并开始打造新时代的俄罗斯思想。在全新的国际国内环境下，俄罗斯社会对多元化创新人才的需求愈加强烈，教育的功能也随之发生改变，从传统的让学生"学会知识"向"学会学习"转变。

教育改革必先始于师范教育改革。教师是创新人才培养的关键力量，新型学校的新任务需要符合时代要求的新教师去执行，因此变革高等师范教育人才培养模式成为俄罗斯落实教育现代化的关键环节。仅像苏联几十年间在师范教育领域所进行的表面化的改革——扩充教育纲要、更新课程内容等，是远不能解决实际问题的，因为苏联高等师范教育侧重"知识导向"的专才培养模式存在深层的危机，即与处于国际国内环境大变革之中的俄罗斯社会对于综合性创新型人才培养的任务需求严重脱轨。这一内在危机具体表现为：单一、集中的教育模式对"人"的忽视、统一化培养中师范生个性的丧失以及专才化培养下人文素养的缺位。

第三章　变革过程：突破传统与融入世界的双管齐下

　　俄罗斯高等师范教育人才培养模式的变革过程经过了从"解冻"到"变革"到"再冻结"的三个重要阶段，每个阶段的变革行动都是变革者根据对改革环境进行判断的或"造势"或"应势"之举。其中，"解冻"阶段为20世纪80年代末打破苏联传统教育模式平衡、创造教育变革驱动力阶段，主要在人道主义教育思想复兴的背景下讨论师范教育改革问题，提出师范教育改革的个性化、民主化和人道化构想；"变革"阶段为自20世纪90年代至21世纪第一个十年将师范教育改革构想真正落地实施的阶段，其中20世纪90年代为启动阶段，引入学士—硕士两级高等教育结构，初步实现了高等师范教育结构的多极化和内容的国家标准化，但这一时期的人才培养模式仍侧重"知识导向"，21世纪初伴随着俄罗斯加入博洛尼亚进程，变革也进入深化阶段，学士—硕士两级高等师范教育结构在各高校广泛普及，国家开发和出台"胜任力导向"下的第3代、3+代《高等师范教育国家教学标准》，并基于欧洲"调优"项目开发"胜任力导向"下的基本教学大纲设计方法，高等师范教育人才培养模式正式走向"胜任力导向"化；"再冻结"阶段为以颁布《2014-2017师范教育现代化》纲要为核心的变革稳定阶段，通过国家项目推动基于《教师职业标准》的第3++代《高等师范教育国家教学标准》的开发，并促进各高校开发以"现代教师胜任力模型"为核心的基本教学大纲，高等师范教育侧重"胜任力导向"的人才培养模式得以真正形塑。

第一节　解冻：20 世纪 80 年代末创造教育变革驱动力

20 世纪 80 年代中后期，苏联的社会危机逐渐凸显，经济发展迟缓，人民生活水平急剧下降，作为国家发展支柱的教育也走向僵化，渐渐落后于科学技术的发展，不能满足社会经济、文化等方面的需求。随着戈尔巴乔夫上台执政后在经济、政治领域推行的强调人道化、民主化的"新思维"改革的展开，作为教育变革者的苏联国家人民教育委员会主席、苏联高等和中等教育部部长格·雅格金（Г. А. Ягодин）和后来的俄罗斯教育部部长第聂伯罗夫（Э. Д. Днепров）开始抓住时机采取"造势"战略，打破苏联教育模式的平衡状态，创造包括师范教育在内的教育变革的驱动力。具体行动包括：推出"合作教育学"，利用权威教育学者的思想证实变革的必要性；由苏联国家人民教育委员会召开全苏教育工作者大会，借助高层意志提出包括师范教育在内的教育"新思维"改革构想。

一、合作教育学思潮兴起——人道主义教育思想的复兴

苏联教育变革者的"造势"之举，是借戈尔巴乔夫的"新思维"改革之风推出"合作教育学"，复兴人道主义教育思想，利用权威教育学者的教育学思想创造变革的驱动力。

（一）合作教育学思潮的兴起

20 世纪 80 年代中后期苏联社会各领域掀起民主化、人道化的改革浪潮，为这一时期的教育变革者提供了充分的环境支持。戈尔巴乔夫自 1985 年上台之后便倡议要以"新的眼光"看待某些理论观点，应该突破思想理论领域的教条主义束缚。戈尔巴乔夫的"革命性改革"克服了旧的思维定式，整个社会都开始探索民主化和人道化的生活方式，这为教育领域的创新发展创造了非常良好的氛围，[1]也大大激发了教育研究者、一线教师、教育政策制定者等教育科学共同体推行教育改革的热情和决心。

借此时机，苏联教育学界正式推出体现人道主义教育思想的《合作教育学》（педагогика сотрудничества），从教育理论层面为教育变革"造势"。1986

1　Филонов Г.Н. Революционные идеи Октября в действии[J]. Советская педагогика. 1989（11）:4.

年 10 月，苏联重要的学术讨论阵地《教师报》邀请沙·阿莫纳什维利（Ш. А. Амонашвили）、维·沙塔洛夫（В. Ф. Шаталов）和米·谢季宁（М. П. Щетинин）等七位著名实践教育家进行了一次学术会晤，并发表了题为《合作教育学》一文，阐明了强调师生合作和学生个性发展的教育理论。由此，充分体现了人道主义教育思想的合作教育学思潮就此在苏联教育学界兴起，这一批实践型教育家在苏联教育理论界也开始被称为革新教育家（педагог-новатор）。

合作教育学思潮并非顺应时代的要求突然出现的，而是基于革新教育家们长达二十多年的教育实验实践成果所进行的总结和升华。革新教育家们在继承俄国、苏联以及外国教育家们的人道主义教育思想的基础上，进而各自在教育教学岗位上进行创新性实践。对他们的教育实践产生深远影响的有俄国的乌申斯基、托尔斯泰的教育思想、苏联的沙茨基、马卡连柯、苏霍姆林斯基的教育思想以及外国的卢梭、卡尔·罗杰斯、雅·科尔扎科、艾瑞克·伯恩等教育家心理学家的思想。虽然这几位教育家所进行的教育实验各有偏重，所创新的教育教学方法也各有特色，但合作教育学将这些各有特色的教育教学理念和方法结合起来，核心宗旨都是强调师生合作的人道主义教育理念。例如阿莫纳什维利在苏霍姆林斯基人道主义教育实践的激励下自 20 世纪 60 年代起便开始进行小学教育改革的实验研究，长期致力于教育理论与学校实践有效结合的创新性实践，探索出许多创新性教学方法诸如"没有分数的教学"、"问题教学"、"游戏教学"、"快乐教育学"，强调在师生相互合作的班集体中促进儿童个性的整体发展。

（二）合作教育学思潮的主要内容

合作教育学的基本理念就是在教育过程中，教师应当帮助学生保持自己的个性，需要发现学生的需求，并且帮助其在智力和道德层面上获得长足发展。在革新教育家们看来，合作教育学是适用于任何学校的所有师生的，在具体操作层面可基本分为三大方面。首先，强调以人为本，对待儿童应该人道化和个性化；其次，构建积极的和发展性的教学法综合体；第三，强调环境的教育作用。

首先，对待儿童应该人道化和个性化。儿童存在着一定的潜力，学校和教师的目标就是唤醒这些潜力，并进而促进学生人格更全面、更自由的发展。因此，在师生关系方面，反对传统的以教师为中心、将学生视作施加教育影响的对象，反对教师在教育过程中对自身的位置进行主观化理解，主张从人性化关系的角度去理解师生关系；在教学方面，应当将教学理解为师生之间创造性的互动，缓和传统的严肃的学校风俗，拒绝强迫性学习；在教育管理方面，发展学生自治，包括在教学过程中。

其次，构建积极的发展性的教学法综合体。合作教育学的这一教学法综合体为"教什么"和"如何教"的问题开辟了新的解决途径。在教什么方面，应当将教学内容视为发展学生个性的手段，而不是死板的知识，因此应当整合学校的科目构建模块化课程，以此培养学生的知识、技能、能力以及思维方式。在如何教方面，应当充分激发学习自主性，给予学生充分的自由选择学习的课程和方式，同时应当基于维果茨基的最近发展区理论激发学生的潜力。

最后，强调环境的教育作用。学校、家庭和社会环境是塑造不断发展的人格的最重要的社会制度，学生个性的发展取决于这三大环境的共同作用。合作教育学认为，相对于其他两大环境而言，学校处于领先和负责任的地位，因此学校应当承担起引导家庭和社会协作培养的责任，应当加强同父母和社会的合作。

合作教育学思潮的兴起无疑是给沉闷僵化的苏联教育理论体系注入了生命力，更为教育变革者推行变革提供了重要的驱动力。这一思潮中蕴含着的人道主义理念、个性和集体的辩证统一理念、学生中心理念、民主化理念、自由选择的理念、对话思维的理念以及师生共同活动的理念等等符合时代的发展，受到了苏联教育界的广泛支持。不仅如此，以《教师报》为代表的苏联官方在对传统苏联教育理论的空洞和僵化进行严厉批评的同时，更是将合作教育学给予了非常高的评价。

二、教育变革"新思维"构想的集聚

随着苏联僵化教育模式的逐步"解冻"，作为重要教育变革者的苏联国家人民教育委员会主席、苏联高等和中等教育部部长格·雅格金（Г.А. Ягодин）召开全苏教育工作者大会，并在开幕式上发表《通过人性化和民主化以实现新的教育质量》报告，推出以第聂伯罗夫（Э.Д. Днепров）担任组长的教改文件起草班子——"基础学校"临时科研集体（ВНИК «Базовая школа»），从国家层面宣布"新思维"教育改革的必要性，并对教育改革派给予大力支持。

（一）全苏教育工作者代表大会关于教育问题的大讨论

1988 年 12 月，苏联召开全苏教育工作者代表大会，讨论苏联教育何去何从的问题，这次大会对于苏联乃至解体后俄罗斯的教育改革都有深远的意义。苏联国家人民教育委员会主席、苏联高等和中等教育部部长格·雅格金（Г.А. Ягодин）在大会开幕式上发表了《通过人性化和民主化以实现新的教育质量》报告，为整个大会奠定了关于"改革"的重要基调。参加这次代表大会的有中小学教师代表、高等教育机构和教师进修学院的科教工作者代表、中等专业教育机构和职业学校的教师代表、学前教育机构和校外机构的教育工作者代表、教育管理部门领导以及党和国家的领导代表共计 5022 人。[2]与以往的大会不同的是，这次的会议不再有冗长的陈词滥调式报告，而是分设 15 个小组会议，分别讨论不同的教育前沿问题并提出建设性意见，诸如"师范教育"、"教育的人道化"、"教育管理的民主化"、"高等教育"、"中等专业和职业技术教育"、"历史教学和社会科学"、"儿童保护问题"、"农村学校"等等。

全苏教育工作者代表大会制度在苏联的教育制度中发挥着重要的作用。实际上，带有行会性质的教师代表大会早在 19 世纪 60 年代俄国公共教育运动萌芽时就已出现，教师代表们在大会上发表公开演讲、开设公开课、讨论教育教学问题，交流教育教学经验，开设教师进修课程等等。苏维埃政权成立后，教师代表大会的职能进一步扩大，除讨论教育教学问题之外，还讨论苏联学校的发展问题、吸引旧教师向苏联政权靠拢、进行教育创新实践等等，其规模也在苏共政权的支持下不断发展壮大。因此，在苏联的教育改革进程中，全苏教育工作者代表大会发挥的作用不容小觑，其意见和观点对苏联教育改革的走向至关重要。

（二）第聂伯罗夫的教育改革构想

在这次大会上，改革派和保守派就学校和教师何去何从的问题展开了大辩论。最终改革派获得了国家支持，并确立了以第聂伯罗夫（Э. Д. Днепров）担任组长的教改文件起草班子——"基础学校"临时科研集体（ВНИК «Базовая школа»）的领导地位，希望从根本上制定一种全新的教育政策，从而利用教育变革推动社会发展。该教改文件起草班子通过了《普通中等教育构想（草案）》和《连续教育体系建设纲要（草案）》，讨论了教师物质基础支持和社会支持的力度应当提高等问题。[3]

2 Всесоюзный съезд работников народного образования. Стенографический отчет[M]. М.: Высшая школа, 1990: 287.

3 Всесоюзный съезд работников народного образования, [20–22 дек. 1988 г.,

　　作为苏联教改文件起草班子主持人、后来的俄罗斯总统教育顾问、俄罗斯教育部部长，第聂伯罗夫基于人道主义精神原则的教育改革思想对于苏俄教育改革的走向起到了重要的引导作用。第聂伯罗夫认为，后工业化不仅是工业上的变化，而且是政治、社会生活中、社会文化和精神领域中、以及日常生活中的深刻转型。归根结底是人的个性本身、个人意识和行为的性质与结构、个人的自我组织上的变化。[4]因此，在第聂伯罗夫看来，俄罗斯的社会变革应改变技术至上的理念，将人文精神原则作为改革的重要依据。

　　基于人文精神原则，第聂伯罗夫指出俄罗斯教育改革的核心是"解国家化"，即消除国家对教育的垄断和控制，使教育实现社会化和民主化，学校要真正成为面向学生的社会机构，均等地为个人、国家和社会的利益服务。此外，以第聂伯罗夫为首的教育革新者们还提出教育改革的十条原则：教育的民主化；教育的多元化；教育的人民性和民族性；教育系统的地区化；教育的开放性；教育的合理化；教育的人道化；教育的人文化；教育的区分化；教育的发展性和活动性；教育的连续不断性。

　　第一，教育的民主化。意味着教育的"解国家化"，即教育管理应当分权化，教育管理权应当下放到各市政教育部门。各教育机构应当享有独立决定其发展战略的权利、经济和财务独立的权利以及教育机构成员应当参与教育机构的管理。教师有权采用个性化教学风格，学生有权根据个人情况选择教育机构并且有权根据个性化教育大纲进行学习。

　　第二，教育的多元化。多元化意味着教育的多样性、可选择性以及可替代性。基于该原则，应当构建一个平行于公立教育系统的私立教育系统，私立教育系统可以作为采用创新教育教学方法的"实验室"，经过实践检验的成功的教育教学方法可被引入公立教育机构中。

　　第三，教育的人民性和民族性。教育改革者们认为应当改革忽略民族传统的苏联式大一统教育。

　　第四，教育的开放性。学校必须摆脱教条主义和意识形态的影响，必须保证其不受政党、政治运动的影响。这种开放性是要认识到普世的人类价值

Москва]: стеногр. Отчет[M]. M.: Высшая школа, 1990. 410.
4　肖甦，王义高：《俄罗斯教育十年变迁》[M]，北京师范大学出版社，2003 年，第149 页。

观要优先于阶级和群体价值观，应当克服教育中的意识形态盲从现象。

第五，教育的合理化。应当打破统一的教育空间，包括统一的教学大纲、教科书、教学材料和教学指令。

第六，教育的人道化；教育革新者们认为苏联学校的主要问题就是"看不见人"，缺少对学生个性需求的关注，对学生的培养只是对满足"国家机器"需求的"齿轮"的渴望。教育的人道化就是将学校的关注点转移到儿童身上，尽最大的可能保证儿童个性的全面和谐发展。

第七，教育的人文化。在革新者们看来，过于强调技术至上和科学主义，而忽视了对人类普世精神价值的关注，这是 20 世纪最大的不幸。教育中充斥着各类科学知识，却严重缺乏人文精神。因此，革新者们主张让教育回归文化的整体之中，将教育转向人类文化世界、人性化的知识世界中。

第八，教育的区分化。教育的区分化的前提是保证教学大纲、教科书和教学材料等的多样性，确保建立一个教育商品和服务市场，并且这一市场是全球教育市场的组成部分。

第九，教育的发展性和活动性。教育应该旨在培养学生独立工作的能力，要想达到这一目的教育范式就必须从知识范式向发展范式转变。这一想法并不新鲜，早在 50 年代的苏联教育学中就已经出现，即如果学生没有学会如何独立获取知识和更新知识，那么在学校里学到的知识就是死的。

第十，教育的连续性。这一概念其实在苏联时期就有，学校的任务是为年轻人做好独立生活的准备，使他拥有一定的"核心"知识，同时在他毕业后不断的补充新的知识。在新的政治经济背景下，这一概念被赋予了新的含义，即终身学习，一个人应该准备接受两至三门高等教育，以便于其随时准备好改变职业。

1988 年的教育改革与其说是苏联教育改革的尾声，不如说是俄罗斯教育改革的前奏。第聂伯罗夫领导的教改文件起草班子——"基础学校"临时科研集体的改革理念和出台的教育改革构想最终都在俄罗斯独立后的首部《联邦教育法》中体现出来，第聂伯罗夫本人更是在 1990-1992 年期间担任了教育部长。1988 年的教育改革虽然在苏联统治期间未得到落实，但其更重要的意义在于开始从国家层面上变革传统的苏联教育理论和教育体系，极大地推动了俄罗斯未来的教育变革。

（三）关于师范教育变革的大讨论

鉴于包括学校、课程、学生甚至社会本身在内的一切都始于教师，[5]在 1988 年 12 月的全苏教育工作者大会中，应该培养什么样的教师、如何培养教师等师范教育领域的本质和核心问题成为教育工作者代表们讨论的核心议题之一。在格·雅格金发表的《通过人性化和民主化以实现新的教育质量》报告中，就指出今天为我们所需要的教师，不仅需要精通深入的学科知识、掌握多种教学方法、具备全面的教育学心理学知识，更需要博学广闻、有深厚的文化能力、充满对知识的渴求，并且追求创造创新。[6]由此可以看出，从培养专才到培养具备博雅知识和人文素养的创新型教育者成为后来俄罗斯师范教育变革的重要内容。

在师范教育小组会议上，与会教育研究者们还热烈讨论了教师个性发展问题、教师在新的变革中的作用问题、社会转型背景下的教师问题。[7]小组代表尼·尼康德罗夫总结了会议的八点师范教育改革构想：重视教师发展的连续性；师范教育机构生活方式的民主化；采用个性化的教师培养方式；在人道主义师范教育的背景下，注重教师个性在社会道德、一般文化和专业发展方面的全面发展；在培养教师的过程中必须坚持通识教育和师范专业教育相结合的原则；注重师范教育的人道化，尊重未来教师的个性；根据现代社会的要求以及对未来社会的预测，始终保持教师培养内容、形式和方法的开放性、灵活性、可选择性以及动态性；在教师培养的内容、形式和方法上广泛引进和使用现代信息技术。[8]

综上，无论是体现人道主义教育思想的合作教育学思潮的兴起，还是全苏教育工作者大会关于师范教育"人道化、民主化、个性化"变革的讨论，

5　Пионова Р.С. Педагогическое образование: стратегия на будущее [J]. Советская педагогика, 1991（8）:71.

6　Ягодин Г. А. Через гуманизацию и демократизацию к новому качеству образования. Доклад председателя Государственного комитета СССР по народному образованию Г. Ягодина Всесоюзному съезду работников народного образования [J]. Учительская газета, 1988: 1-4.

7　Ягодин Г. А. Через гуманизацию и демократизацию к новому качеству образования. Доклад председателя Государственного комитета СССР по народному образованию Г. Ягодина Всесоюзному съезду работников народного образования [J]. Учительская газета, 1988: 1-4.

8　Фотеева А. Учитель и время: Обзор материалов заседания секции «Педагогическое образование» Всесоюзного съезда работников народного образования [J]. Советская педагогика, 1989（5）:50-59.

都是以雅格金、第聂伯罗夫为代表的教育变革者的重要"造势"行动，打破了苏联封闭教育模式的平衡状态，为后来的俄罗斯师范教育变革创造了重要驱动力。

第二节　变革：高等师范教育制度革新中"胜任力导向"的凸显

　　独立后的俄罗斯在政治、经济、社会等各领域迅速转轨，包括师范教育在内的教育变革应势而起，80 年代末的教育改革构想迅速落地进入实施阶段。这一实施过程包括 20 世纪 90 年代的启动阶段和 21 世纪头十年的深化改革阶段。20 世纪 90 年代，俄罗斯初步实现高等师范教育的大学化、标准化，21 世纪头十年伴随着俄罗斯加入博洛尼亚进程，高等师范教育人才培养模式中的"胜任力导向"逐步凸显。

一、启动：高等师范教育初步大学化、标准化

　　自 20 世纪 90 年代起，为满足市场经济对于多样化人才的需求，俄罗斯高等师范教育逐渐适应世界高等教育人文化、综合化的趋势，逐步走向大学化，从传统的单一结构向多级结构转变。不仅如此，俄罗斯在破除苏联式"一纲一本"的统一培养内容的同时开始制定《高等师范教育国家教学标准》，以此在教育市场化的背景下维持全俄统一教育空间并保证人才培养的质量。

（一）多级高等师范教育结构的构建

1. 关于引入多级高等教育结构的讨论

　　早在俄罗斯独立前的 80 年代末，苏联变革者们就开始反思苏联高等职业教育专才培养模式与市场经济体制不相适应的问题，无法满足市场经济体制对于多样化人才的需求，开始讨论改革高等职业教育结构。在 1988 年 3 月成立由雅格金担任主席的苏联国民教育委员会的大会上，莫斯科国立大学、新西伯利亚国立大学、俄罗斯人民友谊大学、莫斯科化学技术学院的代表提出了改革高等教育人才培养结构的建议。在同年 12 月举办的全苏教育工作者代表大会上同样讨论了重组高等教育系统的问题。

　　在 1990 年俄罗斯苏维埃联邦社会主义共和国（РСФСР）宣布独立的同年十月，俄罗斯最高苏维埃主席团在《关于管理俄罗斯教育和人才培养机构

活动的临时规定》的决议中指出，在向市场经济过渡的背景下，俄罗斯亟需改革现有的教育法规，以此保障教育系统应对新的社会需求。[9]这一决议在次年 2 月由俄罗斯部长委员会通过并实施，其中指出在俄罗斯实行多级高等教育结构的暂行条例已由俄罗斯科学和高等学校国家委员会批准通过，多级结构的培养方向由各大学学术委员会自行决定，并在国家人民教育委员会申请注册。[10]同年 5 月，俄罗斯科学和高等学校国家委员会讨论多级教育结构的实施，允许罗斯托夫大学、莫斯科精细化工技术学院、萨马拉建筑与土木工程学院、托木斯克理工学院四所大学向多级高等教育结构过渡，同时应教育部的命令，俄罗斯国立赫尔岑师范大学（前列宁格勒赫尔岑国立高等师范学院，1991 年 1 月更名并升格为大学）和卡卢加国立师范学院开始向多级高等教育结构过渡。这是多级高等教育结构在俄罗斯的首次尝试，也是多级高等师范教育结构的首次出现。

这一时期的多级高等教育结构尚处于讨论和试验阶段，这一概念还只是存在于各级教育管理部门会议和教育改革者们的讨论中，但非常鲜明地反映了高等师范教育的人文化、综合化发展趋向。

2. 俄罗斯多级高等师范教育结构的推行

苏联解体后，随着计划经济体制向市场经济体制的快速转轨，被卷入市场化洪流中的高等教育更加需要自主自觉地考虑到市场对于人才的不断变化的需求，而苏联式单一层次的高等教育制度已无法适应多元化市场对于多样化多层次人才的需求。同时，在教育的人道化要求下，俄罗斯开始关注公民自由选择教育层次和教育内容的权利的保障问题。在此背景下，俄罗斯开始综合考虑国内外高等教育制度的构建经验和联合国教科文组织颁布的教育分类的国际标准，于 1992 年由俄罗斯联邦科学、高等学校和技术政策部颁布《关于俄罗斯联邦实行多级高等教育结构的决议》[11]，正式引入多层级高等教

9 О временных положениях, регламентирующих деятельность учреждений （организаций）системы образования и подготовки кадров в РСФСР.- Постановление Президиума Верховного Совета РСФСР [EB/OL]. http:www.libussr. ru/.2020-12-05.

10 Временное положение о государственном высшем учебном заведении в РСФСР.- Постановление Совета Министров РСФСР от 23 февраля 1991 г.[EB/OL]. http://russia.bestpravo.ru/ussr/data01/tex10418.htm . 2020-12-05.

11 Министерство науки, высшей школы и технической политики РФ. Постановление от 13 марта 1992г. No.13 «О введении многоуровневой структуры высшего

育结构。

在政策推动下，众多师范学院纷纷向师范大学转型，改行多级高等教育结构。根据决议的规定，只要通过大学学术委员会的倡议并且学校的教职员工、教学法和物质技术基础准备就绪就可以向上级教育管理部门申请向本科培养方案过渡。经过俄罗斯联邦科学、高等学校和技术政策部批准的高等教育机构则可以实施硕士培养方案。在决议颁布的当年，全俄就有 15 所师范学院改行多级高等教育结构，并正式更名为师范大学。[12]到 1997 年，两级高等教育结构已逐步推广至全俄大多数高等师范教育机构，全俄已有近 60 所实行多级高等教育结构的师范大学，占高等师范院校总数的 60%左右。[13]除实力较强的师范学院自身升格为师范大学外，还有部分师范学院联合本地区其他院校成立综合性大学，以此实现高等师范教育的大学化。

高等教育的多极结构并不仅仅在管理层级上具有连接性，更为重要的是确保在高等教育的不同阶段教学大纲的衔接性，以此真正充分考虑到学生的个性特征，并为每个学生提供个性化的、公平的学习机会和更加自由、多样的选择。具体而言，俄罗斯的多级高等教育结构分三个层级：

第一层级为基础高等教育（第一层次）阶段，又称不完全高等教育阶段，学制为两年，招收中等职业教育毕业生，主要按照本科培养方案和职业培养方案进行培养。在两年学制内完成本科培养方案的学生可获不完全高等教育文凭，同时完成本科培养方案和职业培训方案的学生在获得不完全高等教育文凭的同时，还可获得相应职业类别的资质证书。

第二层级为学制四年的基础高等教育（第二层次）。该层级为高等教育的基础阶段，涵盖科学、技术、人文所有领域的教育—职业大纲，强调提高大学生在人文、社会和自然科学领域的基础知识和一般文化修养。该层级的毕业生具备可继续接受第三层级教育—职业培养方案的能力，或者独立掌握工作所需的专业知识和技能，并且可获得带有培养方向的本科学历学位文凭。

образования в Российской Федерации» [EB/OL]. https://ru.wikisource.org/wiki/Постановление_Миннауки_РФ_от_13_марта_1992_года_№_13_«О_введении_многоуровневой_структуры_высшего_образования_в_Российской_Федерации». 2021-01-14.

12 Коваль С.А. Становление и развитие двухуровневых образовательных программ в Российской высшей школе [EB/OL]. http://www.emissia.org/offline/2011/1708.htm. 2020-12-07.

13 肖甦，王义高：《俄罗斯教育 10 年变迁》[M]，北京师范大学出版社，2003 年。

　　第三层级为完全高等教育阶段，根据修读的教育—职业培养方案的不同分为专家和硕士两种类型。前者招收普通中学毕业生，是在普通中等教育的基础上，基于专家培养方案将教育课程和职业课程融合至统一的专业培养方案中，学制一般为 5-6 年，毕业生获得带有相应专业资质的高等教育毕业证。后者招收本科毕业生，是对基础高等教育阶段的毕业生进一步培养和分流。本科毕业生可选择科学硕士培养方案或者专家培养方案。科学硕士培养方案的毕业生未来的工作一般带有科研性质，学制为 2-3 年，毕业生将获得高等教育文凭和相应专业的科学硕士学位。专家培养方案的毕业生则获得相应的专业资质，根据资质的不同修业年限 1 至 3 年不等。

　　根据以上，本研究绘制出这一时期的俄罗斯多级高等教育结构图，如图 4 所示。

图 4　俄罗斯多层级高等教育结构图

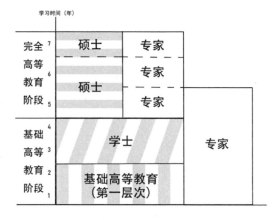

　　俄罗斯联邦高等教育多级结构的引入大大丰富了高等教育的培养层次和培养内容，从而满足了个人和社会对于文化和教育的多样化需求。与此同时，多级高等教育结构能够提高在普通文化、科研和职业培训的不同层面培养不同类型和层次人才的灵活度，从而充分满足人才市场不断变化的需求。俄罗斯的师范学院改行多级高等教育结构并出现大学化现象，正说明了俄罗斯的高等师范教育开始顺应世界趋势向人文化、综合化方向发展转变。高等师范教育不再仅仅是进行职业培养，而是更加强调培养具有深厚人文能力的教育者。

（二）高等师范教育内容走向国家标准化

　　俄罗斯高等师范教育内容的国家标准化是社会变革背景下高等师范教育

改革的产物。20 世纪 90 年代初，处于向市场经济体制转轨中的俄罗斯面临着教育的市场化，在取消全国"一纲一本"的同时，为维护统一的教育空间并保证人才培养质量，再加上多级高等师范教育结构的引入需要相应地完善不同层次的教学大纲，俄罗斯在 1992 年《联邦教育法》中正式提出国家教育标准（ГОС-Государственный образовательный стандарт）这一概念，并开始制定与实施《高等职业教育国家教学标准》，以此规范基本教学大纲（ООП-Основная образовательная программа）的制定。

1. 第一代高等师范教育国家教学标准（ГОС ВПО1993-1999гг.）

俄罗斯于 1994 年颁布了"教育学"方向（педагогика）（专业代码为540500）学士层次的第一代国家教学标准，对该方向在基础高等教育阶段（学士层次）的毕业生的一般特征进行了规定，并对该方向的教育—职业大纲的最低内容进行了要求。

一方面，与传统的"只见教学不见人"的统一教学大纲不同，第一代《高等职业教育国家教学标准》已初步明晰"教育学"方向的毕业生能够胜任的工作领域。这一工作领域不再仅限于教育机构中的教育教学领域，还拓展到文化启蒙领域、社会教育及矫正和咨询领域、教育心理学研究领域、教育管理领域。同时，第一代国家教学标准还规定了"教育学"方向的毕业生能够完成的五大任务：第一，能在人文领域开展社会适应性活动例如文化启蒙、社会人文交流、根据学习方向进行培养培训，以个性化和差别化的方式使用自身的专业知识和技能对个体施加影响；第二，善于进行自我教育并为他人的发展提供条件；第三，能够胜任教育人类学领域的活动，能够成为使个体了解文化的主要专家；第四，能够将知识转换为实用知识体系并传授给他人；第五，对教育这一人文领域的重要部分具备整体认知，理解教育在文化相传中的桥梁作用。

另一方面，与苏联时期的全国统一教学大纲不同，第一代国家教学标准是对"教育学"方向的教育—职业大纲所应包括的最低内容进行了规定，以具体课程模块和所占学时的形式呈现。"教育学"方向学士层次的教学大纲应包括四大模块：

第一，合计 1800 学时的一般文化模块，下设 8 个子模块，分别是世界观和方法论模块（包括哲学、逻辑、人类学）、价值论模块（包括伦理学、美学、宗教学、文化、民族交流）、历史和文化模块（包括文明史、文化艺术史、科学史）、社会和经济模块（包括经济与商业、社会学、政治学、法学）、自然科学模块（包括现代自然科学的概念、数学、生态文化的基础）、交际模块（包括语言学、信息学）、身体模块（体育文化、价值学基础）以及社会文化实践课和选修课模块。

第二，合计1300学时的心理—教育学模块，下设4个子模块，分别是职业定向模块（包括教育学导论、心理学导论、教育信息学导论、个体自我发展的基础）、理论和方法论模块（包括教育学理论与体系、教育史、发展心理学、民族交流心理学和教育学）、活动模块（包括学科教学技术、教育学科建模基础）以及心理—教育学实践课和选修课模块。

第三，合计1500学时的一般学科模块，下设3个子模块，分别是基础模块（包括教育史、比较教育学、社会心理学、信息学）、综合模块（包括教育和儿童保护的法律支持、教育社会学和经济学、民族教育学、美术、劳动、音乐、戏剧、儿童文学）和选修模块。

第四，合计2600学时的专业学科模块，对"教育学"方向下设的六个专业所需要学习的专业学科模块内容进行了规定，包括学前教育专业、小学教育专业、中学教育专业、社会教育专业、矫正教育和特殊心理学专业以及体育文化专业。以中学教学专业为例，包括十大课程模块，分别是中等教育机构心理—教育教学体系、中等教育机构教育内容的理论基础、教学设计和信息建模、现代教养体系、家庭教育和家庭教养、教学的心理—教育学基础、差别化教育教学法（天才儿童教育学、矫正教育学）、青年文化、心理—教育学实践课、选修模块。

第一代国家教学标准突破了苏联时期全国"一纲一本"的桎梏，大大丰富了课程数量，且以课程模块的形式呈现利于各高校教研室自行设计教育—职业大纲。虽然对四大模块进行了总学时数的要求，但并未对子模块以及具体课程的学时数作出限制，给予了各高校教研室一定的自主权。与此同时，为充分保证人才培养质量，第一代国家教学标准对通过每一课程模块的学习后学生应掌握的知识、技能和经验进行了详细规定。

2. 第二代高等师范教育国家教学标准（ГОС ВПО 2000г.）

与第一代国家教育标准不同的是，新千年颁布的第二代《高等师范教育国家教学标准》不再设置课程模块，而是改行课程系列（цикл），共包括五个系列分别是：一般人文和社会—经济课程系列、普通数学和自然科学课程系列、相关培养方向的一般职业课程系列、具体专业课程系列和选修课程。在对基本教学大纲所应包含的最低内容方面采取三级构建制度，即由联邦、地方（大学）、学生三个层级按一定比例规定教育内容，从而进一步将自治权下放至地方和学校层面，以此激发地方和学校的办学创造性和学生学习的积极性。

一般而言，在每一系列课程中，联邦课程占 60%以上，并且第二代国家教学标准会对联邦课程所包含的科目及相应学时进行具体规定，对地区（大学）课程和学生选修课程则仅规定学时数，科目由高校自定。具体而言，一般人文和社会—经济课程系列共计 1500 学时，其中联邦课程合计 1050 学时，包括外语、体育文化、历史、文化学、法学、俄语语言文化、社会学、哲学、经济学九大科目，地区（大学）课程合计 214 学时，学生选修课程合计 214 学时；普通数学和自然科学科学课程系列共计 400 学时，其中联邦课程合计 320 学时，包括数学和信息学、现代自然知识概念两大科目，地区（大学）课程合计 80 学时；相关培养方向的一般职业课程系列共计 3394 学时，其中联邦课程合计 2036 学时，包括人类心理学、发展心理学、社会心理学、教育心理学、教育活动导论、教育学理论、实践教育学、教育史和教育思想、比较教育学、民族教育学和民族心理学、矫正教育学和特殊心理学基础、社会教育学、家庭心理学和家庭教育学、人体解剖学和生理学、生命安全与健康以及心理—教育学实践课，地区（大学）课程合计 679 学时，学生选修课程合计 679 学时；具体专业课程系列共计 1600 学时，并且全部是联邦课程，具体科目及相应学时由国家统一规定。

第二代国家教学标准在第一代标准的基础上进一步放开了高等师范院校在制定基本教育大纲方面的自主权，非联邦课程在一般人文和社会—经济课程系列中的比例是 30%，在普通数学和自然科学科学课程系列中的比例是 20%，在一般职业课程系列中的比例达到 40%。

随着多级高等师范教育结构的确立以及高等师范教育内容的走向国家标准化，俄罗斯高等师范教育人才培养逐渐走向多样化、个性化，在培养规格方面不再仅有专家培养，还增加了学士和硕士层次，毕业生的就业渠道也更加宽广，在基本教学大纲设计方面增加了校本课程和选修课程的比重，更加考虑到地区、学校和学生的现实情况。此外，还更加强调师范生综合素养的培养，课程数量大大增加，种类也更加丰富，涉及到人文学科、社会科学、自然科学等多个领域。这一时期虽然仍然以学生所要学习的"知识"为主导，也没有明确提出"胜任力"这一概念，但已经明确强调通过课程模块或者课程系列的学习，学生应该掌握的知识、技能和经验，初步体现了"胜任力导向"的理念，为下一阶段的真正走向"胜任力导向"化奠定了重要根基。

二、深入：21 世纪博洛尼亚进程下高等师范教育的"胜任力导向"化

俄罗斯自独立以来就开始改革本国高等教育体制，力求与国际接轨推动本国高等教育的国际化进程，而 1999 年 29 个欧洲国家于意大利签署的"博洛尼亚进程"这一欧洲高等教育改革计划给予了俄罗斯与欧洲高等教育接轨的有利环境支持，俄罗斯政府作为变革者则抓住这一变革时机进一步推动高等师范教育改革的深化。"博洛尼亚进程"是经济全球化进程下各国教育相互融合发展的重要表现，也为俄罗斯借融入欧洲统一高等教育空间提升本国高等教育的国际竞争力提供了契机。随着世纪初俄罗斯加入旨在建设欧洲统一教育体系的博洛尼亚进程，俄罗斯的高等师范教育改革开始面向欧洲标准进行改革，在高等师范教育结构方面确立学士—硕士两级结构，在高等师范教育内容方面开发"胜任力导向"下的第 3 代、3+代联邦国家教学标准，并基于欧洲"调优"项目为大学制定"胜任力导向"的基本教学大纲提供方法指导。

（一）学士—硕士两级高等师范教育结构的确立

在 21 世纪初颁布的《2010 年前俄罗斯教育现代化纲要》中，俄罗斯明确提出要将本国教育融入世界教育空间中的重要任务，并且指出应当建立一个最佳的高等教育体系，以此满足国内外劳动力市场对于不同层次人才的需求。[14]2003 年 9 月，俄罗斯正式加入博洛尼亚进程，这一重要事件不仅加强了俄罗斯和欧洲国家大学间的教育合作，而且进一步深化了俄罗斯教育改革的进程。

博洛尼亚进程旨在建立一个统一的欧洲高等教育空间，促进欧洲国家间的文凭互认，提高学术流动性，以此增强欧洲国家的高等教育在世界范围内的竞争力。其首要任务便是使项目参与国采用学士—硕士两级高等教育结构，以此为国家间文凭互认奠定基础。在博洛尼亚进程的推动下，包括高等师范教育在内的俄罗斯高等教育结构开始从多级结构向学士—硕士两级结构转

变。2007 年 5 月，俄罗斯国家杜马通过《关于引入两级高等教育结构的法律草案》，从法律层面上正式确定实施学士—硕士两级高等教育结构。由此，俄罗斯的多级高等师范教育结构逐渐向两级高等师范教育结构转变。第一级为 4 年制本科阶段，毕业后获得学士学位；第二级为 2 年制硕士阶段或 1 年制专家文凭教育阶段。培养模式包括 4+2 模式与 4+1 模式两种类型：4+2 模式培养师范专业硕士，教育领域的科研人才；4+1 模式培养高等师范职业专门人才。与此同时，俄罗斯联邦政府基于俄罗斯校长联合会等学术界的建议，部分专业仍然保留传统的专家培养。本研究绘制出俄罗斯两级高等师范教育结构图，如图 5 所示。

图 5　俄罗斯两级高等师范教育结构图

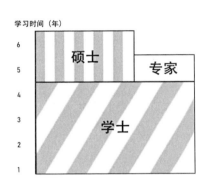

高等师范教育从多级结构向两级结构的转变实质上是逐步弱化直至取消苏联的专家人才培养项目。与五年制的专家培养项目相比，学士和硕士培养项目更加灵活，能根据市场的需求轻松调整人才培养的层次。同时，学士和硕士培养项目可根据科学研究的结果迅速调整更新培养内容。[15]不仅如此，两级培养结构也给予大学更多的空间实施非线性培养路径，可以选择更加现代化的培养途径，诸如研究型教学、项目教学、设计研究型教学、做中学等等。

在俄罗斯的教育改革历程中，两级高等师范教育结构的确立扭转了苏联封闭教育体制所带来的弊端。从国际层面看，学士—硕士两级结构是俄罗斯融入欧洲统一高等教育空间的基本门槛，是与欧洲国家间实现文凭互认的重要前提。从国家层面来看，学士—硕士两级结构可充分根据科学发展水平、

---

15 Верещагина Н.О., Гладкая И.В., Глубокова Е.Н., Писарева С.А., Соломин В.П., Тряпицына А.П. Развитие компетентности будущего педагога в образовательном процессе современного вуза: практикоориентированная монография[M]. СПб.: Издательство РГПУ им. А.И. Герцена, 2015.

社会生产力、教育进程、经济发展、社会发达程度以及个人生活水平的客观需要，来调整针对不同教育水平的教师的培养及职后培训，进一步说，这一体制保证了高水平教师的竞争力，满足了劳动力市场对于师资的需求。从个人层面来看，学生拥有了更多的学业选择，可根据个人特质选择最适宜的发展路线，可灵活机动地选择成长方向。从高等教育机构自身层面来看，学士—硕士两级结构使教育机构从职业培养的单一职能的束缚中解放出来，真正恢复大学的人文精神，从更宽广的人文素养的层面去培养未来的教师。

（二）胜任力导向下第 3 代《高等师范教育联邦国家教学标准》的颁布

在博洛尼亚进程的推动下，俄罗斯联邦自 2009 年开始便立法批准向第 3 代《高等职业教育国家教学标准》过渡，以此适应国内外劳动力市场的进一步需求。在创建第 3 代国家教学标准时，俄罗斯联邦政府通过立法确定了联邦国家教学标准这一概念，即在全国统一实行这一联邦层面的国家教学标准。2010 年，第 3 代《高等职业教育联邦国家教学标准》（ФГОС ВПО）（以下简称第 3 代标准）正式出台，将以前过于窄化的专业设置更改为学士和硕士层次的培养方向，设置"教育和教育学"方向（образование и педагогика, 050000）并下设"师范教育"子方向（педагогическое образование, 050100）。

基于先前建立国家教学标准的积极经验，第 3 代标准进一步完善，并呈现出与之前两代标准具有质的区别的三大显著特征：其一，不再对基本教学大纲的培养内容进行具体规定，而是对以"胜任力"（компетенция）为表征的培养结果进行要求，即通过基本教学大纲的学习毕业生应该具备的胜任力；其二，建立起一种新的形式来计算工作量，以学分制（类似 ECTS 欧洲学分互认体系）取代学时制；其三，第 3 代标准的结构发生了变化，共包括职业活动特征、对掌握基本教学大纲结果的一般要求、制定基本教学大纲的一般要求、实施基本教学大纲的一般条件要求、掌握基本教学大纲的质量评估五大部分以及单独的基本教学大纲，第二代国家教育标准中的学科和教学模块完整列表则移至基本教学大纲中呈现。

第 3 代标准的出台标志着俄罗斯高等师范教育人才培养模式正式走向"胜任力导向"化，标准规定"师范教育"方向毕业生需掌握一般文化胜任力（ОК-общекультурные компетенции）和专业胜任力（ПК-профессиональные компетенции），其中专业胜任力包括一般职业胜任力（ОПКобщепрофессиональные компетенции）和针对各活动领域的专业胜任力（ПК-профессиональные компетенции））。以"师范教育"方向学士层次为例，具体可见表10。

表10　"师范教育"方向学士层次（050100）胜任力结构表

胜任力类型		
一般文化胜任力	OK-1 具备思维文化，能够概括、理解、分析信息，确定目标并选择实现目标的方式； OK-2 能够分析世界观、社会和个人层面的重要哲学问题； OK-3 能够理解文化作为人类生存形式的意义，并基于包容、对话和合作的原则进行自身活动；……OK-16 能够使用公开演讲、讨论和辩论的技巧经验。	
专业胜任力	一般职业胜任力	OПK-1 意识到自己未来职业的社会价值，具备完成执业活动的动机； ……OПK-6 能够准备和编辑具有职业和社会意义内容的文本。
	教育活动领域	ПК-1 能够在不同教育机构实施必修和选修教学大纲； ……ПК-7 准备好在教育教学过程和课外活动中保护学生的生命安全和健康。
	文化启蒙活动领域	ПК-8 能够开发和实施针对各种人群的文化和教育计划，包括使用现代信息通信技术；……ПК-11 能够识别和利用区域文化教育环境的可能性来组织文化和教育活动。

数据来源：根据第3代标准"师范教育"方向学士层次（050100）的胜任力要求制成

　　同时，第3代标准规定由各大学自行设计基本教学大纲，但对大纲的内容和结构作出了明确要求。在对基本教学大纲的内容要求方面，第3代标准规定了六类教学课程系列（учебные циклы），分别是人文社会和经济系列、数学和自然科学系列、专业系列、体育文化系列、教学和生产实践系列以及国家综合鉴定系列，每一系列包括必修部分和选修部分。必修部分由国家规定所要掌握的内容、具体课程、相应学分以及所对应的胜任力，涵盖全部240个学分，其中专业系列所占学分最多为 163-175 学分；选修部分则由大学自行设计，主要是知识、技能和经验方面胜任力的深化或扩展。在基本教学大纲的结构方面，第3代标准规定必须包括教学计划、课程工作计划、科目、课程（模块）以及其他保证人才培养质量的材料、教学和生产实践大纲、教学计划表和教学法材料等。各大学必须根据社会科学技术文化经济等领域的发展情况每年更新基本教学大纲。在教学大纲中应明确每一课程（模块）所对应的以"胜任力"为表征的学习结果，每一门课程应设计不少于 2 学分。

此外，第 3 代标准还特别强调要在教学过程中体现"胜任力导向"，应该广泛采用课堂教学与课外工作相结合的主动和互动形式，以形成和发展学生的专业胜任力。互动形式需要根据学生集体的特点和具体课程内容来决定，一般而言应不少于 20%，其中讲座类型不多于 40%。应当增加国内外学术交流的比重，例如同俄罗斯和国外教育机构代表、国家和社会科研机构代表和专家学者进行会面交流，应当加强学生进行课外独立工作的比重。

与前两代标准相比，第 3 代标准具有质的改变，不仅明确提出对以"胜任力"为表征的培养结果进行要求，并特别强调在教学过程中的"胜任力导向"，还给予大学自行设计基本教学大纲的权利，大学的自主权显著提升。但是，由于这是俄罗斯第一次真正放开大学制定基本教学大纲的权限，因此在内容和结构方面的规定十分详细和具体，并对必修部分的教学内容进行了详细规定，大学的权限较多仍体现在教学过程的设计和组织中。

（三）基于"调优"项目的高等师范教育基本教学大纲的设计

第 3 代标准颁布的同年，俄罗斯的高等师范教育正式开启了"调优"进程，为各大学制定"胜任力导向"的基本教学大纲提供方法支持。

1. 欧洲"调优"项目

于 2000 年正式启动的欧洲"调优"项目，即"欧洲教育结构调整"项目（TUNING educational structures in Europe），是博洛尼亚进程的子项目之一，是（重新）设计、开发、实施、评估和增强第一、第二和第三阶段学位课程质量的方法和过程，[16]其主要目的是确保欧洲统一高等教育空间中在学士—硕士两级高等教育结构之下各国高等教育内容具有可比性、兼容性和透明度。

"调优"项目实施的重点在于对学科领域（即学习的内容）或教学结构与内容的调整与优化，着重促进有关成员国在课程结构、学科领域或教育项目（类似于国内的专业课程）和课堂教学等方面具有可比性。[17]欧洲"调优"项目所开发的学科领域或教育项目的模型包括三个方面：以"胜任力"为表征的学习结果为核心的学科资格框架、ECTS 欧洲学分互认体系以及教学与评价体系。

---

16 Turning Russia[EB/OL]. http://tuningrussia.org. 2021-01-16.

17 黄福涛：《从洪堡精神到调优项目：欧盟主要国家的学士学位课程改革》[J]，清华大学教育研究，2020 年，41（05），第 1-10 页。

　　学科资格框架是学生为了获得特定层次的学位必须证明的学习结果和胜任力的阐述。[18]也就是说，学生在学习过程中所获得的学习结果是根据"胜任力"水平来定义的。在"调优"项目中，"胜任力"被视作认知和元认知技能、知识和理解、人际交往、智力和实践技能、伦理道德的动态结合，其将"胜任力"区分为特定学科胜任力和通用胜任力，前者是获得学历学位的关键，并且与该学科的特定知识相关，后者是所有学科均需掌握的胜任力。

　　"调优"项目采用了 ECTS 欧洲学分互认体系，以此对基于既定"胜任力"表征下的学习结果的学习量进行衡量。ECTS 欧洲学分互认体系对不同学位层次的学生的学习负荷量以学分的形式进行规定，一般而言，一学年需修满 60ECTS 学分，相当于 1500-1800 学时，也就是说 1ECTS 学分大约相当于 25-30 学时，四年制学士培养项目共 240ECTS 学分，两年制硕士培养项目共 120ECTS 学分。ECTS 体系是促进欧洲各高校监督学习成果、改进教学质量最有效的形式，由于这一系统详细描述了以小时为单位的工作量，因此各高校可基于一定的时间范围，规划实现预期培养结果的最有效方法。同时，这种基于对学习量的共同理解使得欧洲不同国家间学历学位互认、人才流动成为可能。

　　"调优"项目的最终落脚点是开发围绕"胜任力"表征下的培养结果的教学与评价体系。各学科的教学与评价都围绕特定学科胜任力和通用胜任力展开设计，不同学科的教学与评价方法也各异。在"调优"项目中，通常的教学形式有讲授课、研讨课、实验课、大师班、田野考查、实习等，一般的评价方法有测验、考试、总结、课程论文等。一般而言，"调优"项目注重形成性评价，主要是形式是"反馈"，也就是教师会在学生学习过程中给予评价，并帮助其解决学习过程中的问题。除形成性评价外，任何培养项目都需进行最终评价，以此反映学生在培养项目的特定部分中所做工作的最终结果。需要指出的是，无论是教学还是评价，其目的都是发展学生所应掌握的专业胜任力和通用胜任力。

　　经过不断开发与调整，"调优"项目已经形成针对不同学科领域学士—硕士—博士层次的以"胜任力"为表征的培养结果要求，并制定出《学科调整参考手册》以供项目参与国开展"调优"项目作为参考。

---

18 李佳：《"欧洲教育结构调整"中的教师教育研究》[D]，厦门大学，2014 年。

2. 俄罗斯"调优"项目的开端

俄罗斯高等教育的"调优"进程始于 2005 年。作为俄罗斯"调优"项目首倡者的高等经济大学联合其他大学，在俄罗斯联邦教科部的支持下正式启动了"俄罗斯大学教育内容调整"项目（Настройка образовательных программ в российских вузах，Tuning Educational Programmes in Russian HEIs -TUNING-Russia）。次年，俄罗斯"调优"项目获得欧盟 TEMPUS 计划的支持，由来自欧洲和俄罗斯的共八所大学及机构组成了项目开发联合会，分别是：俄罗斯人民友谊大学（莫斯科）、托木斯克国立大学（托木斯克）、高等经济学校（莫斯科、下诺夫哥罗德、彼尔姆、圣彼得堡）、人才培养国家基金会（莫斯科）、格罗宁根大学（荷兰）、德乌斯托大学（德国）、伦敦城市大学（英国）以及利莫瑞克大学（爱尔兰）。

俄罗斯"调优"项目的主要目的是在俄罗斯高等教育中推广"胜任力导向"这一方法，从而促进俄罗斯高等教育机构与欧洲高等教育机构进一步的交流与合作。这一项目首先在"数学"方向和"欧洲研究"方向展开，开始基于"胜任力导向"方法在这两大方向制定新的教学大纲和教学计划。

3. 俄罗斯高等师范教育的"调优"进程

从属于教育学科的高等师范教育的"调优"进程始于 2010 年。在欧盟 TEMPUS 计划的支持下，2010 年由俄罗斯古典大学联合会（Ассоциация классических университетов России）发起的《在俄罗斯大学建立"调优"中心网》项目（проект «Создание сети центров Tuning в Российских университетах» （TUNING RUSSIA））得到了大力支持，由西班牙德乌斯托大学作为协调员辅助项目实施。新阶段的俄罗斯"调优"项目有两大主要任务：其一，在俄罗斯 9 大学科领域：经济与管理学、法学、生态学、教育学、技术科学、信息交流技术、语言学、旅游和社会工作实施"调优"方法；其二，通过"调优"中心在一系列俄罗斯大学引入和发展"调优"方法。

俄罗斯对以上 9 个学科领域的"调优"进程于 2010 年至 2013 年完成，主要任务是分析这 9 大学科领域相关的胜任力。2010 年是项目的第一阶段，召开俄罗斯"调优"大会，主要是对各学科领域的特定学科胜任力和通用胜任力进行确认并进行评估，主要内容包括：对特定学科胜任力和通用胜任力一般概念性的解释，对特定学科胜任力和通用胜任力的具体定义，在特定学科领域发展特定学科胜任力的工具和方法，对于通用胜任力的确定则需综合考虑俄罗斯高等教育的整体特点。在这次大会上形成了以下文件：俄罗斯联邦通用胜任力清单；9 大学科的通用胜任力清单；所选知识领域的特定学科胜任力清单；项目参与者之间磋商的进程和时间表；培训活动时间表；参与者之间的内部伙伴关系协议；传播战略、质量支持和监督战略、管理结构和有关实际项目问题的指导。

在这一阶段，教育学科小组对教育学科的国家教学标准以及教育领域的主要职位说明（教师，心理学教师、特殊教育教师、社会教师、班主任）进行分析，得出 44 项专业学科胜任力，进而根据教育活动类型（诊断、分析、纠正、组织、交流、教育等）对以上胜任力进行分类、合并，最后得出 15 个专业学科胜任力。具体见表 11。

表 11 俄罗斯教育学科"调优"第一阶段专业学科胜任力表

1.	诊断和评估个人发展水平、成就和教育需求的胜任力；
2.	根据自己的专业活动结果进行反思的自我发展胜任力；
3.	能理解该职业的崇高社会意义并遵守职业道德；
4.	具有设计和实施教育过程的素养，同时兼顾现代社会文化状况和人格发展水平；
5.	在教育过程中组织参与主体联合活动和人际活动的胜任力；
6.	具有创造和维持心理安全的教育环境的胜任力；
7.	为教育过程的主体的自我发展和自我实现创造心理和教学条件的胜任力；
8.	在开放的教育环境中进行专业活动的胜任力；
9.	在教育过程中对教育主体开展心理—教育辅导和咨询的胜任力；
10.	能够在专业活动中应用主要的国际和国内法规文件；
11.	具有创造条件的胜任力，使教育过程的主体对社会环境和自身具有积极的态度；
12.	能够在专业活动中使用教育理论和方法基础；
13.	具有设计和开展专业领域研究活动的胜任力；
14.	在专业活动中使用信息和通信技术的胜任力；
15.	具有在各种教育环境下进行口头交流的胜任力；

资料来源：Иван Дюкарев и др.. На пути к сопоставимости программ высшего
образования [M]. Бильбао: Университет Деусто, 2013: 115.

项目的第二阶段于 2011 年 10 月开启，在召开的"调优"大会上提出并讨论各学科小组磋商的结果，目的是完善俄罗斯"调优"机制并批准采用程序。在正式"调优"之前需要进行磋商和比较分析。由各专业知识领域的代表性大学进行磋商，讨论并批准第一阶段形成的胜任力清单。各大学需要对毕业生、教师和雇主进行问卷调查以评估在第一阶段形成的胜任力清单，同时将评估结果与欧洲及其他国家的"调优"项目数据进行对比。在这一阶段，教育学科小组构建了包括通用胜任力（GC-generic competences）和专业学科胜任力（SSC-Subject specific competences）的元胜任力清单，具体见表 12。

表 12　俄罗斯教育学科"调优"第二阶段"元胜任力"清单表

通用胜任力（Общие компетенции）
GC 1 团队合作胜任力 GC 2 创造新想法的胜任力（创造力）GC 3 确定、形成和解决问题的胜任力 GC 4 在实践中运用知识的胜任力 GC 5 自我教育胜任力 GC 6 能够以母语和外语进行口头和书面交流 GC 7 独立工作的胜任力 GC 8 行事符合道德准则 GC 9 能够查找、处理、分析和使用来自不同来源的信息 GC 10 理解学科领域和专业的知识 GC 11 解决冲突和谈判的胜任力 GC 12 对质量的承诺
专业学科胜任力（Предметные компетенции）
SSC 1 诊断和评估个人发展水平、成就和教育需求的胜任力 SSC 2 根据自己的专业活动结果进行反思的自我发展胜任力 SSC 3 具有设计和实施教育过程的胜任力，同时兼顾现代社会文化状况和人格发展水平 SSC 4 在教育过程中组织参与主体联合活动和人际活动的胜任力 SSC 5 具有创造和维持心理安全的教育环境的胜任力 SSC 6 具有创造条件的胜任力，使教育过程的主体对社会环境和自身具有积极的态度 SSC 7 能够在专业活动中使用教育理论和方法基础 SSC 8 使用信息和通信技术的胜任力

资料来源：Иван Дюкарев и др.. На пути к сопоставимости программ высшего образования[M]. Бильбао: Университет Деусто, 2013: 116-117.

　　在此基础上，教育学科"调优"小组成员根据联合国 21 世纪教育委员会报告《教育：财富蕴藏其中》提出的教育的四个支柱：学会认知、学会做事、学会共同生活、学会生存，对以上"元胜任力"进一步结构化，得出表 13。

表 13　教育学科"元胜任力"结构表

学会认知	学会做事	学会共同生活	学会生存
认知胜任力	方法（活动）胜任力	交际胜任力	个性胜任力
GC 2，GC 9，GC 10	GC 3，GC 4，GC 12，GC 13	GC1，GC6，GC 11	GC5，GC 7，GC 8
	SSC 1，SSC 3，SSC 4，SSC 7	SSC 5	SSC 2，SSC 6

资料来源：Иван Дюкарев и др.. На пути к сопоставимости программ высшего образования[M]. Бильбао: Университет Деусто, 2013: 118-119.

基于"元胜任力"结构表进而绘制出"教育学科"的元胜任力模型，如图 6 所示。其中 1 代表学会认知，2 代表学会做事，3 代表学会共同生活，4 代表学会生存，G 代表通用胜任力，S 代表专业学科胜任力。基于该模型得出教育学科的核心胜任力是 GC 8 行事符合道德准则，GC 4 在实践中运用知识的胜任力，SSC 3 具有设计和实施教育过程的胜任力，同时兼顾现代社会文化状况和人格发展水平，SSC 7 能够在专业活动中使用教育理论和方法基础。

图 6 教育学科的元胜任力模型

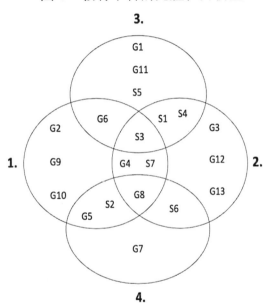

资料来源：Иван Дюкарев и др.. На пути к сопоставимости программ высшего образования[M]. Бильбао: Университет Деусто, 2013: 120

项目的第三阶段则主要解决四大任务：其一，为各学科小组制定项目文本，包括学科概况、职业说明、学科领域内就业机会预测及相应的胜任力；其二，研究学位配置，确定各学位相应培养结果所需的胜任力水平，并与胜任力清单进行比照；其三，总结培养项目所有的评价任务，分析需要评价的内容，并将结果与课程负责人进行分享；最后，准备工作量和"反馈"方案，以此反映学生是否充分具备胜任力，具体就是在大学教师中进行观察和问卷调查、在学科内部对两组学生进行问卷调查，并与学科小组的其他成员分享结果。

俄罗斯在教育学科的"调优"项目于 2013 年结束，最终形成了可以指导大学制定"胜任力导向"的基本教学大纲的"调优"手册，为高等师范教育侧重"胜任力导向"的人才培养模式在俄罗斯各大学的真正落实提供了重要支持。

（四）《高等师范教育联邦国家教学标准》的进一步完善

随着 2012 年新版《联邦教育法》的颁布，俄罗斯正式使用高等教育（Высшее образование）一词替代原先的高等职业教育，并开始根据新版《联邦教育法》的要求修订第 3 代标准并于 2015 年颁布第 3+代高等教育联邦国家教学标准（ФГОС ВО 3+）（以下简称第 3+代标准），第 3 代标准失效。

第 3+代标准对培养方向和专业进行了重新设置，并对学士层次和硕士层次进行了区分。设置"教育和教育科学"方向（образование и педагогические науки，440000）并下设学士层次"师范教育"方向（440301）、"师范教育"方向（双专业）（440305）和硕士层次"师范教育"方向（440401）。

与第 3 代标准相比，第 3+代标准在以下几个方面进行了更新。第一，对"师范教育"方向的毕业生的专业活动类型进行了扩充，学士层次增加了项目类型和研究类型，硕士层次则增加了科研类型、项目类型、教学法类型和管理类型，同时对每一类型的具体工作进行了详细论述。第二，在胜任力结构方面，将一般职业胜任力从专业胜任力中区分出来，也就是包括一般文化胜任力、一般职业胜任力和专业胜任力三类，同时对每一类胜任力下属的子胜任力进行了重新规定。第三，在教学基本大纲的内容和结构方面，将六类教学课程系列更改为三大板块（блок），分别是"课程（模块）"板块、"实践"板块和"国家综合鉴定"板块，其中"课程（模块）"板块包括基础部分和由大学自行设计部分，其中大学设计部分约占 73%，"实践"板块由大学自行设计，"国家综合鉴定"板块为基础部分。基础部分是所有专业方向的学生必须掌握的内容，课程（模块）的基础部分包括哲学、历史、外语和生命安全，其内容和学习量由大学自行设计。同时，第 3+代标准将学士进一步区分为应用型学士和学术型学士，对其所修不同板块的学分进行了相应规定，应用型学士所修实践板块的学分比学术型学士多。最后，第 3+代标准不再对基本教学大纲的内容进行详细规定，而是出台基本教学大纲范例（ПООП）供大学参考。

在博洛尼亚进程的推动下，俄罗斯基本建立起学士—硕士两级高等师范教育结构，并开发了"胜任力导向"下的第 3 代、第 3+代高等教育联邦国家教学标准（师范教育方向）。俄罗斯高等师范教育人才培养基本实现了"胜任力导向"化，即联邦国家对毕业生需要达到的胜任力进行具体规定，人才培养模式的其他环节均围绕着胜任力的习得进行展开。高等师范教育人才培养进一步走向多样化、个性化与通才化。学士—硕士培养基本取代专家培养，毕业生的工作类型进一步增多；基本教学大纲的灵活性和开放度进一步扩大，大学可自行设计基本教学大纲；学生可选择课程类型和种类也不断扩大。目前俄罗斯各大学正广泛基于第 3+ 代标准进行师范人才培养，本研究将以个案的形式在第五章进行详细阐述。

第三节　再冻结：高等师范教育"胜任力导向"化变革的稳定阶段

随着第 3+ 代高等教育联邦国家教学标准的颁布与实施，俄罗斯高等师范教育进入到"胜任力导向"化变革的稳定阶段。在这一阶段，俄罗斯联邦主要从制度层面进一步规范"胜任力导向"的高等师范教育人才培养。俄罗斯首先建立《教师职业标准》推动教师职业专业化，进一步明晰教师的胜任力结构。在此基础上，俄罗斯联邦教科部于 2014 年初颁布《2014-2017 师范教育现代化纲要》，推动基于教师职业标准的第 3++ 代《高等教育联邦国家教学标准》的开发，与此同时，推动各大学开发"教育和教育科学"方向学士、硕士培养层次的以"现代教师胜任力模型"为核心的基本教学大纲，进一步促进"胜任力导向"下的高等师范教育新的组织、内容、技术和规模等方面在大学进行落实。

一、教师职业专业化下《教师职业标准》的建立

2012 年俄罗斯颁布继 1992 年版、1996 年版之后的第三版《联邦教育法》，新版《联邦教育法》对师范教育领域中的许多概念进行了重新界定，并出现了一些符合时代需求的新概念，与此同时，还对师范教育体系中的众多条款进行了更新。

（一）从"教师"到"教育者"

关于谁来开展教育活动的这一问题，新版《联邦教育法》给出了一个全新的定义：教育者（педагог），也就是履行教育教学职能的个体，而不再是中小学教师（учитель）和大学教师（преподаватель）。一般来说，中小学教师是中等或高等职业教育机构的毕业生，一般从事中小学学科教学工作，大学教

师是大学或科学院的毕业生，一般在高等教育机构从事科研教学工作。而教育者是集教学法专家、实践者和理论家多重职能于一身，与教师这一概念相比涵义更加宽泛，而不是从学科这一狭窄的专长角度去定义。

从"教师"到"教育者"这一概念的转变表明教师已经从"掌握好相应的学科知识并教好这门课"正式走向文化层面上的教育者角色。"教师"的侧重点在于教学，也就是传授现成的知识，实现知识的转移和职业的获得。而"教育者"的重点在于个体的教育工作，相对于教学而言，教育是一个具有创造性意义的过程，是使个体获取文化的过程。何谓文化？俄罗斯大百科词典对文化一词的解释为在历史发展过程中形成的人类生活方式，包括价值观和规范、信仰和礼仪、知识和技能、习俗和制度、技术、思维方式和行为方式、互动方式和沟通方式等。[19]因此，相对于教学而言，教育的内涵更加广泛，是从精神、道德等人的发展层面对学生的培养，教育者便是承担这一重要任务的主要角色。

（二）教师[20]职业的专业化发展

在 1992 年版《联邦教育法》中就已经出现（职业）资格（квалификация）这一概念，但是直到 2012 年版《联邦教育法》中才对这一概念进行了清晰界定。资格，指已经达到某种类型的职业活动所需的知识、技能和经验的水平。这一概念的出现以及制度化表明，俄罗斯开始推动各类职业的专业化发展，包括教师职业。

1. 职业、专业职业和专业化

18 世纪末，профессия（职业，专业职业）这一概念首次出现在俄语中，由法语 profession 直译而来，最初起源于拉丁语 professio。在拉丁语中，professio 意指公开发言、宣布、声明。后来在法语中 profession 的意思有了一些变化，表示对自己活动的公开声明，是自己事业的正式标志。进入俄语中，这一概念表示一种活动类型、工作类型、职业类型。[21]

---

19 Большая российская энциклопедия. Культура [EB/OL]. https://bigenc.ru/philosophy/text/2120919. 2021-01-12

20 注：虽然上文提到俄罗斯已经从法律层面将开展教育活动的人定义为教育者，取代之前从学科的窄化角度所定义的"教师"，但是为了与中文的表达习惯相统一，后文仍然使用"教师"一词，但实则是指俄语中的"教育者"（педагог）。

21 Берган С. Квалификации – осмысление понятия [M]. М.: Аванглион-Принт, 2013: 348.

俄语中还有一个词 занятие，泛指所有职业，也就是人所从事的某种类型的劳动或活动。职业作为人类在劳动过程中的分工现象，自其诞生之日起便具有社会属性，反映的是劳动力和劳动资料之间的结合关系。职业也具有时代性，会随着社会政治、经济、文化、科学技术、生活方式等因素的变化而不断发展。

在沙皇俄国时代，只有一些受人尊崇的职业、具有专业性的职业才可被称为 профессия，即专业职业，诸如医生、神职人员、皇家军职人员等。随着时代的发展，劳动分工愈加细致，高等教育的发展也使得职业的专业性日益增强，可以成为 профессия 的专业职业越来越多。

现代俄罗斯学术大百科词典对 профессия 的解释为：掌握专业理论知识和实践技能的人所能从事的劳动活动（职业）类型，这种专业理论知识和实践技能通常需要通过专业培养和实践经验的积累习得。[22]简单来说，专业职业（профессия）具有四大特征：其一，需要经过专业培养习得专业知识、技能和其他胜任力；其二需要长期的专门训练；其三，需要长期的在职成长；其四，应当作为收入来源。

美国学者沃森（Worthen, B）曾在研究中提出了评估职业是否属于专业职业的详细标准。根据沃森的研究，专业职业需要符合以下特征：首先，有具备掌握专业知识和技能的专业人员的需要；第二，具备此活动领域特有的专业内容（知识和技能）；第三，为掌握这类知识和技能的从业人员提供专业培养计划；第四，为获得相应资质的专业人员提供稳定的职业晋升机会；第五，具备完善的资格认证或许可程序，以此鉴定能够从事该专业的专家；第六，具备专业协会，其任务是促进专家的职业发展和本专业职业的发展；第七，专业协会具有成员资格标准；第八，专业协会能够影响专业人员培养计划的制定；最后，具有职业标准。[23]这一评估标准也被俄罗斯学者用来评估俄罗斯教师职业的专业化程度。

专业化（профессионализация）是一个普通职业逐渐发展成为专业职业

22 Словари и энциклопедии на Академике. Профессия [EB/OL]. https://dic.academic. ru/dic.nsf/bse/124615/Профессия. 2021-03-06

23 Worthen B.R. Is evaluation a mature profession that warrants the preparation of evaluation professionals? // Altschuld J.W., Engle M.（eds）. The preparation of professional evaluators: Issues, perspectives, and programs. San Francisco, CA: Jossey-Bass, 1994:3-15.

的社会过程。职业专业化的表现通常是，建立一个或多个能够指导和监督行业行为的专业协会，确立一系列的专业技能要求，并建立专业资格证书制度。职业的专业化过程是一个将职业逐渐对业余爱好者和未经过专业培养的人封闭的过程，其趋向于为行业成员的行为和资格建立团体规范，趋向于坚持要求行业成员实现整合，并且要求遵守既定的程序以及由专业协会监督的行动准则。职业的专业化程度有高低之分，还没达到完全专业水准的职业一般被称为"半专业"职业或"准专业"职业（semi-profession，俄语为полупрофессия）。[24]

2. 教师专业化

1966 年国际劳工组织（ILU）和联合国教科文组织（UNESCO）在巴黎召开的政府间专门会议通过了《关于教师地位的建议》，首次明确提出教师是一种需要专门知识和特别才能的专业职业，这些知识和才能需经过长期持续的努力才能获得并维持。就教师职业的专业化程度而言，社会学者埃齐奥尼认为教师职业还未达到成熟职业的标准，属于"准专业"职业。[25]这首先是因为构成教师专业属性的核心学科"教学法"的学术水平低于其他专业的科学原理与技术；其次，教师的职业范围与其他专业相比并不明确；最后，教师的"自律性"范围有限。[26]

苏俄教育家尼·库兹明娜（Н.В. Кузьмина）指出，教师专业性是教育活动主体的定性特征，它是衡量教师是否拥有解决专业问题的现代手段及完成专业活动的有效方法。其由以下四类胜任力组成：专业胜任力，即高深的知识以及在学科教学领域具备的技能和经验；教学法胜任力，即掌握不同的教学方法，了解学生学习的心理机制；教育心理学胜任力，即掌握教学诊断方法，了解年龄心理学的相关知识等；差异心理学胜任力，了解学生在学习动机、胜任力等方面的差异；自体心理胜任力，擅于总结反省自己的工作，有意愿自我完善发展。[27]瓦·西年科（В.Я.Синенко）认为，教师专业性是

---

24 Etzioni A. The semi-professions and their organization: teachers, nurses, social workers. N.Y.; L.: The Free Press, 1969: 43.

25 Etzioni A. The semi-professions and their organization: teachers, nurses, social workers. N.Y.; L.: The Free Press, 1969: 43.

26 钟启泉：《教师"专业化"：理念、制度、课题》[J]，教育研究，2001 年（12），第 12-16 页。

27 Кузьмина, Н.В. Профессионализм личности преподавателя и мастера производственного обучения[M]. М.: Высшая школа, 1990: 119.

专业培养的结果，证明具备完成某项工作所必需的高水平素养。[28]

（三）俄罗斯推行教师专业化的具体行动——建立《教师职业标准》

1. 《教师职业标准》的制定

在教师需要应对各类非标准化的问题的背景下，旧有的职务细则（Должностная инструкция）和教师资格特征（квалификационные характеристики）过于封闭且固定，例如职务细则规定语文老师的具体职责什么，教师资格特征则细数能担任教师的最低条件有哪些，这些规则已经无法准确客观地评估和把控教师的专业资质，也有研究者曾根据沃森的职业专业化评估标准模型对俄罗斯教师职业的专业化程度进行研究，发现俄罗斯的教师职业专业化程度还很低。[29]因此，俄罗斯自 21 世纪初便开始着手制定《教师职业标准》。

自 2004 年以来，俄罗斯联邦教科部一直在注重扩大同雇主的互动，以此了解劳动力市场对师范毕业生的胜任力诉求，并进一步帮助学生为未来的专业活动做好准备。同时，俄罗斯联邦教科部定期与俄罗斯职业联合会（профессиональные сообщества）的代表举行会议和磋商，建立全俄罗斯的资格认证制度（是制定职业标准的最重要组成部分）是磋商的主要目标之一。

进入 21 世纪第二个十年之后，俄罗斯于 2012 年颁布第 597 号总统令"关于实施国家社会政策的措施"，随后基于该总统令俄罗斯联邦政府颁布《2012-2015 年制定职业标准的工作计划》，[30]自此俄罗斯教师资格认证进入标准化发展阶段。经过教师团体、政府、家长联合会、专家团体多年的广泛协商讨论，俄罗斯劳动与社会保障部自 2013 年起连续多年出台针对不同教育活动领域师资的《教师职业标准》。2013 年 10 月正式出台《学前和中小学教师职业标准》，职业标准代码为 01.001，2015 年出台《心理学教师职业标准》，职业标准代码为 01.002，2017 年出台《德育专家职业标准》，职

---

28 Синенко В.Я. Профессионализм учителя [J]. Педагогика. 1999（5）:45-51.

29 Кузьмин А. Уровень развития про- фессии и пути профессионального развития[EB/OL]. http:// www.kehila.ru/article/?46. 2021-01-11.

30 Правительство Российской Федерации. Распоряжение Правительства РФ от 29.11.2012 N 2204-р <Об утверждении плана разработки профессиональных стандартов на 2012-2015 годы> [EB/OL]. [2021-02-22]. https://legalacts.ru/doc/raspor jazhenie-pravitelstva-rf-ot-29112012-n-2204-r/. 2020-12-29.

业标准代码为 01.005，2018 年出台《儿童和成人补充教育教师职业标准》和《车辆驾驶培训教练职业标准》，职业标准代码分别为 01.003 和 01.006，2019 年出台《参与组织儿童集体活动的专家（辅导员）职业标准》，职业标准代码为 01.007。

2. 《教师职业标准》的内容

《教师职业标准》的出台旨在规范性地反映用人单位对教育专业活动的内容和质量的统一要求，并将这一系列要求"制度化"，以此在教师聘用、鉴定和晋升时合理评估教师的资质水平。以《学前和中小学教师职业标准为例》，根据 2012 年新版《联邦教育法》，学前教育被纳入普通教育阶段之中，任何一所中小学均有权实施学前教育大纲，因此学前教师的资质认证同中小学教师保持一致。此外，俄罗斯在普通教育阶段实施全纳教育，因此特殊教育师资的认证也被纳入其中。

《学前和中小学教师职业标准》从 A 类和 B 类两大维度划分工作职能（трудовая функция），A 类为在学前、初等、基础和中等普通教育机构中计划和实施教育过程的教育活动，技能级别为 6，B 类为计划和实施基本教学大纲的教育活动，技能级别为 5-6。同时，还对教育水平、工作经验和允许工作的特殊条件进行统一要求，如 A 类要求教师需在"教育和教育学"方向获得高等教育或中等职业教育学历学位，或者在相应学科获得高等或中等职业教育学历学位（需在教育学专业进行职业进修）。

此外，《学前和中小学教师职业标准》还对 A 类和 B 类工作职能进行细分。A 类下属三个子类别工作职能：一般教育职能.教学活动（A/01.6）、教养活动（A/02.6）、发展活动（A/03.6）；B 类下属五个子类别工作职能：实施学前教育大纲的教育活动（B/01.5）、实施初等普通教育大纲的教育活动（B/02.6）、实施基础和中等普通教育大纲的教育活动（B/03.6）、"学科教学·数学"模块（B/04.6）和"学科教学·俄语"模块（B/05.6）。每一子类别工作职能分别对工作内容、必需技能和必需知识进行具体说明，以一般教育职能.教学活动（A/01.6）为例，见表 14。

表 14 学前和中小学教师一般教育职能·教学活动（A/01.6）说明表

工作内容	在基本教学大纲框架内制定和实施教学课程计划；根据普通教育联邦国家教育标准完成教学活动；参与制定和实施学校发展计划以创建安全舒适的教育环境；计划和实施课程；对课程和教学方法的有效性进行系统评估；组织监督并评估教学成果；使学生形成一般学习行为；形成与信息交流技术相关的技能；使学生形成学习动机；根据学生实际学习素养通过测试及其他途径客观评估学生的知识水平。
必需胜任力	掌握除课堂教学以外的教学形式和方法：项目活动、实验课程、田野实践等；根据学生的实际学力测试及其他方式客观评估学生的知识水平；在真实和虚拟环境中，基于个性和行为发展规律开发（掌握）并应用现代心理—教育技术；使用和证实特殊学习方法开展全纳教育，使所有有特殊教育需求的学生都能参与教学过程中，如有特殊天赋的学生、母语非俄语的学生、残疾学生；掌握信息交流技术胜任力：信息交流技术一般使用胜任力、信息交流技术一般教育胜任力、信息交流技术学科教育胜任力；基于学校条件和地区历史文化特征组织不同类型的课外活动：游戏、教学—研究、艺术—创造、文化休闲。
必需知识	联邦国家教学标准和基本教学大纲范围内将要讲授的学科，以及这一学科在世界文化和科学中的历史和地位；教育系统建设和运行的历史、理论、规律和原则，教育在个人和社会生活中的作用和地位；年龄发展的基本规律、发展的阶段和危机，人格的社会化，生活轨迹的个体特征指标，可能的偏差以及心理诊断的基础；心理教学法基础，多元文化教育，社交网络中的行为模式；实现教育成果的途径和评估学习成果的方法；教学方法基础，活动方法的基本原则，现代教学技术的类型和技术；将教授的课程的工作计划和教学方法；俄罗斯联邦教育系统发展的优先方向，规范俄罗斯联邦教育活动的法律和其他法规性法律，儿童和青少年的教育和养育法规文件，普通教育联邦国家教育标准，有关儿童权利的立法，劳工立法；关于儿童和青年的教育和养育的规范性文件；儿童权利公约；劳工法案。
其他特征	遵守法律、道德和伦理标准，职业道德要求。

资料来源：俄罗斯劳动和社会保障部 2013 年颁布的《学前和中小学教师职业标准》

标准，意指衡量事物的准则的集合，可供同类事物比较核对。标准化过程通常被定义为一种制定规则的活动，是进行质量管理的基本要素。通过标准化过程找到最合理的规则规范，然后将其制度化在规范性文件中，例如标准、说明、方法等。根据国际标准化组织的定义，标准化指制定和实施规则，旨在精简某些领域的活动，特别是在遵守职能条件和技术安全要求的同时，实现总体最优化。[31]而教师职业标准则是教育专业活动领域对教师的专业素

---

31 Ребрин Ю.И. Управление качеством [EB/OL]. http://www.aup.ru/books/m93/51.html.

养、教育水平以及工作经验的资格要求，通常以规则、规范等文件形式提出，并且是强制性的[32]。俄罗斯《教师职业标准》的制定小组组长叶·杨布尔格（Е.А. Ямбург）所提出的一个看似是悖论的观点，《教师职业标准》的出台是为了让教师拥有处理非标准化活动的胜任力。[33]

俄罗斯《教师职业标准》是市场经济条件下教师职能扩展的结果，是国家和劳动力市场共同要求的产物，体现了教师职业专业化的趋势。相比于苏联时期国家作为唯一雇主的封闭狭窄的教师评价标准，《教师职业标准》的引入为俄罗斯联邦各地区的教育机构提供了更大的选拔和评定教师的自由，同时也赋予其更大的责任。地区教育主管部门可以同专家团体共同对教师职业标准进行补充，同样，教育机构也可依据本单位情况制定内部教师职业标准。

苏联高等师范教育定向培养模式下教师职能较为单一，而处于市场经济体制下的俄罗斯，教育的市场化愈加明显，高等师范教育也已完全大学化，师范教育方向的毕业生就业去向丰富且不固定。与此同时，非师范教育方向的毕业生进入教育行业的渠道也逐渐打通。因此，在人才培养综合化、多元化的背景下，《教师职业标准》为毕业生进入教育行业提供统一标杆，是衡量教师资质的客观标准，是教育机构选拔师资的一种方法，是签订雇佣合同的基础。同时，更为重要的是，《教师职业标准》所具备的开放性特征能够发掘和吸引更多有才华的人进入教师行业、激发师范教育的活力，从而为国家实施教育战略、提高教育的国际竞争力助力。与此同时，《教师职业标准》也成为俄罗斯制定高等教育联邦国家教学标准（师范教育方向）的重要依据，这将在下文进行重点论述。

二、基于《教师职业标准》的第 3++代《高等师范教育国家教学标准》的制定

俄罗斯联邦教科部于 2014 年初颁布《2014-2017 师范教育现代化纲要》，将制定并颁布第 3++代《高等教育联邦国家教学标准》（以下简称第 3++代标准）（ФГОС ВО 3++）作为重点任务之一。在制定第 3++代高等教育联邦国家教学标准的过程中，俄罗斯联邦教科部也十分注重加强与用人单位的

2020-12-29.

32 Грицанов А.А. Энциклопедия. Социология[М]. Минск: Интерпрессервис, 2003.

33 Ямбурн Е.А. Зачем нужен профессиональный стандарт учителя? [J]. Вестник Московского университета. Серия 20. Педагогическое образование. 2013（3）:3-12.

互动，并充分考虑到《教师职业标准》对教师专业教育活动的内容和质量的统一要求和劳动力市场的需求。第3++代标准提出了通识胜任力、一般职业胜任力和专业胜任力三大素养结构，取代了第3+代标准中的一般文化胜任力、一般职业胜任力和专业胜任力。根据《教师职业标准》对教师工作职能类别下工作任务、必需知识和必需技能的规定，第3++代《高等教育联邦国家教学标准》（师范教育方向）对胜任力要求进行了相应调整。以一般教育职能.教学活动（A/01.6）为例，见表15。

表15 一般教育职能·教学活动（A/01.6）下第3++代《高等教育联邦国家教学标准》（师范教育方向）胜任力要求表

工作职能	工作任务	第3++代高等教育联邦国家教育标准（师范教育方向）胜任力要求	学习科目
在学前、初等、基础和中等普通教育机构中计划和实施教育过程的教育活动（A类）：一般教育职能，教学活动（A/01.6）	在基本教学大纲框架内制定和实施教学课程计划	专业胜任力1：准备好按照教育标准的要求实施科目教学大纲（ПК-1）	教学方法（学科）
	根据普通教育联邦国家教育标准完成教学活动	专业胜任力3：能够在教学和其他活动中完成学生的教养和精神道德发展任务（ПК-3）	教学方法（学科）
		专业胜任力4：能够利用教育环境提供的机会在教学中达成个人成就、跨学科成就和学科成就，并通过教授课程保证教学教养过程的质量（ПК-4）	心理学，教育学，教法，教学（学科）
	参与制定和实施学校发展计划以创建安全舒适的教育环境	一般职业胜任力6：准备好保证学生的生命安全和身体健康（ОПК-6）	教育健康学、年龄解剖学、生理学和卫生学、医学知识基础和健康生活方式，生命安全，体育文化
	计划和实施课程	专业胜任力1：准备好按照教育标准的要求实施科目教学大纲（ПК-1）	教学方法（学科）

	专业胜任力 3：能够在教学和其他活动中完成学生的教养和精神道德发展任务（ПК-3）	教学方法（学科
	专业胜任力 2：能够使用现代方法和技术进行教学和诊断（ПК-2）	心理学
对课程和教学方法的有效性进行系统评估	专业胜任力 2：能够使用现代方法和技术进行教学和诊断（ПК-2）	心理学
组织监督并评估教学成果	专业胜任力 2：能够使用现代方法和技术进行教学和诊断（ПК-2）	心理学，信息技术
使学生形成一般学习行为	一般文化胜任力 4：能够使用俄语和外语进行口头和书面交流以解决一些人际协作和跨文化协作任务（ОК-4）	外语，语言文化
	具备基本职业道德和语言文化（ОПК-5）	教育修辞学，专业（教育）伦理学

数据来源：根据第 3++代高等教育联邦国家教育标准（师范教育方向）制成。

此外，第 3++代高等师范教育标准给予各大学更多的学术自由，具体表现为：并未清晰区分基础大纲部分和选修大纲部分，没有以学分的形式规定大纲具体涵盖的工作量，也没有进行教育实习的具体形式的规定。各大学可根据第 3++代标准提供的基本教学大纲范例，依据所处地区的教育基本情况和本校的综合情况自行制定本校基本教学大纲。在各大学的自主权大大提升的情况下，第 3++代标准尤其注重对高等师范教育机构教育教学活动质量和毕业生培养质量的把控，其提出应同时进行内外部评估的要求。

三、以"现代教师胜任力模型"为核心的基本教学大纲的开发

"现代教师胜任力模型"是《2014-2017 师范教育现代化纲要》中提出的重要概念，推动项目参与高校开发符合《教师职业标准》、《普通教育国家教学标准》和 21 世纪需求的"现代教师胜任力模型"以及基于该模型的基本教学大纲是该纲要规定的重要任务之一。

（一）现代教师胜任力模型与基本教学大纲

"现代教师胜任力模型"就是指教师"画像"，根据第 3++代《高等师范

教育国家教学标准》，现代教师胜任力模型通常由通用胜任力、一般职业胜任力和专业胜任力三部分组成。但具体决定现代教师胜任力模型的内容和结构的则由基于国家教学标准的基本专业教学大纲（Основная профессиональная образовательная программа）来决定。根据最新的国家教学标准，基本教学大纲由各高校自行组织制定，国家只出台基本教学大纲范本作为参考，因此基本教学大纲水平的好坏直接成为衡量各高校教育水平高低的重要标准。

不同基本教学大纲中培养出的未来教师"画像"也不尽相同，也就是说培养出的未来教师胜任力结构各不一样。通常来说，通识胜任力和一般职业胜任力都是在基础课程模块的框架内形成，专业胜任力则直接决定了该培养方案的毕业生与其他培养方案毕业生的显著区别，因此专业胜任力决定了基本教学大纲的重点所在。[34]

（二）基本教学大纲的模块化构建

在《2014-2017 师范教育现代化纲要》的实施过程中，俄罗斯成功开发了一种设计模块化基本教学大纲的新模型，从而使得通过活动导向的方法培养未来教师成为可能。[35]基于活动导向的教学方法，教学大纲的主要内容不再仅仅是是传统的教师培养大纲中所强调的学科知识，而是专业活动内容本身，以典型专业任务列表的形式呈现，并明确指出成功进行专业行动所必需的知识和胜任力。通过每一个专业导向模块的学习，学生可掌握《教师职业标准》所要求的每个专业任务。与此同时，仅通过课堂的模块学习是不可能完全掌握专业胜任力的，因此新型基本教学大纲非常强调实践模块的加入，以此帮助学生习得在一线教育环境中实施专业行动的胜任力。

基本教学大纲通常包括五大模块，分别是学习—入门实践模块、理论模块、教学实践模块、大学生科研工作模块以及理论反思模块。通常每一模块的内容和目标旨在使学生掌握基于《教师职业标准》的相应专业行动。因此，每一个模块都是一个独立的复杂的实践与理论相结合的学习模块。[36]与此同

---

34 Калинина Е. Э. Компетентностная модель выпускника педагогического вуза [J]. Современные проблемы науки и образования, 2019（1）.

35 Марголис А. А. Модели подготовки педагогов в рамках программ прикладного бакалавриата и педагогической магистратуры // Психологическая наука и образование. 2015. Т. 20. No 5. С. 45-64.

36 Марголис А. А. Требования к модернизации основных профессиональных образовательных программ（ОПОП）подготовки педагогических кадров в

时，每一模块之间又相互联系，某一模块的学习以另一模块的学习为前提。

通常学习—入门实践模块为第一阶段需要学习的模块，主要内容包括专业教学行动范例展示、尝试独立完成某项专业任务、形成个性化的教育教学问题和学习任务清单。第二阶段是理论模块的学习，内容包括研究理论材料，以作为解决教育教学问题和任务的方法；形成个性化的完成专业行动的方式；在教育实验环境中开发特定的专业行动方法。第三阶段是教学实践模块，一般让学生进入真实的一线教育机构中实施专业行动。第四阶段是大学生科研工作模块，主要内容包括分析执行专业行动的有效性和困难之处；进行小型科研，旨在分析专业活动效率低下和执行困难的原因，并在此基础上制定新的专业行动方案；第五阶段是理论反思模块，内容包括根据科研工作的结果，对专业行动进行反思（小组或个人）；总结形成通用的专业行动方式。

本章小结

俄罗斯自 20 世纪 80 年代末以来的高等师范教育人才培养模式的变革过程，是俄罗斯教育管理者在内外部环境中审时度势采取的有目的的计划式变革。这一变革过程经历了从"解冻"到"变革"到"再冻结"的三个重要阶段。

首先，"解冻"阶段，也就是以雅格金和第聂伯罗夫为首的教育变革者抓住戈尔巴乔夫"新思维"改革的契机采取"造势"战略，打破苏联教育的平衡状态，创造教育变革的驱动力。具体行动包括：推出"合作教育学"，利用权威教育学者的思想证实变革的必要性；由苏联国家人民教育委员会召开全苏教育工作者大会，借助高层意志提出包括师范教育在内的教育"新思维"改革构想。

其次，"变革"阶段，即随着俄罗斯社会的全面转轨，教育变革者迅速发起变革，使 80 年代末的教育改革构想落地实施。其中，20 世纪 90 年代是高等师范教育结构和内容的变革启动和尝试阶段，俄罗斯开始推行高等师范教育多级结构，并制定国家教学标准，但这一时期的人才培养模式仍侧重"知识导向"；21 世纪头十年俄罗斯借助"博洛尼亚进程"顺利融入欧洲统一教

соответствии с профессиональным стандартом педагога: предложения к реализации деятельностного подхода в подготовке педагогических кадров [J]. Психологическая наука и образование. 2014（3）:105-126.

育空间，并进一步推动高等师范教育人才培养模式变革的深化，"胜任力导向"概念正式引入俄罗斯高等师范教育之中，在高等师范教育结构方面确立学士—硕士两级结构，在高等师范教育内容方面制定并出台"胜任力导向"下的第3代、3+代《高等教育联邦国家教学标准》，并基于欧洲"调优"项目为大学制定"胜任力导向"的基本教学大纲提供方法指导，推动了高等师范教育正式走向"胜任力导向"化。

最后，"再冻结"阶段，也就是教育变革者将高等师范教育侧重"胜任力导向"的人才培养模式通过国家项目推广稳定下来。具体行动为出台《教师职业标准》，明晰教师专业活动和相应胜任力要求，推动教师职业的专业化；颁布《2014-2017师范教育现代化纲要》，推动基于《教师职业标准》的第3++代《高等师范教育联邦国家教学标准》的制定，推动61所项目参与大学在师范人才培养方面创新培养项目、开发以"现代教师胜任力模型"为核心的基本教学大纲。

第四章 变革结果：俄罗斯高等师范教育侧重"胜任力导向"的人才培养模式形塑

经过从"解冻"到"变革"到"再冻结"的变革历程，俄罗斯在高等师范教育领域基本完成了从侧重"知识导向"的专才培养模式到侧重"胜任力导向"的人才培养模式的变革。其中，培养目标不再指向以具体的知识为核心的培养内容，而是对以"胜任力"为表征的培养结果进行规定，即未来教师需要具备的通用胜任力、一般职业胜任力和专业胜任力；在培养内容方面，开放的综合的课程模块化建构形式取代传统的"学科—课程"式教育内容结构设计形式，每一模块都指向具体的胜任力，同时具备独立的主题、目标和评价标准，具有一定的逻辑完整性；在培养途径方面，从重点在"教"转向重点在"学"，强调学习者通过"独立学习"的形式发现知识，并基于学分制给予学生实现个性化学习的可能性；在培养评估方面，弱化总结性评价，更加注重形成评价和综合性评价，强调评估对于教学的诊断功能以及师生之间的反馈，以帮助学生形成相应胜任力作为主要目标。

总体而言，从侧重"知识导向"的专才培养模式到侧重"胜任力导向"的人才培养模式实现了使学生"学会知识"到"学会学习"的转变。当然，这里，"胜任力"与"知识"并非二元对立，"胜任力"是知识、技能、经验、领悟和伦理道德的动态结合，是后现代知识观在人才培养中的具体表现。

第一节　培养目标——新型教育者

基于人道主义的教育理念，在培养熟练掌握学科知识和教学技能的学科教师之前，高等师范教育首先注重的是培养具备广阔人文素养的人。也就是说，高等师范教育的目标是培养符合时代需求的、广阔人文素养层面上的新型教育者，其能将人视为个性丰富、完整的独立个体，既了解人类在诸如科学、技术、艺术、社会生活和劳动等各个领域的发展规律，又擅于创造条件使人在不同的人生阶段开发自身潜力。这实际上是顺应新时代需求为受教育者多元"赋能"的体现，其结果以学生形成的"胜任力"水平的高低作为衡量指标，具体包括通用胜任力、一般职业胜任力和专业胜任力。其中，通用胜任力和一般职业胜任力体现高等教育的通才教育理念，专业胜任力则是专才教育理念的重要体现。

一、人才培养理念与原则

（一）根本理念——人道主义教育思想

自 20 世纪 80 年代末以来，人道主义教育思想一直是俄罗斯的国家主流教育观念。随着教育研究在俄罗斯的不断发展，基于人道主义教育思想的教育理论和实践也不断创新、丰富。以阿莫纳什维利为代表的教育家提出的合作教育学理论首当其冲，该理论的实质在于使孩子自愿成为教师的合作伙伴，师生共同学习成长。此外，伊·卡萨科娃（Е. И. Казакова）和阿·特里彼钦娜（А. П. Тряпицына）还提出"成功教育学"，主张教学过程的建构以阶梯式目标实现的原则为导向，其中每一级阶梯都是孩子所实现的一定目标，而每一级目标都根据儿童自身的信念和价值观来设定；奥·卡斯曼（О. С. Газман）的"自由教育学"理论主张将儿童的内心世界建构为自然（生物）、社会（文化）、存在（独立、自由）的主体。[1]毫无疑问，无论教育学理论如何演变，其根本理念都是以人为本的人道主义教育思想，教育学的本质都是促进人的个性的全面发展。

人道主义教育理念也通过立法的形式在俄罗斯确立下来。2012 年版《联邦教育法》中明确规定了教育的人道主义性质，国家在制定教育政策时要充分考虑到人的生命和健康、个人的权利和自由、个人的自由发展、相互尊重、

---

[1]　Романюк Л.В. Гуманистическая педагогика [J]. Знание. Понимание. Умение. 2012（2）：304-307.

勤奋、公民身份、爱国主义、责任感、法律文化、对自然的尊重和保护、合理利用自然资源等具有人道主义精神的内容。

教育的人道主义本质的愈发凸显，那么作为开展教育活动的教育者的职能也发生了根本性改变，从知识的传授者演变成为儿童个性全面发展的辅导者和支持者。教师能够将传统的以教师、课本为中心的课堂转变为以学生为中心的教学环境，能充分实现基于儿童的兴趣、发现、尝试的愿望的"有意义的学习"过程。能成功胜任这一职能的教师首先必须是具备一定胜任力的个体，比如真正、自然、自信、愿意也有能力为学生提供各种条件以支持学生的发展等。

（二）确立原则——学士—硕士两级培养体制

封闭的培养单一型专家的高等师范教育不仅与当前发达国家师范教育的高层次化相悖，而且也不能满足俄罗斯向市场经济过渡过程中社会对不同规格教师的要求。随着俄罗斯多级高等教育结构的确立，其高等师范教育体系也逐渐发展成为更为现代、灵活、国际化的多层次教育体系，由传统的单一层次的专家人才培养体系逐渐过渡到学士—硕士两级培养结构。

同时，俄罗斯还一改苏联时期的窄化专业设置模式，以宽领域的培养方向取而代之。第3++代《高等教育联邦国家教学标准》（ФГОС ВО 3++）在学士和硕士两级阶段均设置代码为440000的"教育和教育科学"培养方向。其中，学士一级下设"师范教育"（单学科）方向（440301）和"师范教育"（双学科）方向（440305）；硕士一级下设"师范教育"方向（440401）。

"师范教育"方向（单学科）的本科毕业生可进入教育和科学行业，包括普通教育、职业教育和补充教育领域。与单学科的本科毕业生相比，"师范教育"方向（双学科）的本科毕业生还可进入学前教育领域工作。"师范教育"方向的两年制硕士毕业生除可进入包括学前教育、基础普通教育、中等普通教育、职业教育和补充教育领域外，还可以进入教育科研领域从事教育科学研究工作，同时，还可进入文化和艺术行业，包括休闲消遣组织领域、表演娱乐和文化启蒙领域等。

总之，无论是本科毕业生还是硕士毕业生，都应该能够完成以下几种类型的职业任务：教育类、设计类、教学法类、组织管理类、文化启蒙类和看管类。此外，需要特别注意的是，"师范教育"方向的本科和硕士毕业生均可以选择进入与其教育水平和所习得胜任力相匹配的其他职业活动领域。

二、以"胜任力"为表征的学习结果设定

在侧重"胜任力导向"的人才培养模式中，培养目标不再仅仅是以所掌握的知识作为衡量标准，而是看学生所掌握的解决实际问题的胜任力。[2]俄罗斯在基于第 3++ 代《高等师范教育国家教学标准》的基本教学大纲范例中构建了包括通用胜任力、一般职业胜任力和专业胜任力的现代教师胜任力模型。对于新型教育者而言，他们不仅需要在专业活动领域具有很高的胜任力，同时需要在通用胜任力和一般职业胜任力层面也具有很高的水平。

（一）具备通用胜任力和一般职业胜任力

通用胜任力和一般职业胜任力均属于一般胜任力，也就是可转移的实践性知识、技能和经验，是所有专业方向的学生在接受高等教育后均需具备的胜任力。当然针对不同专业的方向，学生需要掌握的一般胜任力侧重会有所不同。无论是学士教育层次还是硕士教育层次，师范教育方向的毕业生均需具备通用胜任力和一般职业胜任力，仅在胜任力水平方面进行区分。

1. 通用胜任力

师范专业的毕业生需掌握七类通用胜任力（универсальные компетенции）。首先是系统性和批判性思维，即能够搜集、批判性分析及总结信息，能利用系统分析法解决给定的任务问题；第二是制定和实施项目的胜任力，指能够在给定的目标框架下明确任务范围，并且依据现有的规章制度和资源条件选择最优方式解决问题；第三是团队合作精神和领导力，能够顺利完成社交活动并在团队中实现自己的职能；第四是交际胜任力，能够使用俄语和其他外语进行口头及书面的正式交流；第五是跨文化合作胜任力，能够在社会—历史学、伦理学和哲学层面理解社会中的跨文化多样性；第六是自我管理和自我发展的胜任力（包括健康管理），具体包括两个方面，其一为能够基于终身学习理念管理自己的时间，并计划和实施自我发展轨迹，其二为保持身体健康从而保证合格的社会和职业活动；最后是生命活动安全，即能够为生命活动创造安全的条件，包括出现极端情况时。

2. 一般职业胜任力

师范专业的毕业生需掌握八大类一般职业胜任力

2　Белкина, В. В., Макеева, Т.В. Концепт универсальных компетенций высшего образования [J]. Ярославский педагогический вестник, 2018（5）：117-126.

（Общепрофессиональные компетенции）。首先是掌握职业活动的法律和伦理道德基础，即能够按照教育领域的法令法规和职业伦理规范进行职业活动；第二是能够制定基础和补充教育大纲，具体而言是能够参与基础和补充教育大纲的制定，能够独立完成某个部分的制定（包括使用信息交流技术）；第三是能够合作或独立进行教育教学活动，具体指能够按照联邦国家教学标准组织合作式或独立式教育教学活动，包括针对有特殊教育需求的学生；第四是创造道德教育环境的胜任力，指能够基于国家基本价值观完成学生的思想道德教育活动；第五是检查和评估教育成果的形成，能够对学生的学习成果进行检查和评估，能够发现和矫正学生学习中的困难；第六是在职业活动中使用心理—教育学技术的胜任力，即能够在职业活动中使用个性化教育教学和发展所需的心理—教育学技术，包括有特殊教育需求的学生；第七是与教育关系的参与者相互协作的胜任力，即能够在实施教学大纲的框架下同教育关系的参与者进行相互协作；最后是掌握教育活动的科学基础，即能够基于专业的科学知识完成教育活动。

（二）具备专业胜任力

专业胜任力（профессиональные компетенции）能充分体现出不同专业、不同培养层次的毕业生之间的特征差异。对于师范教育专业而言，专业胜任力决定了知识、专业和生活经验、价值观及个人倾向来解决在实际的专业教学活动中产生的专业问题的胜任力。[3]一般来说，各层次的师范毕业生所需掌握的专业胜任力由各师范大学在制定本校的基本教学大纲时自行规定，并且各大学在确定专业胜任力时通常需要依据《教师职业标准》和国内外劳动力市场对毕业生专业胜任力的需求，并综合考量雇主联合会的意见。

在联邦教学教法联合会（Федеральное учебно-методическое объединение）制定的基本教学大纲范例（ПООП-Примерная основная образовательная программа）中，通常根据不同类型的职业活动对专业胜任力进行分类。在胜任力的衡量指标方面，则通过知识（знание）、技能（умение）和经验（навыки）三方面对其进行综合评估。以下将以师范教育方向（数学教育）学士和硕士层次为例进行具体说明。

3　Козырева В.А., Радионова Н.Ф., Тряпицына А.П. Компетентностный подход в педагогическом образовании: Коллективная монография [M]. СПБ.: Изд-во РГПУ им. А.И. Герцена. 2005.

　　师范教育方向（数学教育）学士层次（440301）的毕业生一般会进入基础普通和中等普通教育机构担任数学教师，因此其需要掌握教育活动层面的五大专业胜任力：首先为能使用学科方法和现代教育技术教授学科；第二为能够在学生取得跨学科、学科和发展成绩的过程中提供教育支持和帮助；第三，能够在实施教育过程中应用到学科知识；第四，能够在课堂和课外时间组织学生活动，以激发学生对该学科的兴趣；最后，能够参与教学大纲中学科环境的设计。具体可见表16。

表16　学士层次师范教育专业（数学）的专业胜任力表

专业活动任务	专业胜任力	达到专业胜任力的指标名称及代码	依据（职业标准）
专业活动的任务类型：教育			
根据基础和中等普通教育联邦国家教学标准的要求在普通教育机构进行数学教育的设计、计划和实施	ПКО-1 能使用学科方法和现代教育技术教授学科	**ПКО-1.1 熟识：** 由普通教育国家教学标准规定的数学教育过程组织的纲要条例和要求；普通教育机构数学教育过程设计的特点，设计教育活动的方法；普通教育机构中数学课程的内容；数学教学的形式、方法和手段，现代教育技术，以及选择的教学法依据；数学教学个别方法的特点	01.001 教育者（执行学前、初等普通、基础普通、中等普通教育活动的人）（教养员，教师）
		ПКО-1.2 善于： 设计教学大纲、教学计划；制定数学教学的目的和任务，并在教育过程中加以贯彻；在数学教学过程中计划、设计和实施各种教学组织形式；根据教材的内容特点和学生的年龄及教育需求，论证数学教学法和教育技术的方法的选择，并将其应用于教育实践中；计划并综合运用各类数学教具	
		ПКО-1.3 具备： 规划和设计教育过程的经验；数学教学法和现代教育技术	
	ПКО-2 能够在学生取得跨学科、学科和发展成绩的过程中提供教育支持和帮助	**ПК-1.1 熟识：** 在数学教学中呈现的学生取得的个性、元学科和学科成果的特点（根据国家教育标准和数学教学计划范例）；检测、评估和纠正数学教学结果的方法和技术	
		ПК-1.2 善于： 根据学生的能力、受教育的机会和需求为其提供个性化的帮助和支持；根据学生的个性特征，开发个性化的教育大纲、教学方法和教学材料，以个性化灵活的方式管理学生的教育活动过程；从教育成果	

		的数量和质量特征（作品集、技能档案、成就特征等）相互补充的基础上评估学生的成就	
		ПК-1.3 具备：基于学生的个性特征在数学教学实践中创建和应用教学法和教学材料的经验	
	ПКО-3 能够在实施教育过程中应用到学科知识	ПК-3.1 熟识：数学教育内容的构建和实施的规律、原则和水平；数学课程内容的结构、组成和教学模块	
		ПК-3.2 善于：根据学生的教学目标和年龄特征，选择适合于各种数学教学形式的教学内容	
		ПК-3.3 具备：数学学科内容；根据课内和课外教学形式的关系选择可变教学内容的经验	
	ПКО-4 能在课堂和课外时间组织学生活动，以激发学生对学科的兴趣	ПК-4.1 熟识：在数学教学过程中开展学生活动的方法；激励中学生从事数学教育和研究工作的方法	
		ПК-4.2 善于：在数学教育过程中组织各种类型的学生活动；应用旨在维持认知兴趣的技术	
		ПК-4.3 具备：在数学教学中组织各种类型的学生活动的经验以及培养认知兴趣的经验	
	ПКО-5 能参与教育大纲中学科环境的设计	ПК-5.1 熟识：教学环境的组成部分及其中蕴含的教学机会；组织数学学科环境的原则和方法；开展教育活动的具体区域的科研和科教潜力	
		ПК-5.2 善于：证明科研和科教对象并将其融入进教育环境和数学教学过程中；利用区域社会文化环境达到数学教学的结果	
		ПК-5.3 具备：具有根据特定地区的潜在机会设计学校数学教育环境要素的经验	

数据来源：联邦教学教法联合会（Федеральное учебно-методическое объединение）制定的基本教学大纲范例（ПООП-Примерная основная образовательная программа）

　　师范教育方向（数学教育）硕士层次（440401）需掌握的专业胜任力包括必须掌握的和建议掌握的两类。通常而言，师范教育专业硕士培养项目（数学）更偏重培养数学教学教法专家和数学教研人员，工作领域也扩展到职业培训和补充教育领域，因此与学士层次相比，硕士层次的毕业生在教育活动方面的胜任力更为拔高，并且增加了规划活动层面和科研层面的胜任力要求。具体可见表 17。

表 17　硕士层次师范教育专业的专业胜任力表

必 须 掌 握 的 胜 任 力			
专业活动任务	专业胜任力	达到专业胜任力的指标名称及代码	依据（职业标准）
专业活动的任务类型：教育			
在基础普通、中等普通、职业培训和补充教育领域实施数学教育活动	ПКО-1 能实施基础、中等普通、职业培训的数学教学大纲和补充数学教育大纲	ПКО-1.1 熟识：普通教育、职业培训和补充教育大纲中数学教育过程构建的基本模型 ПКО-1.2 善于：选择适当的数学教学内容、方法和技术，以实施普通教育、职业培训和补充教育大纲，诊断和评估学生掌握数学普通教育和补充教育大纲的结果 ПКО-1.3 具备：在基础普通、中等普通、职业培训和补充教育系统中实施数学教学计划时依据具体情境采取特定行动，并对掌握教学大纲的结果进行诊断和评估的经验	01.004 教育者（职业教学、职业教育和补充职业教育） 01.001 教育者（执行学前、初等普通、基础普通、中等普通教育活动的人）（教养员，教师） 01.003 教育者（儿童和成人补充教育）
建 议 掌 握 的 胜 任 力			
专业活动的任务类型：规划			
分析和创造科学基础手段，方法和技术，使之能应用至基础、中等普通、职业培训和补充教育领域的数学教学中；科学证明和开发教学质量评估工具工具	ПК-1 能设计数学教育大纲	ПК-1.1 熟识：数学和方法论的基础知识、数学的发展方向和数学教学法，以构成基础普通、中等普通、职业培训和补充教育的数学教育内容 ПК-1.2 善于：设计基础普通、中等普通、职业培训和补充教育的数学教学大纲 ПК-1.3 具备：基础普通、中等普通、职业培训和补充教育的数学教学大纲的建构方法	01.004 教育者（职业教学、职业教育和补充职业教育） 01.001 教育者（执行学前、初等普通、基础普通、中等普通教育活动的人）（教养员，教师） 01.003 教育者（儿童和成人补充教育）
	ПК-2 能设计教学内容和教学教法材料	ПК-2.1 熟识：数学教学内容的特点，其发展和充实的方向，对数学教学过程的教育和方法论支持的特点，对基础普通、中等普通、职业培训和补充	

		教育体系组织数学教育的要求 ПК-2.2 善于：在掌握基础普通、中等普通、职业培训和补充教育的数学教学大纲的基础上，选择组织各种学生活动的方式和方法	
专业活动的任务类型：科研			
设计基础、中等普通、职业培训和补充教育的数学教学大纲；设计以上学段数学教学内容、手段、方法和技术	ПК-3 能够对数学内容和数学教学方法进行研究，并为改进数学方法创造新的方法论工具	ПК-3.1 熟识：数学和数学教育领域的科研特点 ПК-3.2 善于：根据内容和组织环境来解决研究任务；设计自身的专业发展道路	01.004 教育者(职业教学、职业教育和补充职业教育) 01.001 教育者(执行学前、初等普通、基础普通、中等普通教育活动的人)(教养员，教师) 01.003 教育者(儿童和成人补充教育)

数据来源：联邦教学教法联合会（Федеральное учебно-методическое объединение）
　　　　制定的基本教学大纲范例（ПООП-Примерная основная образовательная
　　　　программа）

综上，高等师范教育人才培养目标的设定以"胜任力"表征的学习结果的形式呈现，应能够充分保证培养内容、培养途径和培养评估均指向学习者个体的发展和具体培养结果的实现。在胜任力设定方面，国家则综合考虑大学毕业生、雇主和大学教职员工的意见，基于专业方向特点、国家对于合格公民的一般要求以及职业要求进行胜任力结构模型开发，包括通用胜任力、一般职业胜任力和专业胜任力三个部分。同时，学习结果的设定与培养层次、专业方向又是紧密相关的，不同培养层次和专业方向的学习结果也不尽相同。学生通过参加不同培养项目的学习来达到相应的胜任力标准，从而胜任相应岗位的工作。在真正实现多样化多层次人才培养的同时，也增加了学生向不同学习通道转向的机会和灵活性。

第二节　培养内容——模块化立体架构

在以胜任力为表征的学习结果的要求下，无论是教学大纲抑或是模块化课程均基于多样性、灵活性、创新性、衔接性、整合性和实践性等原则指向相应胜任力的习得。

一、课程、实践与国家综合鉴定三大内容板块并举

在侧重"胜任力导向"的人才培养模式中，第 3++代《高等教育联邦国家教学标准》仅对以胜任力为表征的培养结果进行详细规定，不再对具体教育内容进行细致要求，但对由各高等教育机构的教研室自主开发、充分体现多样性、创新性和个性化的原则、并反映了不同地区的多元利益主体（包括大学学术团体、雇主联合会、毕业生和职业机构等）对于师资的个性化需求的基本教学大纲需满足的学分要求和内容板块进行了规定。这里我们以学士层次和硕士层次的"师范教育"方向为例稍作分析。

按照第 3++代《高等教育联邦国家教学标准》的规定，学士层次的师范教育专业教学大纲共计 240 学分，其中学生每年不得超过 70 学分，教育内容涵盖三大板块（блок），分别是"课程（模块）"板块、"实践"板块和"国家综合鉴定"板块，其中"课程（模块）"板块不少于 120 学分，"实践"板块不少于 60 学分，"国家综合鉴定"板块不少于 9 学分。

"课程（模块）"板块的必修课程有哲学、历史（俄罗斯历史和世界史）、外语、生命安全和体育文化科目。"实践"板块则包括教学实践和生产实践，教学实践类型有见习实践、操作实践、科研工作；生产实践的类型有教育实践、操作实践、科研工作。"国家综合鉴定"板块主要包括两部分内容，分别是参加国家统一考试和进行毕业论文答辩。无论是"课程（模块）"板块还是"实践"板块，均须分为必修部分和教育关系参与者自行设计部分，这两部分的比例应保证在 7：3 左右，其中必修部分需要保证全部通用胜任力、一般职业胜任力以及基本教学大纲规定习得的专业胜任力的培养。此外，各高等教育机构在制定基本教学大纲时，应当为学生提供自选必修课程模块和选修课程的机会，这些自选必修课程模块和选修课程应通过主管教育机构的联邦州教育管理部门的审查。

硕士层次的师范教育专业教学大纲需达到 120 学分，其中"课程（模块）"板块不少于 50 学分，"实践"板块不少于 40 学分，"国家综合鉴定"

板块不少于9学分。"实践"板块的实践类型与学士层次一致。同时，在"课程（模块）"板块和实践板块中，必修部分和教育关系参与者自行设计部分的比例为4：6，必修部分同样需要保证全部通用胜任力、全部一般职业胜任力以及基本教学大纲规定习得的专业胜任力的培养。

无论是学士层次还是硕士层次，第3++代《高等教育联邦国家教学标准》都仅从结构层面规定教育内容必须涵盖"课程（模块）"板块、"实践"板块和"国家综合鉴定"板块，并对相应的板块的内容量以学分的形式进行要求，给予高等教育机构在教育内容设计方面充分的自主权。

二、"胜任力导向"下模块化课程结构的构建

在学科知识之间的界限愈加模糊的情况下，传统的"学科—课程"式教育内容结构设计模式逐渐被开放的综合的课程模块化设计模式取而代之。模块化课程结构基于特定领域的开放知识体系，以学生具备相应的胜任力为导向，同时具备独立的主题、目标和评价标准，具有一定的逻辑完整性。其打破了原有的封闭狭隘的以学科知识为核心的课程设置，体现了灵活性、开放性、独立性和综合性的特征。

课程模块作为师范大学《基本教学大纲》的重要组成部分，一般而言，其目标和内容由《基本教学大纲》的整体目标和任务而定，各个课程模块之间相互联系，又相互独立，各自以培养学生特定的胜任力为主要目标。众多课程模块灵活置于教育大纲之中，不同地区不同大学可依据自身情况自主替换某些模块。[4]因此从某种意义上说，课程模块化建构的样式体现了基本教学大纲的特色。

以"师范教育"专业（数学教育）学士层次人才培养为例，"课程（模块）"板块共计171学分，其中必修部分包括八大课程模块：世界观模块、交际模块、健康保护模块、心理—教育学模块、教学法模块、补充教育模块、教学—研究模块以及学科—内容模块，共计116学分，约占68%，由各师范大学自行设计的部分包括两大模块：数学基础模块和通用数学模块，共计55学分。具体可见表18。

---

4 Верещагина Н.О., Гладкая И.В., Глубокова Е.Н., Писарева С.А., Соломин В.П., Тряпицына А.П. Развитие компетентности будущего педагога в образовательном процессе современного вуза: практикоориентированная монография [M]. СПб.: Издательство РГПУ им. А.И. Герцена. 2015.

表 18　俄罗斯高等教育"师范教育"方向（数学教育）学士层次人才培养《基本教学大纲范例》"课程（模块）"板块设计表

模块名称	学分	胜　任　力
必修部分	116	
世界观模块	9	通用胜任力-2，3，5；一般职业胜任力-1；
交际模块	12	通用胜任力-3，4，6；一般职业胜任力-1
健康保护模块	6	通用胜任力-2，7，8；一般职业胜任力-3；
心理—教育学模块	18	通用胜任力-1，2，3，5，6；一般职业胜任力-3，4，5，6，7，8；专业胜任力-2，4；
教学法模块	17	通用胜任力-6；一般职业胜任力-1，2，3，4，5；专业胜任力-1，2，4，5；
补充教育模块	7	通用胜任力-2，8；一般职业胜任力-1，3，6，8，2，5，7，4
教学-研究模块	5	通用胜任力-1；一般职业胜任力-3，4
学科-内容模块	42	通用胜任力-1；一般职业胜任力-8；专业胜任力-3
教育机构自行组织部分	55	
数学基础模块	30	通用胜任力-1；一般职业胜任力-8；专业胜任力-3
通用数学模块	25	通用胜任力-1；一般职业胜任力-8；专业胜任力-3；一般职业胜任力-2
合计	171	

资料来源：俄罗斯第 3++代高等教育联邦国家教学标准（ФГОС ВО3++）"师范教育"（数学教育）方向基本教学大纲范例（学士层次）

　　由表 18 可以看出，不同的模块针对不同类型的胜任力而设置，并以一定的学分来衡量学习量。世界观模块、交际模块、健康保护模块、补充教育模块和教学—研究模块旨在发展学生的通用胜任力和一般职业胜任力。心理—教育学模块、教学法模块、学科内容模块以及教育机构自行组织部分的模块除发展通用胜任力和一般职业胜任力外，还重点培养学生的专业胜任力。同时，课程模块并非一系列课程的简单集合，而是具有潜在逻辑联系的课程综合体，不同课程间相互联系并互相补充。

　　如此看来，"胜任力导向"不仅是体现在了培养目标的设定上，还体现在每一个课程模块之中，每一课程模块均指向具体的某些胜任力，具体可见表 20。同时，各个课程模块的内部安排应该是以胜任力的逐步形成为原则，既紧密联系又逐层递进。

表 19　课程模块胜任力指向表

课　程	胜　任　力											
	A	B	C	D	E	F	G	H	I	J	K	L	...
模块 1		X			X				X				
模块 2	X			X						X			
模块 3		X	X									X	
模块 4				X	X						X		
......													

数据来源：根据俄罗斯"调优"项目文件整理而成，其中，X 指代通过该课程模块
　　　　的学习学生相应习得的胜任力

　　总体来说，模块化课程以学生掌握一套能不断促进自我发展和社会进步
的胜任力为最终目标，避免了传统的为知识而学习的局限性，也有效改善了
知识与实践脱离的弊端。让学生掌握知识不再是教育的唯一目标，让学生习
得能够自主发现知识、选择和分类用于解决专业问题所需的知识、并在特定
情况下使用这些知识的胜任力才是人才培养的主要目的，这一点在课程结构
的建构上已得到充分体现。

第三节　培养途径——实践导向化与个性化并举

　　在侧重"胜任力导向"的人才培养模式之下，培养途径的着重点是从
"教"转向了"学"，强调学习者通过"独立学习"的形式发现知识，注重
学生在学习过程中实现知识、技能、经验、领悟和伦理道德的融会贯通，同
时给予学生实现个性化学习的可能性，促进学生通用胜任力、一般职业胜任
力和专业胜任力的形成。

一、以"独立学习"为核心的深入型实践

　　苏联时期的师范人才培养改革的目标始终试图解决一个问题，那就是知
识教育和社会实践的矛盾问题。在几十年的教育改革实践中，苏联一直尝试
通过调整修业年限和专业及课程设置来解决这一矛盾。但在其侧重"知识导

向"的专才培养模式之下，这种解决方式只能治标不治本。而在改革后的俄罗斯，高等师范教育的人才培养以胜任力为导向，并且尤为强调在培养过程中体现"胜任力导向"，也就是充分采用实践导向化的培养途径，这种实践导向化不仅体现在专门的"实践"板块中，还尤其体现在"课程（模块）"板块的学习中。

高等师范教育课程教学形式十分多样，主要包括师生互动工作、学生独立工作、讲授课、实验课和实践课，其中旨在促进学生独立自主探究学习的学生独立工作所占的学时比例最高。教师在进行课程教学大纲的设计时，往往会设计多种实践导向的课程形式，诸如情景学习、项目学习、模拟教学、反思学习等等，并且在具体授课时根据学生的个性化学习特点进行相应选择。学生在这类学习过程中分析问题、同老师和同学讨论、根据问题寻求相应知识、选择相应的解决方案并反思处理结果。这些教学技术的使用可以使得学生在解决学习任务的同时思考生活中实际问题的解决。

在实践导向化的课程教学中，以"传授"知识为主的讲授课程不再是主要形式，而更多地强调理论知识的应用，即利用知识去解决教育领域的专业问题，在任务解决的过程中极大地提升未来教师的专业实践胜任力，以及学生通过独立学习活动发现知识，以此促进学生在相应胜任力方面的发展。

除强调在课程教学中体现实践导向化外，"实践"板块是联邦国家教学标准明确规定的三大板块之一。以"师范教育"方向（数学教育）学士层次为例，实践板块共计58学分，其中必修部分为50学分，各师范大学自行设计部分为8学分。具体来说，必修部分包括五大模块：心理—教育学模块的学科内容实践、教学法模块的参观、教育实习和试用实习、补充教育模块、教学—研究模块的毕业实习和学术科研活动以及学科—内容模块。师范大学自行设计部分为通用数学模块中的设计实践活动。

相比苏联时期，基于全新联邦国家教学标准下的教学实践和生产实践涵盖内容更加广泛，形式也更加多样，这与"师范教育"方向毕业生的就业类型更加多样息息相关。除中小学外，大学还不断拓展合作伙伴，积极与不同类型和层级的教育机构组织进行互动，例如各类补充教育机构等，确保学生有更多的专业教育机构可以进行实习，从而适应不同类型的教育教学实践环境，学会根据不同的工作环境发展特定需要的胜任力，并且有机会观察、研究和总结各类先进的教学经验。同时，大学还在各系和教研室开设心理—教育辅导室，学生可参与锻炼自己的咨询技能。

此外，师范大学为学生提供的不同内容和形式的课外活动也更加多样。如学生科研社团、科学小组、教学—科研研讨会、教学科研项目等教学—科研活动；各类俱乐部、创意团队等学生社团活动；不同形式的补充教育活动以及休闲娱乐活动。此外，师范大学还积极参与社会教育集群、大学组织网络等，扩大了教育空间，给予学生更多学习机会。

二、个性化教育路线的实施

（一）个性化教育路线的内涵

对于个性化教育路线（Индивидуальный образовательный маршрут，简称为 ИОМ）这一概念，俄罗斯有许多学者从不同维度对其进行过界定。部分学者从教学活动的角度出发，或认为个性化教育路线是一种教学空间模型，或认为是学生作为主观经验承担者的重要的个性化活动，或认为是组织独立的教学活动的形式。部分学者基于教学大纲的背景对这一概念进行讨论，有学者认为是教师和学生共同制定个性化的教学活动大纲，有学者认为是一种可变化的教学大纲，为学生提供选择的机会，还有学者认为是考虑到学生个体兴趣和需要的教学活动大纲。还有部分学者从个人发展的视角来看待这一概念，有认为是实现个人潜能的个性化路径，有认为是掌握教育内容的一种轨道途径，有认为是教育的个性化路径，还有认为是以个人的方式实现既定目标、完成教育任务。[5]

尽管对于个性化教育路线这一概念的界定众说纷纭、见仁见智，但毫无疑问的是，这一概念的产生源于教学活动、教师和学生的角色以及师生互动的性质均发生了改变。教育不再仅仅是向学生灌输知识的简单教学行为，而是培养具备胜任力的个性化全面发展的人的活动。教师不再充当主要知识来源，而是学生学习的指导者、辅导者、咨询者，是个性化教材的设计者。学生也不再是知识的"容器"，而是自我学习和发展的主导者和组织者。师生互动的性质也由从前的正式的角色关系转变为建设性发展性的人际关系，双方在共同组织教育教学活动的过程中真正实现教学相长。

---

5 Еремина, Л. И., Силантьева, М. Ю. Особенности проектирования индивидуального образовательного маршрута обучающегося [J]. Общество: социология, психология, педагогика. 2020（7）.

因此，个性化教育路线是包括教师和学生在内的教育过程的参与者共同制定的、充分考虑到学生个体兴趣和需求的、旨在促进学生潜能发展的个性化路径，以个性化教学大纲的形式呈现。

（二）个性化教育路线实施的条件和主要表现

俄罗斯的师范大学在培养未来教师时所采用的个性化教育路线与新型国家教学标准和基本教学大纲的规定、模块化课程设计和学分制的引入、学士—硕士两级教育结构的实行、联邦教学—教法联合体功能的发挥、教育过程中电子信息技术的充分利用以及大学的基础设施建设紧密相关。

首先，《高等教育联邦国家教学标准》及基本教学大纲范例取代苏联传统的全国统一的教学计划，给予了各地区、各师范大学以及教师充分的教育自主权和教育空间。其次，以培养胜任力为最终导向的模块化课程设计方式和学分制的引入使学生有充分的自由选择适合自己的教育内容。第三，以国际通行的学士—硕士两级教育结构逐渐替代苏联传统的单一型专家人才培养，大大提高了本国高等教育的国际化程度，使得国际学生流动成为可能，也为本国学生提供了更多的教育机会。第四，联邦教学—教法联合体的成立为教师针对不同学生选择个性化教学方法提供了理论指导。最后，大学电子信息技术的普及以及基础设施的增强为不同类型的教育活动提供了硬件支持。

学生的个性化教育路线的实施主要体现在教学时间、教学内容、教学形式以及教学方法四个方面的个性化选择上。模块化课程设计和学分制的灵活性使得学生在选择学习时间还是学习内容方面都更加自由。学生可根据自己的兴趣和需求选择适当的课程模块进行学习。同时每门课程的作业和鉴定形式也更加多样化，以教育教学领域实际问题的解决等开放性鉴定问题成为主流，以此充分激发学生学习的主动性，学生独立工作、学习的时间大大增加。

第四节　质量评估——以过程诊断促胜任力发展

俄罗斯高等师范教育人才培养质量评估以"胜任力"为导向，也就是以发展学生的通用胜任力、一般职业胜任力和专业胜任力为最终目的，使之符合国家教学标准和教师职业标准规定的胜任力要求。人才培养作为高等教育机构的根本任务，其质量的保证和提升是高校追求的永恒目标。高校大力开展人才培养质量评估、提升人才培养质量评估方式的科学性、公正性和有效性是人才培养质量的重要保障机制。俄罗斯高等师范教育机构自 21 世纪逐渐实施学士—硕士两级培养体制以来，其人才培养质量评估体系也不断进行科学创新。

一、综合评估体系的构建

在侧重"胜任力导向"的人才培养模式之下，评估不仅是对教学过程的总结，而更多的是促进培养结果的达成，也就是帮助学生发展相应胜任力。俄罗斯联邦教科部于 2013 年颁布的《关于根据高等教育教育纲要组织和实施教育活动规则的决议》中第 14 条也强调，掌握教育纲要的预期结果便是学生掌握教育标准规定的一系列胜任力，每个课程（模块）和教育实践的预期结果则是让学生掌握能反映阶段性胜任力形成的知识、技巧、技能以及（或者）实践经验。[6]

（一）例行鉴定、中期鉴定和国家综合鉴定相结合

俄罗斯联邦教科部于 2013 年颁布《关于根据高等教育教育纲要组织和实施教育活动规则的决议》，决议第 9 条规定高等教育机构在实施教育活动时需保证学生培养质量的评估应包括例行鉴定（текущая аттестация）、中期鉴定（промежуточная аттестация）和国家综合鉴定（государственная итоговая аттестация）三部分。这三部分结构看似与苏联时期的评估结构相一致，然而内涵有了重大变化。苏联时期强调的是检查（контроль 或者 проверка）学生对于以"知识"为主的学习内容的掌握情况，而变革后的评估重在鉴定（аттестация），也就是通过检查确认并证明教学大纲的完成情况，旨在对学生的学习情况进行诊断改善，以发展学生的胜任力作为最终目的。

例行鉴定一般在学期末进行，鉴定方式为考查（зачет），一般评价等级分为通过和不通过两类，主要考查形式有书面或口头测试、作业检查、进行实验、PPT 汇报、案例分析、以及其他学生独立完成的口头或书面形式的考查活动。例行鉴定具有系统性，可以对教学质量进行持续监控，其重点反映的是学生在某一个给定的时间节点上所达到的以胜任力为表征的学习结果。

6　Министерство образования и науки РФ. Об утверждении Порядка организации и осуществления образовательной деятельности по образовательным программам высшего образования - программам бакалавриата, программам специалитета, программам магистратуры [EB/OL]. https://www.garant.ru/products/ipo/prime/doc/70503294/. 2021-01-19.

中期鉴定在学年末进行，这时通常已经完成了部分课程的学习。相比于例行鉴定，中期鉴定对于学生以胜任力为表征的学习结果的评估更加深入和完整。中期鉴定主要包括考试（экзамен）和课程论文（курсовая работа）两种方式，一般评价等级分为"优秀"、"良好"、"及格"以及"不及格"四类。中期鉴定主要是为了总结和评价学生在本学年的学习情况，并为其安排下一学期的课程提供根据，比如是否需要再修一门课程等。此外，也可直接根据例行鉴定的情况来确定学生的中期鉴定成绩。

国家综合鉴定是由国家综合鉴定委员会组织的对毕业生的总结性鉴定，旨在全面评估学生所达到的胜任力的总体水平。主要包括两个部分，其一为国家考试：关于国家教学大纲的专业考试，其二为毕业论文答辩。通常国家综合鉴定委员会由本校专家、外校相关领域的专家和雇主组成，以此保证考试的客观性和公正性。

（二）评价工具体系

国家教学标准是以胜任力为导向，也就是规定教育目标和结果应该是学生习得一系列的胜任力，那么对于胜任力的评价就至关重要。为了保证基于各学校制定的基本教学大纲的培养水平符合《高等教育联邦国家教学标准》的要求，俄罗斯国家教学标准规定各高校在制定本校的基本教育大纲时需同时制定评价工具体系（Фонд оценочных средств，简称ФОС）。

评价工具体系是一套规范学习成果评估程序的指导方法，其功能是确保实际的教学成果与教学大纲预计的教育成果以及课程模块预设的成果要求相一致。通常而言，评价工具体系包含三个部分：首先，评估对象的结构化清单（形成和评估基本教学大纲的教学结果的结构化矩阵、课程）；其次，教学任务的基础；第三，评估程序的方法配备。各个高校在制定评价工具体系时需要考虑到以下内容：教学的目标／结果、评估指标和标准、评估的内容范围、评估的功能和目的、评估的类型、方法和形式、以及评估工具／教学任务。由于评价工具体系由各个高校自行制定，因此该体系除了执行评估功能外，还可用来衡量大学的教育水平。评价工具体系的质量是俄罗斯衡量大学教育潜力的显著指标，是推广大学教育质量的重要名片。

二、评估类型及功能

评估的类型、方法和形式根据预计的教育成果和课程模块要求来确定，一般而言包括形成性评价、总结性评价和综合性评价三类。形成性评价，也就是通常所说的"反馈"，是进行评估的最主要形式。学生在学习过程中通过完成某项任务收到教师的及时评价，例如成功、不足、还可继续努力的方面以及解决不足的办法等，通过这一反馈过程学生可获得成长进步的机会。总结性评价也是必不可少的部分，可对学生通过某一课程（模块）的学习习得相应胜任力进行集中反映。综合性评价则兼具形成性评价和总结性评价的特征。

通常来说，评价的方式十分多样，或属于形成性评价，或属于总结性评价，或兼具两者功能的综合性评价。主要的评价方式包括测验、考试、展示、有关实验、田野实践以及其他研究的总结报告、文本和其他数据的分析、学术论文、文献综述、课程论文、实习报告、学位论文、毕业答辩等多种形式。例如学位论文便属于典型的综合性评价，一方面，其通常在学生完成所有课程学习之后进行，能够综合反映学生的一系列胜任力如文献分析能力、逻辑思维能力、学术科研能力等，符合总结性评价的特征；另一方面，学位论文通常在教师的指导下下进行，在撰写论文的每个阶段需要师生进行双向反馈，教师需要给予指导意见，具有形成性评价特征。

总之，侧重"胜任力导向"的人才培养模式中的形成性、总结性、综合性评价是保证人才培养质量的重要环节，具有发展功能和诊断功能。在发展功能方面，质量评估以发展学生的胜任力为目的，以评估促进学生通用胜任力、一般职业胜任力和专业胜任力的形成。在诊断功能方面，通过对学习结果的系统分析从而对学生的学习情况和教师的教学情况进行有效诊断，也就是说，能够帮助教师有效诊断目前学生学习中出现的问题从而进行调整，也能帮助教师和学生自身了解到掌握知识和习得胜任力的情况从而为下一步教学做好铺垫。

本章小结

变革后的俄罗斯高等师范教育以"胜任力"的形成作为培养结果，在这里，"胜任力"是知识、技能、经验、领悟和伦理道德的动态结合，是后现代知识观在人才培养中的具体表现。也就是说，知识是人们对现实事物的一种暂时的认识，不具有绝对客观性，并非是对客观事物本质的揭示；知识存在于认识过程之中，而不是存在于结果之中；知识具有整体性，而不能简单划分为孤立的学科领域。

具体而言，在俄罗斯高等师范教育侧重"胜任力导向"的人才培养模式中，以使未来教师形成必需的通用胜任力、一般职业胜任力以及专业胜任力作为培养结果，使其能在未来能不断实现个性发展、社会化以及职业成长。在以"胜任力"为表征的培养结果导向下，无论是培养内容、培养途径还是培养质量评估均以发展胜任力为最终目标。在培养内容方面，以模块化设计内容结构，包括课程模块和实践模块，每一模块对应相应的胜任力，从而打通知识之间的联系。在培养途径方面，灵活的模块化内容给予学生塑造个性化培养路线的可能性，与此同时更加强调通过实践活动进行自主学习，注重学生独立发现并掌握具有个体经验的知识；在培养评价方面，采用形成性评价、总结性评价和综合性评价的多元评价方式对教学情况进行诊断，通过师生双向反馈促进学生相应胜任力的习得。总的来说，俄罗斯高等师范教育的侧重"胜任力导向"的人才培养模式具有个性化、通才化、专业化和实践导向化的人才培养特征。

个性化。高等师范教育侧重"胜任力导向"的人才培养模式的鲜明特征就是以学生为中心，体现了人道主义的教育理念。在培养内容方面，学校和教师具有更多的自由开发新的课程，课程种类和数量大大增加，给予了学生更广阔的选择机会。在培养途径方面，模块化课程建构和学分制的实行使得学生可按照个性化的教学大纲进行学习，充分考虑到学生个体的潜力、特质和志趣。在培养质量评估方面，更多采用形成性评价对学生的学习成果给予个性化的诊断，以发展学生的胜任力为目的。

通才化。俄罗斯的高等师范教育开始更多具备大学的人文精神，不再片面强调职业教育，而是对未来教师的综合素养的培养给予了更多的关注，师范教育方向的学生需要同其他任何方向的学生一样需要习得通识素养和一般职业素养，需要进行历史、哲学、交际、自然科学等通识教育课程的学习。在信息技术高速发展的背景下，人需要面对的是整合程度越来越高的现代社会，这就对人的整体思维认知、合作共事能力、自我发展能力等提出了更高的要求。因此，在学生成长为某一行业的专门人才之前他首先应该具备充分的通识胜任力和关于广阔知识世界图景的充分认识。

专业化。在高等师范教育大学化的同时，俄罗斯仍然保留师范教育的专业性，为教育行业培养新型教育者仍是主要目标，专业素养的培养仍占据重要比重。随着俄罗斯颁布《教师职业标准》，不断推动教师职业的专业化，俄罗斯高等师范教育人才培养内容中也开始加强对于教师"特有"知识和技能的学习，培养学生从事教育事业的专业胜任力。

实践导向化。侧重"胜任力导向"的人才培养模式开始减少知识灌输，而更加注重通过"实践"、"活动"来学习，学生独立学习的比重大大增加。学生通过诸如教育实践、研究性学习等自主学习、主动探究的形式来促成相应胜任力的形成。基于实践导向化的人才培养使得未来教师准备好使用所掌握的知识、技能和经验，并且形成解决实践问题和理论问题的行为方式。

第五章 变革个案：俄罗斯国立赫尔岑师范大学（РГПУ им. Герцена）人才培养模式的"胜任力导向"化

　　俄罗斯国立赫尔岑师范大学（以下简称赫尔岑师范大学）是俄罗斯联邦国家公立高等教育机构，其作为一所拥有深厚历史传统的大学在推动圣彼得堡地区以及整个俄罗斯的文化教育发展过程中发挥了重要作用，在俄罗斯的师范大学中一直处于领先地位，为俄罗斯的教育领域培养了大批优秀人才，为俄罗斯国家教育体系的创新发展提供了人员、科学方法和信息技术等方面的支持。

　　在俄罗斯的师范教育改革进程中，赫尔岑师范大学一直走在最前列。这首先得益于其优越的地理政治位置。赫尔岑师范大学坐落于圣彼得堡，这座被彼得大帝誉为"通向欧洲的窗户"的城市自建立起就自带效仿学习欧洲的基因，欧化的历史传统也让圣彼得堡一直处于西北欧社会文化空间中，能最快最容易接受来自欧洲的新鲜事物，因此坐落于此的赫尔岑师范大学能最先感受到俄罗斯欧化改革的脉搏。此外，赫尔岑师范大学悠久的历史传统、杰出的成就贡献以及一流的教育教学科研水平也使得其备受国家关注，并被列入"俄罗斯联邦特别珍贵事物国家名录"中，这也使其拥有强大的生命力和改革的动力。

　　自苏联解体以来，赫尔岑师范大学一直是俄罗斯师范教育改革的积极推动者和参与者，1992 年，俄罗斯基于赫尔岑师范大学创建了关于师范教育一般问题的教学教法联合会（УМО），这一组织也成为推动俄罗斯高等师范教育机构创新变革的主要力量，大大激发了高等师范教育机构的创新潜力，并在推动师范教育变革，尤其是在多层次师范人才培养体系的形成和发展方面发挥了重要作用。因此，通过分析其人才培养模式的变革可进一步深入了解俄罗斯高等师范教育人才培养模式变革的现实情况及影响。

第一节　РГПУ 人才培养模式的变革过程

一、20 世纪 90 年代"大学化"背景下的师范人才培养变革

赫尔岑师范学院的大学化是时代发展的产物。20 世纪 80 年代末 90 年代初，在苏联政治、经济、文化等各领域都进行人道化、民主化和自由化改革的浪潮之中，教育界也开始思考如何培养为新社会所需的教师的问题，原有的独立师院建制下的专才培养模式逐渐显现出与市场经济体制不相匹配的弊端，高等师范教育开始走向大学化。在此背景下，俄罗斯的众多师范学院纷纷升格成为师范大学，或者与其他专业学院合并成为综合性大学。赫尔岑师范学院便是走在改革最前沿的师范学院，成为最早升格为师范大学的高等师范教育机构之一。

（一）师范大学理想的诞生

早在苏联解体前夕的 1991 年 1 月，列宁格勒赫尔岑国立师范学院就被俄罗斯苏维埃联邦社会主义共和国认证为大学，并正式更名为俄罗斯国立赫尔岑师范大学。同年 5 月，赫尔岑师范大学也成为全俄最早引入多级高等教育结构的六所大学之一，成为同时具备专家培养项目、学士培养项目和硕士培养项目的师范大学。

从师范学院到师范大学，"大学化"的进程使得赫尔岑师范大学逐渐由一个培养中学师资的高等教育机构演变为兼具教学、科研与社会服务三大职能于一身的大学。在教育方面，学校致力于提供旨在促进个性发展和职业发展的高等教育；在科研方面，保留和发展基础研究和应用研究领域的科研团体传统，促进教学活动和科研活动的紧密联系和相互渗透；在社会服务方面，将大学作为俄罗斯的教育、科学和文化中心面向社会公众开放。如何真正实现这三大职能，扩大大学在科研、教学和文化活动方面的社会影响力是赫尔

岑师范大学自 20 世纪 90 年代起发展的重点方向。

也就是说，赫尔岑师范大学正式摆脱作为高等职业教育机构的桎梏，开始向成为具有重要社会价值的科教文化中心而努力。

（二）构建全新科研—教学—教法体系

在"大学化"的背景下，师范教育仍然是师范大学的本质特色，赫尔岑师范大学在《1996-2000 年赫尔岑师范大学发展纲要》中就明确提出这一点。尽管师范学院的"大学化"带来的是非师范教育方向的不断扩充，各院系纷纷增设非师范专业培养项目，但与此同时，为基础普通和中等普通学校培养高水平的师资，以此保证圣彼得堡地区乃至全俄的师资潜力，一直是赫尔岑师范大学的最主要任务之一。

在这一时期，赫尔岑师范大学已经开始使用第一代《高等职业教育国家教学标准》，第一代国家教学标准仍主要对教育学专业（540500）所需学习的内容和相应学时进行了具体规定，并对学生应该掌握的知识做出了要求。例如，学前教育专业的主要学习内容包括 1800 学时的一般文化模块课程、1300 学时的心理—教育学模块课程、1500 学时的一般学科模块课程以及 2600 学时的"学前教育"学科模块课程。因此，赫尔岑师范大学的主要任务便是创建并完善集科研、教学和教法于一体的体系以保证大学的教育过程顺利进行。

这一套集科研、教学和教法于一体的体系的构建和完善主要从教育大纲的构建、教学教法体系的完善以及教学资源的充实三方面进行。首先在教学大纲的构建方面，建立一套专业—教学大纲库；为学生制定"说明书"，以让学生了解所在系实施的专业—教学大纲；从某一教育层次向另一教育层次转换时教学大纲更改的条件以及选择教育路线的条件；制定新的教学大纲和教学计划的鉴定方法，使之符合国家教学标准的要求；建立教研室之间稳定的协作体系，以保证教学大纲中课程模块的构建。在教学教法体系的完善方面，建立一套全面的对教育需求、学生在教育路线中进步的速度和方法以及其教育成果进行诊断的系统；建立系统的教学教法工具综合体（УМК），以此保证达到国家教学标准和大学教学标准的要求，这一套工具综合体中包括教材、工作记录、咨询系统、教育过程的技术支持（包括信息技术）和考试材料。在教学资源的充实方面，制定能体现大学教育的纲要思想的教学文献集，比如学生对于教育路径的选择等；建立一套在教育过程中有目的地使用城市的科学、教育和文化资源的系统，并制定这一功能体系所必须的法律规范保障。

同时，赫尔岑师范大学开始重视学生参与教育过程的组织，比如制定不同的方案使学生可以参与专业教学大纲的制定和修改过程、建立师生相互协作体系：咨询体系、教学体系、研究体系等。此外，还尤其重视学生的实践能力和创新能力的提升，例如增加学生的实践机会，使学生可以广泛进入到大学、普通教育机构和补充教育机构进行实践实习活动；在保持原有的方式的基础上开发新的途径以激励和支持学生在艺术、劳动、社会服务等不同活动领域进行创新等。

总体来看，赫尔岑师范大学在师范人才培养方面的变革已经开启，在培养目标方面开始同时关注学生的个性发展和专业发展；在培养内容方面已经初步建立起不同培养层次的教学大纲，并且学校也提供相应的教学教法体系的支持；在培养途径方面学生可以选择不同的教育路线；在培养评估方面，学校也依据国家教学标准和教学大纲建立起新的诊断评估系统。但这一时期的变革尚处于从封闭的苏联专才培养模式向新的模式转变的过渡阶段，这与整个国家在高等师范教育领域的改革是一致的。虽然已经建立起《高等职业教育国家教学标准》替代全国统一的教学大纲，学校的自主权大大增加，但第一代国家教学标准仍旧是从内容和学时层面做出了硬性要求，学校更多的发挥空间仍然是集中在教学教法层面。

二、博洛尼亚进程下的人才培养模式变革

步入世纪之交，教育日益被国际社会视为社会文化实践的普遍领域，成为形成人力资本的重要工具，教育质量的好坏直接或间接决定了一个国家的国际地位的高低。因此，各国都高度关注教育质量问题。为此，俄罗斯在世纪初便颁布《2010 年前俄罗斯教育现代化纲要》，致力于将本国教育体系融入世界教育体系之中。作为高等教育重要组成部分的高等师范教育迎来了加速变革时期，赫尔岑师范大学的人才培养模式也进入变革的新阶段。

（一）师范大学的新使命

进入信息技术快速发展的 21 世纪，俄罗斯的高等教育机构逐渐认识到其职能不仅仅是传播现有的知识和社会经验，还要更重要的使命那便是创造新的科学知识以及培养为知识社会所需的创新人才，并积极促进社会精神、价

值观、道德规范和社会理想的形成。俄罗斯的大学形象逐渐向社会的开放科教文化中心转变。在人的培养方面，俄罗斯的大学开始更加注重让学生形成以人为本的科学世界观，培养学生的自由见解和对人的尊重。师范大学作为俄罗斯的一种带有师范教育传统的大学类型，除具备一般大学的职能外，其特别之处还在于，其实施的是针对教育者的教育，是人力资本再生产过程的再生产，是国家人力资本的基础。因此，师范大学对于社会文化和精神的形成有更为重要的作用。

经过近十年的"大学化"进程，赫尔岑师范大学已逐渐发展成为具备大学组织形态的开放的科教空间，其院系结构基本涵盖所有职业活动领域。不过，其最重要的任务依旧是为不同层次和类型的教育机构培养高水平教师，这种高水平不仅仅是指知识层面，而是指具备广阔的人文素养，能在现代社会的各种人文实践领域进行专业活动。

赫尔岑师范大学人才培养定位的新变化对人才培养模式提出了新的要求，包括培养目标、培养内容、培养途径以及质量评估在内的所有环节都进入变革的新阶段。

（二）提高人才培养质量

在 21 世纪的第一个十年，赫尔岑师范大学的师范教育大学化已初步完成，其新的阶段任务是提高人才培养的质量。俄罗斯加入博洛尼亚进程进一步推动了赫尔岑师范大学在师范人才培养方面全面过渡至多级教育结构。与此同时，赫尔岑师范大学已经开始采用第二代《高等职业教育国家教学标准》。基于新的国家教学标准，赫尔岑师范大学在教育内容方面的自主权得到扩大。学校得以根据师资力量和学生的具体学习需求设计校本课程，能进一步促进学生的个性化培养。同时，随着连续师范教育体系的建构和多级高等师范教育结构的确立，赫尔岑师范大学在制定教学大纲时开始充分考虑到不同层次教育内容的衔接性，比如学士层次和硕士层次的衔接性。此外，赫尔岑师范大学还不断推进教育质量评估改革和教学教法工具综合体的更新，例如开发新的教学大纲、编写新的教科书和教辅材料、组织教研室编写教学法建议汇编、更新教育过程中的信息技术等等。

经过近二十年的变革，赫尔岑师范大学的师范教育方向已全部过渡到多级培养结构，并且基于第一代和第二代《高等职业教育国家教学标准》相继开发了多级教育大纲。在培养内容方面逐渐多样化并采取模块化结构，在培养过程方面也逐渐向非线性组织方法过渡。在国际交流方面，与欧洲国家间的学生流动加强。

三、21 世纪第二个十年人才培养模式的"胜任力导向"化

（一）师范大学的新挑战

在 2008 年颁布的《2020 年前俄罗斯联邦社会经济长期发展纲要》中，俄罗斯政府明确指出，促进创新经济和知识社会的发展是重要任务，为此有必要建立有效的人力资本发展机制，这也进一步决定了俄罗斯教育体系的变革方向，那便是将大学的科教活动和创新发展作为优先发展事项。师范大学承担着为各级各类教育培养师资的重任，社会对于创新人才的需求愈加强烈，对师资的专业胜任力要求就愈高，而这对师范大学的科教创新提出了更高的要求。

反观现实情况，赫尔岑师范大学在师资培养方面的不足逐渐显现。这首先表现在科学教育研究与教学大纲的融合度不高，师生在国际科学教育项目方面的参与度低，学生参与国际学术流动的形式和途径较少。同时，师范人才培养与社会的创新发展也呈现出一种"创新链断裂"的状态，创新教育技术并没有被及时有效地引入师资培养过程中来，这就会导致师范教育在一定程度上落后于时代发展，创新潜力大大降低。

而这种创新潜力的不足将直接导致赫尔岑师范大学的竞争力不强。俄罗斯政府自 2006 年开始接连出台联邦大学计划和国立研究型大学计划，高校间在生源和财政资金方面的竞争愈演愈烈。赫尔岑师范大学所面临的是来自其他综合性大学的强力竞争。更为严重的是，由于教师的社会地位和社会待遇问题在俄罗斯一直未得到有效解决，"双重负面选择"现象在师范大学依旧存在。也就是说，最优秀的中学毕业生不会选择师范大学，师范大学最优秀的毕业生也不会进入普通教育机构担任教师。这就意味着，高等师范教育成为创新人才培养过程中最薄弱的环节。因此，不从根本上提升师资培养的质量和师范大学教育活动的有效性，是无法真正实现国家的创新经济发展战略的。进行人才培养模式的变革成为赫尔岑师范大学越来越紧迫的任务。

在 2010 年于赫尔岑师范大学举办的俄罗斯教师年的开幕式上，时任总统梅德韦杰夫宣布赫尔岑师范大学获得全俄最大的师资培养中心的地位，

并且其将以研究型大学作为发展目标，为国家教育系统中所有层次的教育的可持续创新发展提供师资、科研和教育技术方面的支持。处于新的社会文化中的赫尔岑师范大学已经进入到全新的发展阶段，其理想是以人为中心，促进全社会公民的自我实现。这一理想包含八点具体内容：生产、再生产并转换关于人的知识，通过教育促进人类发展；发展和丰富生活环境，形成联邦、区和市统一的社会文化知识空间体系；为专业人员比如教师提供终身教育的机会，使其认识到人是独一无二的完整个体，为处于生活不同阶段的人提供发现自身潜能的机会；参与社会创新领域的各种活动；在国际环境中坚持俄罗斯教育的独特价值和优势；为俄罗斯联邦各地区的社会和经济发展作出贡献；支持对外俄语的发展；将大学资源集中在突破性领域中。

可以说，赫尔岑师范大学始终面向全体社会和公众，致力于实现高标准的专业活动，努力满足社会对于高质量教育和高质量教师的寻求。面临着新挑战和新目标的赫尔岑师范大学在师资培养模式的变革上也进入创新发展的重要阶段。

（二）胜任力导向的人才培养模式变革

2010 年，俄罗斯正式颁布基于调优项目的第 3 代《高等职业教育联邦国家教学标准》（ФГОС ВПО），同前两代相比，第 3 代联邦国家教学标准不再对教育内容进行要求，而是采用对以胜任力为表征的培养结果进行要求的方式。各高校拥有制定教育大纲的自主权，国家不再进行统一规定。

新一代以胜任力为核心的联邦国家教学标准的出台对赫尔岑师范大学的师范人才培养模式提出了全新的变革要求。首先，需要配合第 3 代联邦国家教学标准的要求，制定全新的多级教学大纲，并且需要提高不同层级的教学大纲之间的连续性和衔接性；其次，需要开发评估毕业生胜任力的系统；第三，需要提升学校教研人员的科研成果与师范人才培养的融合度；第四，需要加强师生的国际学术流动，加强国际交流。

在 2013 年颁布的《教师职业标准》的推动下，俄罗斯进一步对第 3 代《高等职业教育联邦国家教学标准》进行修改，并于 2015 年出台第 3+代联邦国家教学标准，即高等教育联邦国家教学标准（ФГОС ВО），其中对胜任力结构进行了修改，用通用胜任力替代之前的一般文化胜任力。

面对国际国内高等教育市场的激烈竞争，胜任力导向的教学大纲能充分反映大学的教育特色、教育水平以及所获文凭的竞争力。因此在这一阶段，赫尔岑师范大学在人才培养模式方面变革重点首先依旧是根据《教师职业标准》和第 3+代《国家教学标准制定能体现赫尔岑特色的教学大纲》，在保留原有教学大纲的基础性的同时提高新的教学大纲的实践导向，真正实现以培养学生的胜任力为目标。其次，丰富不同层次的教学大纲的多样性，以此确保毕业生在劳动力市场上的竞争力以及其职业流动潜力。第三，实施"研究型"教育多维模型，以此确保在人才培养过程中教育和科研的融合。第四，采取措施吸引并选拔具有较高创造力水平且有担任教师愿望的学生，比如提高赫尔岑师范大学奥林匹克竞赛的地位、发展有才华的青少年职业定向和大学前培养体系、形成赫尔岑师范大学基础实验基地网络等。最后，采用最新远程教育技术创建新型大学远程教育门户网站，整合电子教育资源和现代信息服务。

第二节　РГПУ 的侧重"胜任力导向"的人才培养模式

　　经过近 30 年的变革发展，以师范教育为主要培养方向的赫尔岑师范大学已经成为俄罗斯重要的高水平师资培养中心，其师范教育方向下所有师范教育专业已完全过渡至学士—硕士—副博士三级培养制度，并且学士和硕士培养项目已完全采用第 3+代《高等教育国家教学标准》，侧重"胜任力导向"的人才培养模式在赫尔岑师范大学初步实现。根据赫尔岑师范大学 2019 年度报告，全校师范教育方向共开设 39 个本科专业和 65 个硕士培养项目，涵盖生物教育、地理教育、外语教育、音乐教育等。各院系教研室已根据第 3+代国家教学标准制定教学大纲，本研究将选择赫尔岑师范大学数学教育专业（440301）的教学大纲作为研究对象进行分析。

一、以"胜任力"为表征的培养结果

　　赫尔岑师范大学数学教育专业（440301）的毕业生可获得学士学位，通常可以在普通教育机构、职业学院、儿童创造中心或创意联合会等教育机构工作，可以担任中小学数学教师、职业学院的数学课程教师、课外教育工作负责人、补充教育机构教师、数学兴趣社团负责人等。一般而言，该专业毕业生需掌握一般文化胜任力、一般职业胜任力和专业胜任力。具体可见表20。

表20　师范教育方向学士层次胜任力一览表

胜任力	具 体 胜 任 力	
一般文化胜任力	能够利用哲学和社会人文科学知识形成科学世界观（OK-1）；能够分析历史发展的主要阶段从而形成爱国主义精神和公民意识（OK-2）；能够使用自然科学和数学知识在现代信息空间中进行定位（OK-3）；能够使用俄语和外语进行口头和书面交流以解决一些人际协作和跨文化协作任务（OK-4）；能够进行团队合作，包容并接受社会、文化和个人差异（OK-5）；能够进行自我组织和自我教育（OK-6）；能够在不同活动领域使用基本法律知识（OK-7）；保证良好的身体素质以保证高质量的工作（OK-8）；在极端情况下能够使用急救手段和保护方式（OK-9）	
一般职业胜任力	愿意理解自己未来职业的社会意义，具备从事职业活动的动机（ОПК-1）；能够根据社会、年龄、心理生理和个性特征，包括学生的特殊教育需求，完成教学、教养和发展工作（ОПК-2）；准备好在教育教学过程中进行心理—教育辅导（ОПК-3）；准备好按照教育领域的法律规范进行专业活动（ОПК-4）；具备基本职业道德和语言文化（ОПК-5）；准备好保证学生的生命安全和身体健康（ОПК-6）	
专业胜任力	准备好按照教育标准的要求实施科目教学大纲（ПК-1）；能够使用现代方法和技术进行教学和诊断（ПК-2）；能够在教学和其他活动中完成学生的教养和精神道德发展任务（ПК-3）；能够利用教育环境提供的机会在教学中达成个人成就、跨学科成就和学科成就，并通过教授课程保证教学教养过程的质量（ПК-4）；能在学生的社会化和职业自我确定的过程中提供教育学辅导（ПК-5）；准备好与教育过程的参与者进行相互协作（ПК-6）；能够组织学生合作，鼓励学生的积极性、首创性和独立性，发展他们的创造能力（ПК-7）	教育活动
	能够设计教学大纲（ПК-8）；能够设计学生个性化教育路线（ПК-9）；能够设计自身职业成长和个人发展轨道（ПК-10）	项目活动
	准备好利用系统化的理论和实践知识在教育领域提出研究问题并解决（ПК-11）；能够带领学生进行教学研究活动（ПК-12）	研究活动
	能够发现和形成不同社会群体的文化需求（ПК-13）；能够开发并实施文化教育项目（ПК-14）	文化教育活动

资料来源：表19根据第3+代高等教育联邦国家教育标准师范教育方向学士培养项目制成。

　　通过上表可以看出，以具体"胜任力"指标作为培养结果不仅能充分保证学生在个性层面和专业层面的成长，也能满足快速变动的教育市场对于人才的需求。学生在掌握一般胜任力的基础上还能明确掌握符合不同专业活动领域需求的胜任力，不再受限于固定的工作岗位，也能在已经习得相应胜任力的基础上选择其他培养项目继续求学，灵活度和个性化程度大大增加。同时需要指出的是，学士层次也增加了项目活动和研究活动的相关素养，这足以体现学士层次的师范教育开始愈加重视科研和教育相结合，并且也能体现学士培养项目和硕士培养项目之间的衔接性，为学士层次毕业生继续攻读硕士学位奠定重要基础。

二、培养内容

（一）模块化课程结构

赫尔岑师范大学的数学教育专业学士培养项目的教学大纲包括"课程（模块）"板块、实践模块和国考板块，所需学分为 240 学分，但各板块所占的学分有所差异，"课程（模块）"板块为 204-210 学分，实践板块包括 21-30 学分，国考板块占 6-9 学分。

在数学教育专业学术型学士培养项目的基本专业教学大纲（ОПОП）中，"课程（模块）"板块共包括 13 大课程模块和 3 门课程。具体包括："历史-哲学"模块、"交际"模块、"自然科学"模块、"健康保护"模块、"经济-法律"模块、"心理—教育学"模块、"教学法"模块、"代数与数论"模块、"几何学与拓扑学"模块、"物质、综合和功能分析"模块、"一般数学"模块、"补充教育"模块、"教学—研究"模块、体育文化与运动（选择性必修课程）、在学校教授几何学的一些问题和面理论。其中，"历史—哲学"模块、"交际"模块和"健康保护"模块涵盖了联邦国家教学标准规定师范教育方向学士培养层次的必修课程：哲学、历史、外语和生命活动安全。实践板块包括教学实践模块和生产实践模块两部分。

同时，每一课程模块所包含的课程数量和类型都得以丰富，比如"代数与数论"模块就包含数论、代数、数学逻辑、数系、扩张域、线性代数的补充章节、线性运算、基本代数结构、现代代数语言、域与多项式等多门课程。

（二）课程内容

在课程的模块化构建中，每一课程模块都指向具体的胜任力指标，在每一课程模块内部的课程内容设置方面，则是按照知识、技能和经验三方面来展开，即学生需要"熟知（знать）什么、善于（уметь）什么以及具备（владеть）什么经验？以"教学与教学法（数学教育）"为例，具体可见表 21。

表21　数学教育专业学士培养项目"教学与教学法（数学教育）"课程
　　　要求

知　识	技　能	经　验
学生的心理、生理和年龄特征；	考虑到学生的心理和个性特点开发数学教学法；	考虑到学生的心理和个性特点，具备确定学生教育需求的方法以及使用数学教学材料组织工作的方法；
组织心理—教育辅导的特点；	在数学教学过程中考虑到心理特征；	组织心理—教育辅导的理论基础；
数学教育标准和大纲的要求；	根据普通教育联邦国家教学标准和数学教学大纲的要求，设计数学教学过程；	按照普通教育联邦国家教学标准和数学教学大纲的要求，用数学教学材料开展工作的方法；
设计中小学数学教学过程的现代技术；	强调不同技术和教学方法的特点，并将其元素应用到数学教学中；	为了达到既定目标而开发数学教学材料的主要方法；
学生技能的掌握程度；	通过诊断发现学生对技能的掌握程度；	确定学生在数学教学中的技能掌握水平的诊断方法；
数学教学过程中的教养目标；	设计解决教育问题和教养问题的教材和情境；	实现教养目标的方法；
个人、元学科和学科成果；	设计方法并使用适当的技术来获得个人、元学科和学科结果；	在数学教学过程中实现个人，元学科和学科结果的方法；
学生的社会和专业自决的本质，教育领域的研究任务的特殊性；	解决有助于学生进行专业自决的教学问题；	组织教学支持的主要方法；
学生所进行的教学—研究活动的实质。	系统化理论和实践知识，以制定和解决教育领域的研究问题；	设定研究任务的方法，组织学生的教育和研究活动。

*数据来源：赫尔岑师范大学师范教育方向（数学教育）学士培养层次的基本教学大
纲。*

　　换言之，通过该门课程的学习，学生需要达到知识、技能和经验三方面
的要求，并且从知识到技能再到经验这三方面是相互联系不断拔高的。首先
需要掌握该课程所包含的基本知识，第二步是需要灵活运用这些知识解决实
际问题，最后一步则是通过反思、总结和创新出一套与该问题相关的理论和

方法。课程内容的设计则围绕以上三方面的教学成果要求进行展开。具体可见表 22。

表 22　数学教育专业学士培养项目"教学与教学法（数学教育）"课程内容

序号	主 题 名 称	课程类型／学时			学生独立工作／学时	总学时
		讲授课／学时	实践课／学时	实验课／学时		
第 5 学期						
1	数学教学体系	2	0	0	2	4
2	在数学教学中利用学生的个体经验	2	1	0	2	4
3	学校数学课程中的任务	2	2	0	2	6
4	逻辑-数学分析的理论内容	1	1	0	2	4
5	规则和算法的教学方法论	1	1	0	2	4
6	数学概念	2	2	0	4	8
7	数学命题和定理	2	2	0	4	8
8	主题的方法论分析	2	1	0	4	7
9	数学教学过程中学生知识和技能的评估	0	1	0	2	3
10	初中数学教学的形式和手段	0	1	0	4	5
11	数学课	0	2	0	2	4
12	普通教育学校 5-6 年级的数学教学方法的特点	2	1	0	2	5
13	5-6 年级和小学数学教学的连续性	0	1	0	2	3
	......					
28	初中几何课程中的关系线	3	7	0	8	18

数据来源：赫尔岑师范大学师范教育方向（数学教育）学士培养层次的基本教学大纲。

大学化的师范教育要为学生提供广博的人文科学知识、高深的学科知识与专精的教育教学知识，进而促进学生在个人发展和职业成长方面的胜任力的提升，而这些知识、技能和本领的传授需要靠课程来实现。因此，课程体系越丰满、体系综合化程度越高将为学生的学习提供更广阔的空间和机会。
与 20 世纪 80 年代末苏联的数学教育专业相比，赫尔岑师范大学数学教育专
业的课程体系丰满程度大大提升。这种体系丰满程度的提升主要体现在课程
体系总量方面，苏联时期的数学教育专业课程只有 9 门，现行课程体系则有
约 56 门课程，苏联时期的通识教育课程极为缺乏，而现行的课程体系则从历
史—哲学、语言交际、健康保护、自然科学多个模块进行课程构建，逐渐强
调学生的人文科学素养的培养。同时，课程体系的综合化程度也进一步提升，
具体表现为课程的学科种类更加广泛，人文学科、社会科学、自然科学均有
涉猎，主修数学教育专业的学生同样需要学习人文学科和社会科学的内容；
出现更多跨学科课程模块，比如历史—哲学、经济—法学、一般数学模块中
的物理课程和世界物理图景。再者，模块化课程的构建大大提高了课程体系
的灵活性，学校可随时根据社会、科技和教育科研的发展及时更新、充实、
调整，真正实现课程的"与时俱进"。

三、培养途径

课程教学、实践活动和课外活动是赫尔岑师范大学的三大主要培养途
径，均鲜明体现了实践导向化。其中，课程教学强调学生独立工作和师生互
动工作，注重探究性学习，实践活动和课外活动的形式也更加多样和个性
化。

（一）课程教学

对于赫尔岑师范大学师范教育方向而言，课程教学仍然是最主要的培养
途径，其涵盖的学分占所需总学分的约 87%。课程教学的形式也十分多样，
主要包括师生互动工作（контактная работа обучающихся с преподавателем）、
学生独立工作（самостоятельная работа）、讲授课（лекционные занятия）、实
验课（лабораторные занятия）、实践课（практические занятия）。其中，具
备科研性质的独立工作和师生互动工作所占的学时比重最多，在此处选择数
学教育专业学士培养项目"历史 哲学"模块、"文际"模块、"教学法"
模块等 13 个课程模块的课程教学活动进行分析并制成表 23。

表23　数学教育专业学士培养项目课程教学活动类型学时分布表

模　　块	学生独立工作/学时	师生互动工作/学时	讲授课/学时	实践课/学时	实验课/学时	合计/学时
"历史—哲学"	116	100	50	50	0	316
"交际"	186	138	36	34	68	462
"自然科学"	114	102	54	48	0	318
"健康保护"	110	106	48	58	0	322
"经济—法学"	126	90	42	48	0	306
"心理—教育学"	368	280	110	170	0	928
"教学法"	288	252	98	154	0	792
"代数与数论"	722	466	198	268	0	1654
"几何学与拓扑学"	436	320	117	36	167	1076
"物质、综合和功能分析"	648	432	216	216	0	1512
"一般数学"	720	576	189	207	180	1872
"补充教育"	180	144	52	74	18	468
"教学—研究"	216	108	44	64	0	432
合计	4230	3352	1254	1427	433	10458

数据来源：赫尔岑师范大学师范教育方向（数学教育）学士培养层次的基本教学大纲。

　　从上表可以发现，在13大课程模块中学生独立工作的学时所占比重最高约为40%，其次为师生互动工作，约占32%，并且在每一单独模块中，学生独立工作和师生互动工作的比重依旧最高。由此可以充分体现培养途径中的实践导向，以"传授"知识为主的讲授课程不再是主要形式，以"胜任力"为核心的学生独立学习、探究并辅以教师指导成为课程教学的主流形式。

　　同时，在每一课程设计中，都对学生独立工作的必修和选修内容进行了详细规定。以"教学法"模块中的"教学与教学法（数学教育）"课程为例，其中规定学生独立工作的必修内容包括28个主题，共计98个学时，选修内容包括28个主题，共计45个学时。现各选取5个主题制成表24。

表 24 数学教育专业学士培养项目"教学与教学法（数学教育）"课程
学生独立工作内容表

主 题	学 生 独 立 工 作 内 容	学时
必修主题		
1	1.1 关于普通学校数学教学目标的文献分析	1
2	2.1 依据个人经验选择材料作为主要教学内容以引入某个概念	1
……	……	……
7	7.1 对某主题的理论问题的现实意义的论述；对给定的定义进行逻辑—数学分析 7.2 在给定的理论中选择一种开发教学方法	1 1
……	……	
课程论文准备		10
考试准备		36
选修主题		
1	1.1 选择数学教学方法体系的资源 1.1 对"数学教学方法体系"概念的不同解释	1 0
……	……	
5	5.1 特定主题中算法的逻辑和数学分析 5.1 根据选定的主题制定算法指令	1 0
7	7.1 某主题定理的逻辑数学分析 7.1 自选某一概念设计课程引入该概念	1 0

数据来源：赫尔岑师范大学师范教育方向（数学教育）学士培养层次的基本教学大纲。

此外，赫尔岑师范大学还尤为重视不同教学过程组织形式的互动。以数学教育专业学士培养项目"教学与教学法（数学教育）"课程形式为例（可见表 23），课程内容 2-8，12，20-24，27 和 28 采用的教学组织形式为：带有讨论元素的问题探讨型课程、学习小组讨论形式；课程内容 5-8，21-23，26 和 28 采用的教学组织形式为：专业游戏（准专业活动）；课程内容 24 和 25 采用的教学组织形式为：开展研究型实验（问卷、访谈、观察等）。

（二）实践活动

实践板块是第 3+ 代《高等教育国家教学标准》明确规定的各专业基本教

学大纲中必须包含的三大板块之一，与"课程（模块）"板块和国考板块并列。其中，学士培养项目的实践板块所占学分比例相对较小，一般在 21-30 学分之间。

实践活动包含的类型也十分多样，不同的类型指向不同的胜任力。学士培养项目的实践活动包含教学实践和生产实践。以数学教育专业的学士培养项目为例，教学实践的类型为在基础普通教育机构（5-9 年级）进行教育实践活动，学生通过实践应习得专业胜任力 1，2，3，4，5，6，7，主要活动内容如表 25 所示。

表 25　数学教育专业学士培养项目教学实践任务表

类型	内　容
必修	专业教育任务 1"学校肖像"：制作一张"学校肖像"，包括其历史、传统、教学大纲、教职员工的基本教育理念、学校教养体系的特色。
	专业教育任务 2"数学课描述"：参观不同的数学课，请标注出三种最常见的数学课类型。请描述至少三种不同类型的数学课。
	专业教育任务 3"教育情境"：根据观察，至少描述三种数学教学过程中的教育情境，进行分析并指出针对所描述情境的个人立场。
	专业教育任务 4"专业自我教育"：由于信息或专业胜任力的不足，通过教学实践仍未获得答案的与数学教师专业教育活动相关的问题; 提出问题, 制定信息搜寻计划并回答问题。
选修	专业教育任务 5"数学课"：设计和教授数学课，以发展执行和评估口头计算结果的胜任力。
	专业教育任务 6"课外数学活动"：为 5-9 年级的学生设计并实施课外数学活动。
	专业教育任务 7"班主任助手"：在实习期间担任班主任的日常工作助手。

数据来源：赫尔岑师范大学师范教育方向（数学教育）学士培养层次的基本教学大纲。

教学实践通常在第 5 学期展开，为期两周。在教学实践中，学生应当完成全部必修任务和其中一项选修任务，必须与实习指导教师一起听至少 3 堂 5-9 年级数学课并进行分析，必须独立参加 10 堂数学课和其他学科课程，应当批改学生作业、考试卷，并分析所在班级学生的学习情况。在实践期间，师生互动的主要形式是共同参加在大学和中小学举行的实习开启和结束会议、咨询会、共同听课和评课。

生产实践则包括教育实践、旨在获得专业技能和经验的专业实践和毕业实习三大部分。教育实践是在第 5 学期进行的教学实践基础上的提高版，通常在第 7 学期和第 8 学期展开，第 7 学期工作量为 23 天，第 8 学期工作量为 51 天，增加了指向专业胜任力 12 的研究活动内容，主要活动内容如表 26 所示。除需完成第 5 学期开展的教学实践同样的任务外，还需进行完成其他四项任务：准备并教授数学课程；协助班主任开展日常工作（检查日记、与学生交流等）；参与组织和开展班级和学校活动（文化郊游、晚会等）；准备并开展课外活动。

表 26　数学教育专业学士培养项目教育实践任务表

类型	任　　　务	学　期
必修	专业教育任务 1 "研究教学经验"：回顾并描述课堂教师的教学经验，以论文的形式呈现。	第 7 学期
	专业教育任务 2 "情境任务工作的设计过程"：熟悉教师使用的情境任务教学法。开发用于处理特定情境任务的工作方法并进行实验。	
	专业教育任务 3 "评估系统的要素设计"：为所在班级的一个学习主题选择评估工作内容，并对评估工作进行定性和定量分析。	
	专业教育任务 4 "设计课外活动"	
	专业教育任务 5 "现代数学教师形象"：研究并描述数学教师的教育教学经验。	第 8 学期
	专业教育任务 6 "设计数学课"：在所在班级设计并开展 10-15 节数学课（至少 6 堂课是连续的）。	
	专业教育任务 7 "为 5-9 年级的数学课程的主题之一制定详细的主题学习计划"	
	专业教育任务 8 "开发学生知识评估系统"	
	专业教育任务 9 "设计学校数学补充教育体系中的各个元素"：编写并实施一个项目，以组织和开展 5-9 年级学生的课外数学活动。	
选修	专业教育任务 10 "学生肖像"	
	专业教育任务 11 "微观研究"	
	专业教育任务 12 "设计现代学校侧重专业前培养的组成部分"	
	专业教育任务 13 "关于毕业论文的研究"	

数据来源：赫尔岑师范大学师范教育方向（数学教育）学士培养层次的基本教学大纲。

（三）课外活动

赫尔岑师范大学始终与教育领域的众多雇主保持密切的合作关系。其中，与师大保持着长期合作伙伴关系的有中小学校、幼儿园、补充教育机构、社会组织等。大学和雇主的主要合作形式有合作协议、实习实践协议、活动协议（招聘会、研讨会、圆桌会议、大师班等）、联合活动项目等，同时雇主还会参与毕业生的毕业设计和国考测评评审，并积极参与大学的科研项目。

以天才儿童补充教育机构"天狼星"教育中心为例，赫尔岑师范大学长期与该教育中心保持良好合作。赫尔岑师范大学专门开设"天才支持教育学"全日制硕士项目（Магистерская программа «педагогика поддержки одаренных»），该专业硕士生每年可以在"天狼星"教育中心学习以及工作两个月，毕业之后仍有机会直接进入中心工作。赫尔岑为该中心培养大量优秀师资，同时该中心也为赫尔岑师范大学的学生提供了宝贵的实习机会。

四、培养评估

（一）评价工具体系的开发与鉴定

赫尔岑师范大学的评价工具体系需经过教研室内部鉴定和院系学术委员会鉴定两道工序。评价工具体系首先需经过教研室内部鉴定。鉴定专家一般为具有副博士学位或博士学位和（或）具有相应领域副教授或教授职称的科研—教育工作者，他们一般也是基本教学大纲的制定者。对于评价工具体系的鉴定一般在制定课程大纲、实践大纲和国考时就开始进行。一般鉴定方式为教师个人完成测试题、专业任务以及其他不同类型的任务（论文、专题报告等），再由鉴定委员会集体共同完成以上任务。最后鉴定委员会做出最终决议，即是否在教学过程中使用该评价工具体系。

如果该评价工具体系通过教研室内部鉴定，则会在该教研室所在院系的学术委员会会议上批准这一决议。如果其他教研室的课程（模块）与该门课程有相同的培养目标，可以采用同一评价工具体系。在这种情况下，负责教授这些课程（模块）的教研室之间可以进行一个共同决议。评价工具体系需在每学年开始时进行更新，并由所在院系学术委员会批准通过。

（二）评价工具体系的结构及内容

赫尔岑师范大学的基本教学大纲的评价工具体系包括结构化和非结构化两大部分。结构化部分包括测试、问答和口试考查等，非结构化部分包括专业任务、案例、模拟演练、情境任务等等。

　　具体的评价内容和标准则根据评价形式的不同分别进行规定。结构化部分中测试的评价按照测试任务的要求进行，问答和口试考查则根据课程（模块）大纲内容进行评价，所有结构化部分都旨在评估学生的认知胜任力。非结构化部分的评价需遵循三条原则，首先，需要符合基本教学大纲所要求的胜任力并且有可能对内在胜任力进行评估，诸如认知胜任力、活动（功能）胜任力、动机胜任力或其中一些；其次，任务背景需要符合职业标准（基本教学大纲中所要求的职业活动类型），也就是说任务的内容应该能使学生展现所学知识并选择符合胜任力要求的适当行动；第三，具备评价专业任务完成度的评价标准。

　　学生独立工作的内容是"胜任力"评估的主要工具，以数学教育专业"教学法"模块中的"教学与教学法（数学教育）"课程为例。该门课程需要掌握一般职业胜任力2，3和专业胜任力1，2，3，4，5，11，12，各胜任力的习得需要完成相应的独立工作任务。换句话说，独立工作任务的完成情况是衡量素养是否习得的主要标准，具体可见表27。

表27　　"教学与教学法（数学教育）"课程的胜任力评估工具表

胜任力代码	胜任力评估工具[1]
一般职业胜任力2	必修独立工作：2.1，9.1，22.2，28.1； 选修独立工作：2.1,27.1,28.1
一般职业胜任力3	必修独立工作：8.1，26.3，28.3； 选修独立工作：5.1,8.1,22.1
……	……
专业胜任力11	必修独立工作：13.1，18.1，23.1，24.1,26.2； 选修独立工作：10.1,12.1,24,1
专业胜任力12	必修独立工作：14.1,22.3,26.3； 选修独立工作：16.1,17.1

数据来源：赫尔岑师范大学师范教育方向（数学教育）学士培养层次的基本教学大纲。

　　对于例行鉴定而言，评估形式主要为考查，一般分为通过和未通过两个

1　可参见表29。

等级，具体评估标准如表 28 所示。

表28 "教学与教学法（数学教育）"课程例行鉴定评估指标表

等 级	指 标
通过	相应胜任力的发展水平不低于"熟知"的层次，正确完成三分之二的必修独立工作任务
未通过	未完成必修独立工作任务或者完成少于三分之二的必修独立工作任务，一半的预设胜任力未达标

数据来源：赫尔岑师范大学数学教育专业基本教学大纲。

该课程的中期鉴定一般通过学年末考试和课程论文的形式进行，具体分为"优秀"、"良好"、"及格"、"不及格"四个等级，具体鉴定评估指标见表30。

表29 "教学与教学法（数学教育）"课程中期鉴定评估指标表

等 级	指 标
考试	
优秀	在知识、技能和经验层面上形成一般职业胜任力2，3和专业胜任力1-5，正确回答考试中的理论问题，并完成考试中的实践任务
良好	在一般职业胜任力2，3和专业胜任力1-5方面不低于知识和技能层面的水平，正确回答考试中的理论问题，展示了解决实践任务的方法或知道如何解决但无法完成
及格	在一般职业胜任力2，3和专业胜任力1-5方面不低于知识层面的水平，正确回答考试中的理论问题但答案不完整，解决了部分实践任务；或者对理论问题给出了完整答案，基于先导问题提出了解决实践任务的方法
不及格	形成了不到一半预设胜任力，无法回答考试的理论问题
课程论文	
优秀	论文反映了知识、技能和经验全部三个层面上的专业胜任力 11，12，符合课程论文的全部要求
良好	不少于知识和技能层面上达到专业胜任力 11，12，符合课程论文的主要要求
及格	不少于知识层面上达到专业胜任力11，12，符合课程论文的主要要求，但不是全部
不及格	专业胜任力11，12低于知识层面，未达到课程论文的主要要求

数据来源：赫尔岑师范大学数学教育专业基本教学大纲。

综上，在侧重"胜任力导向"的人才培养模式中，对学生在每个阶段习得的胜任力进行合理公正鉴定非常重要，有利于对学生的学习提出改进意见，促进学生胜任力的进一步提升。

第三节　РГПУ 人才培养模式变革的影响

所有的教育改革离开了教师的参与便无法真正实现。正如国际 21 世纪教育委员会前主席雅克·德洛尔（Jacques Delors）所言，如果违反教师的意愿，或者缺少教师的支持，那么教育改革将永远不会成功。加拿大著名教育家迈克尔·富兰（Michael Fullan）也认为有必要关注教师、学生和其他相关人员对教育改革的看法，因为只有当教育的所有参与者都开始基于新的要求从个人立场设计自身活动时，教育改革才真正开始。[2]一项 2008 年对赫尔岑师大教师的调查显示，有参与本科生培养的教师承认，从教学方面来说目前的学士培养和以前的专家培养并没有特别大的区别，只是学制的缩短，也就是学习时间的减少。也有教师认为，从专家培养全面转向学士—硕士—副博士培养会降低师范教育的质量。[3]这项调查令我们深觉有必要探讨人才培养模式变革在现实层面的真实情况。

从 1992 年赫尔岑师范学院升级为师范大学已经过去将近 30 年，其在制度层面上的人才培养模式变革已经趋向成熟，但是从赫尔岑师大一线教师的视角来看，实际情况却更加复杂。那么师范教育制度层面的改革给教师的一线教育教学活动带来了哪些最真实的变化，这些教师又是如何看待这些变化的，我们将从教师的视角出发通过访谈得出结论。

一、制度导向下教育教学活动的变化

通过访谈我们发现，赫尔岑师范大学人才培养模式在制度层面上的变革对于大学教师的教育教育活动起到了正面的导向作用，推动了一线教育教学活动走向个性化、人本化、实践导向化和反思研究化。

2　Фуллан М. Новое понимание реформ в образовании [М]. М. : Просвещение, 2006: 112.

3　Шубина Н.Л. Стратегическое планирование развития уровневого образования в РГПУ им. А.И. Герцена （2008-2015гг.）[J]. Universum: Вестник Герценовского университета, 2008（7）: 3-8.

（一）个性化

个性化主要指人才培养具有针对性和多样性，具体体现在教育内容的个性化设计、个性化教学方法和个性化评估的实施方面。

1. 个性化教学内容

教学内容的设计是组织教育活动的重要环节，个性化教育便是在设计教学内容时充分考虑到学生的个人兴趣、学习特点以及对知识的需求。

> 在我的教学活动中，我会充分考虑到学生的特点和需求来设计教学内容。比如在我设计课程内容和实践活动时，会尝试多设计几种不同类型的教学计划或者任务练习，以此提供给不同的学生选择学习任务的机会。在学生具体进行学习任务的学习时，我会给予一对一针对性辅导，这样有利于学生明确自己需要解决的具体问题并寻求帮助。而不是所有的学生都学习同样的内容，这样不利于学生的个性化成长。

2. 个性化教学方法

每个大学生都是独立的个体，拥有独立的思想和人格，按照千篇一律的方法只能将学科知识、教育学心理学以及教学法知识灌输进未来教师的脑子里，不仅无法保证学生的学习效果，还会影响其未来的教育教学工作。个性化的教学方法则是在基于学科规律的前提下根据学生自身已有的知识水平、胜任力和实践经验来进行有针对性地引导性学习，引导学生自己发现知识并运用知识。

> 在我看来，教师首先需要发现学生内在的胜任力以及他们已有的生活实践经验，在此基础上对其采用个性化的教学方法。在我的班级里通常会有学生家里有弟弟妹妹正在上小学或者幼儿园，还有的学生会在暑期去中小学或者培训机构实习，我在课堂上讲到有关教育学心理学、教学法相关内容时，我便会让这些学生根据自己的经历举例说明相关情况。这样他们会对理论性的知识有更加深入的理解，还能切实地将这些理论运用到生活中指导自己的实践。

除了教师的"教"，个性化教学方法的实施还有一个关键那便是学生的"学"，教师的任务便是找到学生的学习动机，或者说学生进入师范大学、选择教师职业的动机，进而引导学生主动探索个性化学习路径。而如何找到动机，则不仅需要从教育活动内部中发现，还要在学生参与的其他不同类型的活动中真正了解其内在个性。

　　　　教学法只是基于一般情况进行讨论，而对于越来越追求多元化、个性化的学生来说，很难找到适合每个人的教学方法。不过有一点不变，那就是要找到激发学生自主学习的"钥匙"，也就是学习动机。在强大的学习动机下，学生会自己探索独特的学习方法。因此学校会组织各种各样类型的活动，让教师了解到学生不同的兴趣爱好和个性特点，深入与学生交流，从而发现学生的学习动机并加以激发。

　　　　我们现在所采用的都是模块化课程设置，并且所开设的课程数量大大增加，课程内容和形式也十分多样，学生可以自由选择课程，可以在课程教学大纲规定的范围内选择不同的任务进行学习，可以选择个人研究方向，还可以自主选择实践场所，比如我们现在有很多外国学生，他们可以选择本国的学校进行教育实践。

3. 个性化评估方式

除了教学内容和教学方法的个性化，根据学生个人学习特点和学习情况进行有针对性的评估，能够帮助学生诊断其在学习过程中的问题，从而进一步促进学生的进一步发展。

　　　　我一般会针对不同的学生布置不同的学习任务，也就是教学任务的区分化，在学生完成任务之后，我会与学生进行一对一的辅导和咨询，有针对性地给他们提出建议方案。

（二）人道化

教育学就是人学。正如苏联著名教育家苏霍姆林斯基所言，正如世界上任何一种需具备专业技能的、有一定目的性的、系统的工作一样，教育也是一项专业的工作，但由于是跟人打交道，又带有许多特殊属性。教师职业的创造性的最重要表现之一就是其工作对象是一个处于不断变化发展中的儿童，教师的工作就是培养人，这也使教师担负起特殊且重要的责任。虽然苏霍姆林斯基的思想形成和发展于马克思列宁主义思想主导的社会主义社会，但是其人道主义理念的内核在当前的俄罗斯仍然具有深刻的指导意义。

　　教师的工作对象是独立个体最细微的精神世界，教师个人的价值观将会对学生产生巨大的影响。因此，培养未来的教师不仅要让其掌握科学文化知识和教育教学方法，更重要的是要关注其世界观、理想信念等精神层面的塑造，尤其是关于教育活动的价值观的塑造。要让未来教师理解到自己工作的本质，是与世界上最珍贵的东西——人打交道，是促进人的个性的全面发展，要培养未来教师对人的无限信心，只有这样才能对学生给予充分的耐心。

价值观层面的塑造，作为培养未来教师的教师更要以身作则。与学生打成一片，不摆老师的架子是我的风格。我就经常参加我的学生们的各类团体活动，耐心了解他们在学习和生活中的出现的种种状况并帮助其解决，了解他们的兴趣爱好，并且尊重每一个学生，对每一个学生所遭受的不幸和苦难给予同情和帮助。

关于教育价值观的培养，我总会与学生深入讨论这个话题，让所有学生都参与进关于这一问题的对话中。

我认为，要让学生形成正确的教育价值观，首先要让他们领悟到什么是正确的价值观。因此我会选择很多关于教育价值观的电影、书籍、文章和实际案例跟学生分享，进而让学生对其中的教育行动进行评价，了解教师行动背后的价值理念是什么，讨论教师的行动和决定会给学生带来什么样的影响。

（三）实践导向化

知识与实践脱轨一直是苏联师范教育的一大重要内在危机，师范生所学的教育学理论知识往往不能真正用到课堂教学中，新手教师通常还是通过模仿资深教师的行为来获得教学技能。因此俄罗斯的新型高等师范教育人才培养模式更加注重实践导向化，强调学生通过实践活动习得胜任力。这种实践体现在教育实习方面，主要通过扩大大学的教育空间得以实现，例如建立社会—大学集群、大学联合会等，并且还为学生提供多样化的实践方式，诸如连续实习、分散实习和集中实习相结合、提供教育心理实践诊所、教育实验室等，还体现在课堂教学方面，学生独立工作的比例极大提高。

确切地说，加强实践导向已经成为师范大学组织人才培养活动的重要原则。从我们一线的教育活动方面来看，学生独立工作和学习的时间大大增加了，同时学生实践的类型的也更多了。

加强实践导向在我的教育教学中体现地更加明显，我会不断更新学生的实践任务内容，并且会根据最新的科研成果丰富我的实践任务。

事实上，胜任力导向型国家教学标准的制定已经确定了未来教师培养的实践导向化本质。总的来说，培养的目标、内容、途径都朝向实践导向发生了变化，例如更多的开始组织案例教学、情境教学等。

在我们开发基本教学大纲的时候就会考虑到一线教育实践的实际需求，尤其是在硕士培养层次，我们希望所培养的毕业生能真正具备解决实际教育任务和问题的胜任力。

通常在设计基本教学大纲的实践板块时，会考虑雇主的需求，也会考虑到当下教育中的变化，比如学科内容的更新、大学生独立工作任务的变化以及一些新的促进专业胜任力养成的专业任务的变化等。

（四）反思研究化

在对人的个性发展要求更高的未来世界，教师所传授的再不是死板的知识和教科书，而是帮助学生习得能使之进行终身学习的胜任力，教师所面对的也不再仅仅是黑板、学生、教科书的标准化情景，而更多地是走进一个未知的充满变化的非标准化的教学情境。这一切都对未来教师的自我发展胜任力提出了更多的要求，教师需要有优秀的心理素养，需要具备反思能力和研究能力。

我们培养的未来教师应该具备一定的反思能力，能够评估自己的行为，能准确判断教育教学过程中出现的问题并加以解决。为了培养我们的学生这方面的胜任力，我们在所有课程和实践任务中均加入了反思环节。比如通过情景课堂和实习活动来讨论课堂上的真实情况，并让各位学生对自己将要采取的行动进行评价反思。

二、变化中的危机

除以上的积极变化外，制度层面上人才培养模式的变革也给师范大学的一线教育教学活动带来一些危机。

（一）实用主义下教师职业想象力的丧失

在教育市场化愈演愈烈的背景下，师范大学的学生同样被卷进追求实用主义的浪潮中。学生学习很少是为了单纯地获取知识和智慧，更多地是为了学分和排名。毕业生更多地是关心自身的个人生活，而非社会中的普通大众。在学生心中，教师只是一个谋求生活的职业，而对教师应该具有的人文关怀缺少感知。

> 现在的青年人只追求实用主义，缺少关于职业的浪漫情怀和想象力。

> 我们通常要费尽口舌学生才愿意参加一些"没用的"活动。

> 学生为了满足学分的要求，经常选择一些比较容易的课程，而对那些拔高课程没有丝毫兴趣。

在实用主义意识主导下，学生更青睐选择收入更高、地位更高的工作，也因此更愿意进入有声望的一流研究型大学，只有高考成绩不理想的学生才会选择师范大学。这也是为什么，尽管可能师范大学的人才培养质量不差，进入中小学工作的毕业生也很优秀，但却经常有人离开教师岗位。

（二）标准化下的形式化

自俄罗斯制定国家教学标准以来，大学也开始积极引入各类教育标准，形成评估教师和教职工活动的各类等级，实施标准化的质量管理体系，在人才培养方面出现了一种形式化现象。在追求正式指标的同时，人们容易减少关注知识和人本身的重要性，而这其实才是大学真正得以实现创新、社会得以发展的源泉。[4]

> 这是一个使一切都标准化的时代。在与未来教师培养相关的管理层面透露着无处不见的形式化，大大降低了知识的价值。

> 现在我们在培养师范生的时候容易过于关注是否达到相应的标准，有时候会简单地认为达到了标准就是完美的培养，但事实往往并非如此，而这种形式化是非常有害无利的。现在的师范生培养真的比苏联时期强吗？

本章小结

本章以个案的形式可进一步深入了解俄罗斯高等师范教育人才培养模式

---

4 Бабинцев В. П., Римский В. П. Бюрократизация вуза как антиинтеллектуальный процесс [J]. Наука. Искусство. Культура, 2014（4）: 5-17.

变革的现实情况及影响。赫尔岑师范大学作为俄罗斯师范教育改革的积极推动者和参与者，自 20 世纪 80 年代末以来就致力于推动本校师范教育的改革，成为最早升格为师范大学并引入学士—硕士两级高等教育结构的高等师范教育机构。其在师范人才培养模式方面的变革与整个俄罗斯高等师范教育人才培养模式的变革是相辅相成的。在 20 世纪 90 年代，赫尔岑师范大学的主要变革任务在于构建学士和硕士培养层次的科研—教学—教法体系。进入 21 世纪以后，在博洛尼亚进程的推动下，赫尔岑师范大学的主要变革任务是基于第二代国家教学标准制定全新的基本教学大纲，提高师资培养质量。在 21 世纪第二个十年，赫尔岑师范大学的师范人才培养模式正式朝向"胜任力导向"变革，基于"调优"项目开发基本教学大纲。目前，赫尔岑师范大学的师范教育方向的所有培养层次均已采用第 3+代国家教学标准，正式形成了侧重"胜任力导向"的人才培养模式。通过对赫尔岑师范大学的教师进行访谈可以发现，制度层面形成的侧重"胜任力导向"的人才培养模式对一线教师的教育教学活动产生了产生了引导作用，在人才培养实践方面出现了个性化导向、人道化导向、实践导向化和反思研究化趋势，但也产生了一些消极影响，比如教师职业想象力丧失、标准化下的形式化倾向。

第六章　变革趋势：在守成中创新

　　变革是一个连续的过程，每一阶段的变化都会影响和约束下一阶段变革的方向。经过从"解冻"到"变革"到"再冻结"的三阶段变革过程，俄罗斯在高等师范教育人才培养模式变革方面产生了积极的反馈，所形成的侧重"胜任力导向"的人才培养模式符合现代社会对于新型教师的需求。与此同时，苏联高等师范教育的定向培养模式能够加强师范教育与普通教育的联系，满足社会对于师资的大量需求。因此，未来俄罗斯在高等师范教育人才培养模式变革方面坚持在守成中创新。其中，守成在于基于连续师范教育体系，打造教育统一空间，增强高师教育的师资培养功能；创新在于主动迎接数字时代，构建基于"数字胜任力"的新型教师胜任力结构模型。

第一节　注重通过连续师范教育体系培养高师人才

　　当前，俄罗斯高等师范教育逐渐大学化、开放化，但与此同时，俄罗斯也深刻认识到传统定向师范教育对于师资培养的优势所在，尤其是俄罗斯农村地区对于师资的需求十分强烈。因此，俄罗斯将立足传统，继续打造连续师范教育体系，加强高等师范教育的应用性。

一、区域连续师范教育体系建设

（一）连续师范教育体系构想的提出

　　终身教育的思想真正在俄罗斯被公众所熟知始于 20 世纪 70 年代，而这一思想也成为俄罗斯打造连续教育体系的理论根基。1972 年，联合国教科文组织的"富尔报告"被译作俄语出版，终身教育理念正式进入苏联，并开始被广泛讨论。在随后的几年中，不断有苏联学者发表关于连续教育的文章，苏联学界也开始组织相关研讨会。例如著名的教育家博·苏哈多利斯基（Б.Суходольский）1973 年在期刊《现代高等学校》上发表了一篇题为《连续教育和高等教育的任务》，[1]1974 年在莫斯科举行了联合国教科文组织关于大学在终身学校中的作用国际研讨会。[2]自此，终身教育理念下的连续教育体系的建设成为苏联教育界关注的重要问题，如何在终身教育范式的框架内持续提升教师的知识和技能以更好地满足社会发展的需求这一问题的解决也成为苏联学界关切的重点。

20 世纪 80 年代中后期，时任苏联总书记戈尔巴乔夫掀起了涉及苏联社会方方面面的改革，处于大变革萌芽时期的社会需求直接决定了苏共对于建设连续教育体系以及连续师范教育体系的认可。作为国民教育体系的重要组成部分，打造连续师范教育体系（система непрерывного педагогического образования）也在国家和教育学界的构想之中。1988 年，一批教育家如维·斯拉斯杰宁（В. А. Сластенин）、弗·伊里因（В. С. Ильин）和叶·别洛泽尔采夫（Е. П. Белозерцев）等共同撰写的《师范教育构想》（Концепции педагогического образования）被全联盟国民教育工作者代表大会通过，并且成为重建师范教育体系的指导性文件。该文件确定了师范教育连续性的原则，即大学前、大学和大学后师范教育的培养重点应在于使未来教师形成自我教育的技能以及善于在快速变化的信息中找到方向的能力。

（二）俄罗斯连续师范教育体系的打造

21 世纪初俄罗斯教育部颁布《2001-2010 年俄罗斯连续师范教育体系发展纲要》。该纲要是普京就职总统后在师范教育领域颁布的重要国家政策文件，为新世纪俄罗斯师范教育的发展确定了明确目标。纲要明确了未来十年俄罗斯师范教育的两大任务，其一为提高师范教育的教育教学质量，其二打造现代化的连续师范教育体系。

这一体系由三大部分构成：其一，联邦—区域师范教育管理体系；其二，

1　Суходольски Б. Непрерывное учение и задачи высшей школы [J]. Современная высшая школа. 1973（3）：97–111.

2　Современная высшая школа и непрерывное образование: симпозиум ЮНЕСКО в Москве [J]. Современная высшая школа. 1974（3）：222–226.

一套连续的中等、高等和高校后师范教育职业教育大纲；其三，中等、高等和高校后师范教育教育机构及各级各类学校合作网。具体如图 7 所示：

图 7 俄罗斯连续师范教育体系图

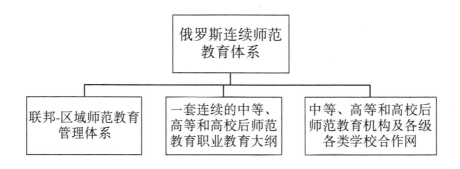

资料来源：Учебник: Введение в педагогическую деятельность

打造连续师范教育体系并非阶段之举，而是俄罗斯未来师范教育发展的一项长期任务。2020 年 11 月，俄罗斯教育科学院举行了"俄罗斯联邦师范教育发展战略定位"的重要会议，重点讨论由俄罗斯教科院和俄罗斯一流大学共同牵头制定的《2030 年前俄罗斯联邦连续师范教育体系发展战略》草案的修订。由此可见，打造连续师范教育体系将是俄罗斯未来师范教育发展的重要方向。

作为一个动态、灵活、开放的系统，俄罗斯连续师范教育体系能够实现三个层面的一体化。在师范教育管理层面，一改苏联时期高度中央集权的管理体制，开始注重联邦和区域层面的双元治理，加强中央统筹把控和区域因地调整相结合；在师范教育内部，统筹制定中等、高等和高校后师范教育职业教学大纲，充分考虑不同学段教学大纲的紧密衔接性；在教育体系层面，将学前教育机构、普通教育机构、中等职业、高等职业和高校后职业教育机构紧密联系起来，并形成一个高度协作的学校网，以此实现教育、科研和师资培养的一体化。

二、统一教育空间下高师教育的师资培养功能增强

基于连续师范教育体系的构建战略，俄罗斯将立足于师范教育的定向培养传统加强高等师范教育的师资培养功能。苏联的高等师范教育具有极强的师范性，这一师范性充分体现在定向培养和专才培养方面，师范学院的毕业

生直接进入中等教育机构担任教师。因此苏联的高等师范教育与普通教育的联系十分紧密，各师范学院一般都会有固定的普通教育学校或附属普通教育学校，以供大学生开展连续教育实习。随着俄罗斯高等师范教育的大学化，师范大学毕业生的出口更加多样化，为了保证普通教育机构师资的数量和质量，俄罗斯将打造新时代的连续师范教育体系，加强高等师范教育与普通教育的统一教育空间的形成，维护并增强高等师范教育的师资培养功能，这也是俄罗斯未来高等师范教育变革的重要方面。

2020 年 4 月，俄罗斯联邦政府颁布第 907 号决议，宣布将 33 所师范大学转归俄罗斯联邦教育部管理，包括俄罗斯国立赫尔岑师范大学、莫斯科国立师范大学、托木斯克国立师范大学等等。此举旨在加强师范大学的师资培养功能，促进高等师范教育与普通教育的协同发展，在构建统一教育空间的基础上提升俄罗斯人才培养的质量。该决议指出，当今的师范大学面临着两大任务：其一，从根本上变革针对未来教师的专业培养，确保未来教师拥有创新思维、掌握现代教育技术、能够根据信息社会的要求组织教育过程并保证教育促进发展的功能的实现；其二，师范大学本身应该成为普通教育体系中教育学知识创新的源泉，应当逐步实施旨在发展个性化教育路线和学生项目学习的计划，形成创新教育体系。[3]

打造连续师范教育体系、创建统一教育空间使得普通教育、中等职业教育、高等教育、补充教育等各级各类教育紧密连接起来，协同促进俄罗斯普通教育质量进入世界前十名，这也是俄罗斯《2018-2024 年俄罗斯联邦国家发展目标与战略任务》的重要目标。师范大学在未来应当将人才培养体系与普通教育相结合，将基础和理论培养与实践培养相结合，应当尝试基于普通教育机构的师资培养模式，提高大学生对普通教育的参与度，大力发展实习指导机制。而俄罗斯教育部的关键任务是使师范大学尽可能接近普通教育学校的实际教育教学生活，真正解决普通教育学校的实际任务和问题。

第二节　强调未来教师胜任力的数字化转型

随着信息技术的迅猛发展，人类逐渐步入数字时代，数字技术开始应用

3　Минпросвещения России. Распоряжение Правительства Российской Федерации NO. 907[EB/OL]. https://edu.gov.ru/activity/main_activities/teacher_education/. 2021-02-23.

于人类生产、生活、实践的方方面面之中，包括教育领域。数字技术在教育领域的推广和普及极大地推动了教育革新，教育内容的更新愈加迅速、学习资源的获取更加便捷、学习方式也更加多元化和个性化。毫无疑问，教师培养需要面向未来，数字教育的发展对未来教师的"胜任力"结构提出了全新的要求，这也是俄罗斯未来很长一段时间内进行改革的重要方面。

一、俄罗斯教育的"数字化转型"

（一）数字时代驱动教育变革

1. 数字经济对人才的新需求

面对着数字时代的来临，着手发展数字经济成为俄罗斯未来经济发展的重要方向。2018 年 5 月 7 日，普京就任俄罗斯新一届总统，开启了"铁腕总统"的第四任期，同时颁布《2018-2024 年俄罗斯联邦国家发展目标与战略任务》（"五月法令"），俄罗斯进入促进科学技术和社会经济突破性发展时期，面向数字时代发展数字经济是俄罗斯联邦未来的重要目标之一。基于该目标，"五月法令"提出了到 2024 年前发展数字经济的具体任务：用于发展数字经济的费用相比 2017 年至少增加三倍；建立稳定安全的信息和电信基础设施，以此高速传输、处理和存储所有机构和家庭均可访问的大数据等。

在大力发展数字经济的背景下，俄罗斯未来社会对于具备"数字胜任力"的创新人才的需求愈加强烈。数字技术在经济领域中的广泛应用将会导致众多传统职业的消失，许多职业均可被机器或人工智能替代。与此同时，数字经济的发展又对新型的掌握数字技术的人才有迫切的需求，高质量的新型人才资源大大保证了数字经济的快速发展。因此，数字化社会中不断涌现的新职位以及对新人才的强烈需求对教育提出了全新的要求，教育领域面临着理念、形态、模式等全方位的深刻变革。

2. 数字技术在教育领域的应用

不仅在经济领域，数字技术在教育领域的应用也愈加明显。互联网和电脑的普及使得远程教育得以实现，众多在线学习平台的推出使得足不出户便可坐拥全球教育资源成为可能，电子教科书、视频音频学习资源的开放化和可获得性使得个性化自主化学习成为现实。数字技术正在慢慢改变传统教育的面貌，教室、黑板和教科书正在逐渐被电脑、网络和电子资源所替代，教育过程开始向学生自主进行探究性学习转变，教师的角色也慢慢由知识的传输者变成学生学习的引导者，以学习者为中心的学习方式的变革逐渐发生。

总之，无论是发展数字经济对于具备"数字胜任力"的人才的迫切需求还是数字技术在教育领域本身的应用都在推动教育向"数字化"变革，这也是当前以及未来一段时间内俄罗斯大力发展数字化教育的重要原因。

（二）俄罗斯数字教育环境建设

面对着数字时代的来袭，俄罗斯开始积极建设数字教育环境，推动本国教育向数字化转型。2018 年颁布的"五月法令"对教育领域提出了两大目标：其一，保证俄罗斯教育的全球竞争力，并且使俄罗斯的普通教育质量进入全球前十名；其二，基于公民精神道德价值观教育、历史和民族文化传统教育培养和谐发展的、具有社会责任感的个体。基于这两大目标，"五月法令"还具体提出了十大行动任务，其中之一便是创建现代化的安全的数字教育环境，保障不同类型和层级教育的高质量和普及性。基于"五月法令"，俄罗斯联邦于 2018 年出台《国家"教育"项目》下属子项目《数字教育环境》，以此对法令中提出的教育目标和任务进行具体落实。

何谓数字教育环境？根据《数字教育环境》子项目中对其的定义，数字教育环境是社会文化环境的子系统，是为人的个性发展而专门组织的一套教育条件，这套教育条件中的基础设施、教育内容和方法、通讯交际等组成均基于数字技术而发挥功用。该项目提出的主要任务是在 2024 年前创造现代化的安全的数字教育环境，通过更新信息通讯设施、师资培养、创建联邦数字平台确保所有类型和层级的教育机构里学生的自我发展和自我教育的价值观的形成。

当前，俄罗斯教育已经开始向数字化转型，俄罗斯联邦教育部专门建设教育数字化转型中心，以此为现代化安全的数字教育环境的创建提供组织、管理、方法和专家等方面的支持。此外，俄罗斯还积极搭建数字教育环境联邦信息服务平台，为数字教育环境里的参与者进行有效互动提供信息服务，包括有关数字教育环境目标模型实施的咨询和方法支持等。

其中，在俄罗斯联邦各地区的普通教育机构和中等职业教育机构引入数字教育环境目标模型是主要目标之一。数字教育环境目标模型是现代化安全的数字教育环境的关键组成部分的综合功能模型，目的是确保各种类型和水平的教育的高质量和可及性。这一模型具体包括：针对学生、教师和教育行政管理人员的"数字胜任力"模型；个性化教学计划构建模型；教育组织的行政、管理和辅助程序自动化模型；通过数字教育环境评估教育质量的内部评价系统模型。

　　在未来的数字化社会中，数字教育空间为所有人随时随地学习知识和技能提供了机会，也为个性化、开放化学习提供了重要条件，更为人人实现终身学习、自主学习提供了可能性，这是未来各国间开展教育合作与竞争的基础和前提。因此，数字教育环境的建设是俄罗斯开发教育潜力、提高教育竞争力的重要抓手。在数字教育环境的建设过程中，数字教育技术的发展是关键方面之一。数字教育技术的使用能保证处于数字化转型过程中的教育任务的顺利实施，能充分发挥教育过程所有参与者的积极性和创造性。例如，在线教学技术，即可通过互联网和能接收发送视频图像和声音的设备进行远程教学，学生可实时在线学习知识和技能。

　　数字教育环境的建设既是俄罗斯积极迎接数字化社会对掌握数字技术的创新人才的迫切需求的重要举措，也是借此机会提升本国各种类型和水平的教育质量和普及性的重要方式。

二、数字化教育对未来教师"胜任力"的新要求

（一）基于"数字胜任力"的未来教师胜任力模型

　　数字教育环境的建设以及数字技术在教育领域的广泛应用都对教师的胜任力提出的新的要求，那便是发展教师的"数字胜任力"。这在俄罗斯的《数字教育环境建设》项目中也有体现，项目明确提出要发展教师的"数字胜任力"模型。面对着日新月异的数字技术和日渐多元化复杂化的数字教育环境，会使用一些简单的在线资源和在线教育技术已经远不能胜任未来教师将要面临的数字教育任务，因此构建"数字胜任力"模型十分必要。

　　目前学界对于"数字胜任力"尚无明确界定，仍处于讨论过程之中。俄罗斯区域公共组织《互联网技术中心》（РОЦИТ）自 2015 年起每年都对俄罗斯人的数字胜任力进行研究，该中心认为"数字胜任力"是安全有效地使用数字技术和互联网资源所必需的一套知识和技能。具体而言，"数字胜任力"包括在互联网上进行信息检索的能力、使用移动通信设施的能力、社交网络使用能力、通过互联网进行金融交易的能力、通过互联网进行商品和服务消费的能力、掌握关键信息并证实其可靠性的能力、互联网多媒体内容制作能力。[4]

4　Цифровая грамотность [EB/OL]. http://цифроваяграмотность.рф/. 2021-02-27.

欧盟专门开发了旨在提升和评估公民数字胜任力的《公民数字胜任力框架》（European Digital Competence Framework for Citizens），或简称为"数字框架"（DigComp）。2013 年欧盟颁布"数字框架"1.0 版本，随着信息技术的不断发展，又于 2017 年颁布"数字框架 2.0"。"数字框架 2.0"从五个维度对"数字胜任力"进行了界定：信息素养和数据处理能力；沟通与协作；数字内容创建；安全性；问题解决。在每个维度中又下分 3 至 6 种不同的具体的素养，共 21 种。

联合国教科文组织则是从教师的技术能力、教育能力以及知识水平的相互作用和影响的维度去构建教师胜任力模型——信息交流技术胜任力结构（ИКТ-компетенции）。这一信息交流技术胜任力结构是一个由六个模块和三大途径构成的胜任力框架，模块指胜任力类别，途径指胜任力的具体表达程度。具体见表 30。

表 30　教师信息交流技术胜任力结构表

每一途径中的六大模块	使用信息交流技术	掌握知识	生产知识
了解信息交流技术的教育功用	了解教育政策	理解教育政策	创新精神
教学大纲及评价	基础知识	使用知识	知识社会技能
教育实践	使用信息交流技术	解决综合问题	善于自我发展
信息交流技术的技术和大纲方法	基本技能	复杂工具	传播技术
教育过程的组织及管理	教学工作的传统形式	合作小组	学生组织
职业发展	计算机素养	帮助和指导	教师作为教学专家

可以发现，未来教师的胜任力结构是多元化的立体的，是各种胜任力相互融合交叉在一起的复杂结构。"数字胜任力"是其中必不可少的一项关键胜任力，除了"数字胜任力"之外，还包括教育能力、教学能力、交际能力等其他综合胜任力。

（二）胜任力结构更新下的未来教师培养变革

在侧重"胜任力导向"的人才培养模式之下，未来教师胜任力模型的更新势必会引发高等师范教育人才培养模式的新一轮更新，这一更新体现在培养目标、培养内容、培养途径以及培养评估的每一环节。目前，俄罗斯高等师范教育已经形成侧重"胜任力导向"的人才培养模式，最新的第 3++代《高等教育国家教学标准》（师范教育方向）对以"胜任力"为表征的培养结果进行了明确规定，即未来教师需要具备通用胜任力、一般职业胜任力和专业胜任力。随着数字化教育浪潮的袭来，未来教师的胜任力结构将会趋向基于"数字胜任力"的多重胜任力交叉融合模式，这将对俄罗斯的高等师范教育人才培养模式提出全新的要求。

俄罗斯教育科学院主席尤·琴钦科（Ю.П. Зинченко）提出数字化教育中的教师应具备七大新胜任力：在虚拟现实中交流的胜任力；远程教育胜任力，优化个人时间的胜任力；社会化与发展的传统形式的转变胜任力；独立自主的胜任力；平衡传统教育形式与数字化社会需求之间的差距的胜任力；避免低质量的教育内容进行网络传播的胜任力。在琴钦科看来，未来的教师是激励者、导航者、沟通者和研究员，其能在不断变化的世界中组织高效的教育教学活动，能够预防数字化社会所带来的风险，能够充分利用新的信息技术组织个性化的教学活动，能够将虚拟互动与现实交流相结合综合线上和线下教学等等。

总而言之，教师的胜任力结构会随着数字化教育的不断发展而更新。在新的信息技术条件下，大量创新教育技术被引入教育过程之中，远程教育技术的应用以及数字化教学的普及对教师基于"数字胜任力"的胜任力结构提出了全新的要求。这些新的要求将会逐渐反映在高等师范教育人才培养模式的变革之中。

本章小结

在守成中创新将是未来俄罗斯高等师范教育人才培养模式变革的重要趋势。在创新方面，俄罗斯高等师范教育人才培养模式的变革行动取得了积极的成效，所形成的侧重"胜任力导向"的人才培养模式符合现代社会对于新型教育者的要求。这一模式所强调的个性化、通才化、专业化以及实践导向化，能真正培养出具有通识素养的个性化创新型专业教师。因此，面对着已经来临的数字时代，俄罗斯在未来将继续深化这一模式，并且不断完善创新未来教师的胜任力结构。为此，俄罗斯已经开始着手打造统一数字教育环境，并开始建构基于"数字胜任力"的未来教师胜任力结构模型，而这也将进一步体现在未来高等师范教育人才培养模式的变革之中。而与此同时，俄罗斯也意识到高等师范教育大学化所带来的问题可能是师范教育与普通教育脱轨，普通教育机构师资减少等等。因此，俄罗斯在未来将立足苏联传统，继续打造区域连续师范教育体系并构建包含师范教育和普通教育在内的统一教育空间，增强师范大学的师资培养功能。

结　论

本研究基于组织变革理论，对自 20 世纪 80 年代末以来俄罗斯高等师范教育人才培养模式的变革进行探究。本研究首先对 20 世纪 80 年代苏联时期的高等师范教育人才培养模式进行分析，归纳出其模式特征，并将其作为变革起点；接下来对俄罗斯高等师范教育人才培养模式的变革环境进行分析，得出影响其变革的外部因素和内部动力；紧接着利用勒温（Lewin）"解冻—变革—再冻结"三阶段变革模型考察俄罗斯社会转型以来高等师范教育人才培养变革行动的动态轨迹，并得出变革结果，即高等师范教育侧重"胜任力导向"的人才培养模式，并以俄罗斯国立赫尔岑师范大学作为个案，探究俄罗斯高等师范教育人才培养模式变革的现实情况及影响；最后分析俄罗斯高等师范教育人才培养模式的变革趋势。在结论部分，本研究将对上述发现进行总结，并对俄罗斯高等师范教育人才培养模式的变革进行进一步的评价与反思。

一、研究发现

（一）新旧格局交替和师范教育的内在危机是影响俄罗斯高师人才培养模式变革的重要因素

俄罗斯高等师范教育人才培养模式的变革受到内外部环境的合力影响。从戈尔巴乔夫的"新思维"改革到苏联解体后俄罗斯所面临的全新国际国内环境是其高等师范教育人才培养模式变革的重要外部影响因素，苏联传统的高等师范教育"知识导向"人才培养模式与新时代脱轨所显现出来的内部危机是导致走向变革的内在推力。

20 世纪 80 年代末的风云变幻在国际社会和俄罗斯表现的都异常明显。信息技术和现代科技的日新月异以及经济全球化浪潮的袭来都使得世界日益变成一个紧密连接的整体，新时代对于国际化创新人才的需求愈加强烈。而这时的苏联已掀起"人道化、民主化、自由化"改革，并直接走向解体。独立后的俄罗斯开启了全面的社会转型，在政治制度上从社会主义走向资本主义，在经济制度上从计划经济转变为市场经济，全新社会对于多元化创新人才的需求逐渐加强。教师是人才培养的关键，由此，外部环境的变化成为俄罗斯高等师范教育人才培养模式变革的巨大推动力量。

面临着新的时代需求，传统侧重"知识导向"的专才培养模式的局限性逐渐显露出来，其在未来教师个性化、创造性以及综合胜任力培养方面存在不足，这也是其走向变革的内在动力。侧重"知识导向"的专才培养模式以学生掌握既已形成的知识和技能作为教育的目标，并且无论对于应该掌握的知识和技能的规定抑或是对培养目标的规定都是单一的、统一的。高等师范教育的培养目标根据全国所需的教师数量和教师种类来确定，培养内容由教育部出台的教育大纲进行统一规定，培养途径按照教育部规定的统一教学计划来安排，培养结果评估也要按是否掌握教育大纲涵盖的知识来衡量。在侧重"知识导向"的专才培养模式下，学生的个性、志趣在很大程度上被忽略，高师教育的主要目标是让学生掌握担任学科教师所必需的知识。在日益要求创新人才的时代，侧重"知识导向"的专才培养模式的固化性和创造性缺失逐渐显现，其跟不上时代步伐、难以满足学生个性化发展需求的弊端日渐明显。

（二）俄罗斯高师人才培养模式经历了从"解冻"到"变革"到"再冻结"的变革过程

俄罗斯高等师范教育人才培养模式的变革过程经历了从"解冻"到"变革"到"再冻结"的三个重要阶段。"解冻"阶段为 20 世纪 80 年代末以雅格金和第聂伯罗夫为首的教育变革者抓住戈尔巴乔夫"新思维"改革的契机采取"造势"战略，打破苏联传统教育模式平衡、创造教育变革驱动力的阶段；"变革"阶段是随着俄罗斯社会的全面转轨，教育变革者迅速发起变革，使 80 年代末的教育改革构想落地实施，探索新的高等师范教育人才培养模式的阶段；"再冻结"阶段是教育变革者将高等师范教育侧重"胜任力导向"的人才培养模式通过国家项目推广稳定下来的阶段。

"解冻"阶段的具体行动包括：推出"合作教育学"，利用权威教育学者的思想证实变革的必要性；由苏联国家人民教育委员会召开全苏教育工作者大会，借助高层意志推行教育"新思维"改革，在人道主义教育思想复兴的背景下讨论师范教育改革问题，提出师范教育改革的个性化、民主化和人道化构想。在这一时期，苏联高等师范教育固化的专才培养模式已被打破。

"变革"阶段分为两个时期，20世纪90年代是高等师范教育变革的启动阶段，俄罗斯引入学士—硕士两级高等教育结构，初步实现了高等师范教育结构的多极化和内容的国家标准化，但这一时期的人才培养模式仍侧重"知识导向"；21世纪初伴随着俄罗斯加入博洛尼亚进程，变革也进入深化阶段，学士—硕士两级高等师范教育结构在各高校广泛普及，国家开发和出台"胜任力导向"下的第3代、3+代《高等师范教育国家教学标准》，并基于欧洲"调优"项目开发"胜任力导向"下的基本教学大纲设计方法，高等师范教育人才培养模式正式走向"胜任力导向"化。

最后，"再冻结"阶段，也就是以颁布《2014-2017师范教育现代化》纲要为核心的变革稳定阶段，教育变革者将高等师范教育侧重"胜任力导向"的人才培养模式通过国家项目推广稳定下来。具体行动为出台《教师职业标准》，明晰教师职业活动内容和相应胜任力要求，推动教师职业的专业化；颁布《2014-2017师范教育现代化纲要》，推动基于《教师职业标准》的第3++代《高等师范教育联邦国家教学标准》的制定，推动61所项目参与大学在师范人才培养方面创新培养项目、开发以"现代教师胜任力模型"为核心的基本教学大纲。高等师范教育侧重"胜任力导向"的人才培养模式在此阶段得以真正形塑。

（三）俄罗斯高等师范教育实现从"知识导向"专才培养模式到 "胜任力导向"人才培养模式的转向

经过从"解冻"到"变革"到"再冻结"的三阶段变革历程，俄罗斯高等师范教育人才培养模式已基本完成从侧重"知识导向"的专才培养模式到凸显"胜任力导向"的人才培养模式的转向。这一新模式体现了新时代俄罗斯对于"教师是谁""如何培养教师"问题的全新回答。其转换过程与内容以图8表示。

图 8　俄罗斯高等师范教育人才培养模式变革结果图

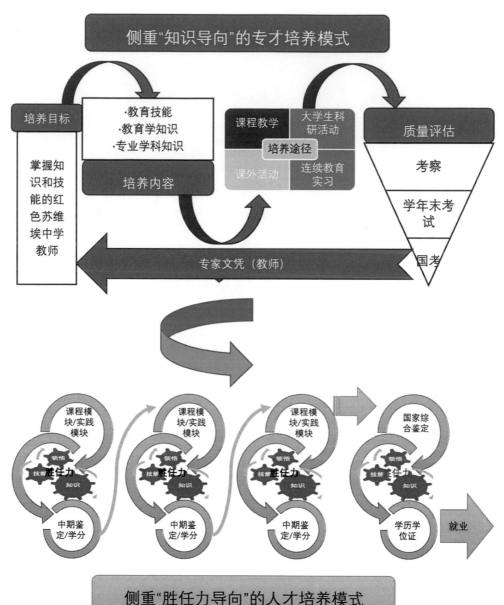

俄罗斯高等师范教育传统的"知识导向"专才培养模式侧重于未来教师对于知识的学习和掌握，其中的"知识"是基于现代知识观的绝对客观的知识，是已定的结论或结果，是一套固化的知识体系，包括学科专业知识、教育学知识和教学技能。无论是培养目标、培养内容，还是培养途径、培养质

量评估均以"知识"为核心。主要目标是是培养具备高尚的个人品质和崇高理想信念的、掌握专精学科知识和教育学知识、具备教学技能的中学、中等专业学校或职业技术学校教师。培养内容涵盖三方面，其一为学科专业培养内容，即专精的学科知识；其二为关于教育学的培养内容，即关于心理—教育学的知识和教学技能；其三为社会政治修养方面的塑造，主要包括马克思列宁主义思想、共产主义理想信念等。培养途径则服务于培养内容，通过课堂教学和大学生学术科研活动培养学生的理论知识，通过连续教育实习锻炼学生的教学技能。在培养质量评估方面也是对学生所掌握的知识和技能水平进行检查，看是否符合课程和教学大纲所规定的水平。

　　传统的侧重"知识导向"的专才培养模式有三大人才培养特征，其一为统一化，其二为专才化，其三为学术性。统一化主要表现为培养内容的单一化、培养途径的线性化、培养质量评估的模板化，由此造成了对学生的个性和志趣不同程度的忽视；专才化表现为培养目标的定向输出，即毕业生的出口过于固定且单一，虽然重视通过教学实习培养学生的专业技能与教学技巧，但是缺乏对学生的通识教育，缺少对学生通识素养的培养。学术性体现在特别强调学生对于学科专业知识的专精程度，对学生的理论知识水平要求较高。

　　而侧重"胜任力导向"的人才培养模式则侧重于胜任力的习得，将使未来教师形成必需的通用胜任力、一般职业胜任力以及专业胜任力作为培养结果，关注的是未来教师具备在现实生活中（包括标准情境和非标准情境）创造性地使用所获得的知识、技能和经验解决实际和理论问题、能不断实现个性发展、社会化和职业成长的胜任力。在这里，"胜任力"是知识、技能、经验、领悟和伦理道德的动态结合，是后现代知识观在人才培养中的具体表现。

　　在以"胜任力"为表征的培养结果导向下，无论是培养内容、培养途径还是培养质量评估均以发展胜任力为最终目标。在培养内容方面，以模块化设计内容结构，包括课程模块和实践模块，每一模块对应相应的胜任力，从而打通知识之间的联系。在培养途径方面，灵活的模块化内容给了学生塑造个性化培养路线的可能性，与此同时更加强调通过实践活动进行自主学习，注重学生独立发现并掌握具有个体经验的知识；在培养评价方面，采用形成性评价、总结性评价和综合性评价的多元评价方式对教学情况进行诊断，通过师生双向反馈促进学生相应胜任力的习得。

　　俄罗斯高等师范教育侧重"胜任力导向"的人才培养模式呈现出动态的、相互传递的、灵活组合的结构形态，可根据个体需求选择不同的模块内容进行组合，同时各个部分是动态连接的，在相互交替作用下促进"胜任力"的习得。这一模式具有个性化、通才化、专业化和实践导向化的人才培养特征。个性化体现在充分以学生为中心，充分考虑学生个体的潜力、特质和志趣，将发展学生的胜任力作为最终目的；通才化则是关注学生通用胜任力和一般职业胜任力的培养，注重学生整体思维认知、自我发展胜任力等综合胜任力的提升；专业化是在专才化培养的基础上以"专业胜任力"为核心进行培养，注重培养未来教师的不可替代的"胜任力"；实践导向化指更加注重通过学生独立工作、自主探究等实践活动的形式促进学生胜任力的形成。

　　当然，侧重"胜任力导向"的人才培养模式并非与侧重"知识导向"的专才培养模式完全割裂、相互对立，恰恰相反，前者是在后者基础上的进一步发展与补充，体现了知识快速增长、经济科技状况发生巨大改变的新时期俄罗斯社会对于人才需求的变化。在侧重"胜任力导向"的人才培养模式中，知识、技能和经验的学习不是被忽略，而是教育目标的前提基础、达成新目标的教育教学工具，是促进学习者在现实生活中解决实际问题的胜任力习得的必要储备。这一新型培养模式在进行职业培养的基础上，更加关注未来教师的个性发展和自我实现，使未来教师不再仅仅是是"学会知识"，而是真正"学会学习"，是追求充分体现以学生综合胜任力发展为本的教育人道化理念的产物。

（四）在守成中创新是俄罗斯高师人才培养模式持续变革的重要趋势

　　俄罗斯未来在高等师范教育人才培养模式变革方面，将会立足传统、深化创新。在立足传统方面，苏联高等师范教育与普通教育同归国民教育部管理，高等师范教育的定向培养和专才培养为苏联培养了大批优秀教师，极大满足了苏联普通教育对于高质量师资的需求，为苏联的社会建设做出了重要贡献。当前，俄罗斯的高等师范教育呈现欧洲标准化倾向，主张师范教育的大学化。但与此同时，俄罗斯也深刻认识到传统定向师范教育对于师资培养的优势所在，尤其是俄罗斯农村地区对于师资的需求十分强烈。因此，俄罗斯未来将立足传统，打造区域连续师范教育体系，并构建包含师范教育和普通教育在内的统一教育空间，增强师范大学的师资培养功能。

在深化创新方面，俄罗斯将主动迎接数字时代的到来，着手打造统一数字教育环境，继续深化完善侧重"胜任力导向"的人才培养模式，并建构基于"数字胜任力"的未来教师胜任力结构模型，而这也将进一步体现在未来高等师范教育人才培养模式的变革之中。

二、评价与反思

（一）评　价

一定的人才培养模式是一定历史时期社会发展要求的产物，体现了不同历史时期的俄罗斯对于"教师是谁""如何培养教师"作出的不同回答，因此不同的人才培养模式没有绝对的好坏之分。

苏联的高等师范教育为其培养了大批高素质的教师，为社会的快速发展做出了巨大的贡献。在计划经济体制下，高等师范教育的侧重"知识导向"的专才培养模式具有一定的合理性。这种人才培养模式能够高效率、大批量、有针对性地为社会提供所需的师资，对于十月革命后乃至第二次世界大战之后的苏联有极为重要的意义，尤其在 20 世纪 50 年代之后苏联开始普及中等教育，对于具备高等学历并且掌握高深学科知识的教师的需求大大增加。同时，这一模式极为重视知识的传授和学习，尤其是诸如数学、物理、生物、化学、历史等学科，具有很强的基础性。并且苏联高等教育的教研室制度使得大学教师的科研和教学融合度很高。在这一模式下培养出的苏联教师均掌握高深的学科知识，且具备扎实的教学技能功底。在彼时的苏联，侧重"知识导向"的专才培养模式被实践证明是有效的，其普通教育质量在全世界都处于前列。

当政治、经济、文化等外部环境发生变化，人才培养模式也相应需要变革。随着科学技术的快速发展，俄罗斯的社会产业结构面临着快速变革的强烈需求，复合型人才开始更受社会青睐，对教师的需求也开始发生改变，其职能不再仅仅是教会学生知识，而更多的是教会学生学习。俄罗斯高等师范教育侧重"胜任力导向"的人才培养模式的形成是俄罗斯教育管理部门、教育学界的专家团体应对快速变化的劳动力市场所采取的变革行动的产物。在苏联的计划经济体制之下，"按需供应"是其高等师范教育人才培养模式的重要特征，也就是我们通常所说的专才培养，中等教育机构对于教师所应掌握知识的要求呈现基本稳定的状态。而当教育领域被卷入市场经济之中，快速变化发展的国内外教育市场不断对未来教师提出的全新的要求，并且知识的更新速度之快也前所未有，相比于传统的侧重"知识导向"的专才培养模式，侧重"胜任力导向"的人才培养模式更为注重未来教师在标准化或非标准化情境中开展行动、解决实践或理论问题能力的培养，能快速适应全新社会环境对于未来教师不断变化的要求。

从侧重"知识导向"专才培养模式到侧重"胜任力导向"的人才培养模式，并非是对前者的全盘否定，而是对其的继承与发展。在侧重"胜任力导向"的人才培养模式中，知识、技能和经验的学习与掌握依旧重要，在教研室进行基本教学大纲的设计时，传统的侧重"知识导向"的专才培养模式的基础性和学术性仍被考虑进去，在现代俄罗斯，定向培养特色也以打造区域连续师范教育体系、构建师范教育和普通教育统一教育空间的形式被一定程度保留下来，以此保证师范大学的师范教育特色和师资培养功能。但知识、技能和经验的学习不再是教育的目标本身，而是手段与过程，目标旨在培养未来教师在现实生活中解决实践或理论问题的胜任力，其落脚点是培养广阔人文胜任力层面的现代教师，是在通才化、个性化基础上的专业化培养。培养教师要面向世界和未来，在知识快速更新的信息时代，仅传授给未来教师一定的知识和技能远远不够，只有"授人以渔"，也就是培养能综合调动知识、技能、理解、技艺等方面的胜任力，才能真正使未来教师适应世界的快速变革。

（二）反 思

教师的质量直接关系到整个教育系统尤其是基础教育的质量，纵观世界师范教育发展实践不难发现，提高教师培养层次、促进师范教育的大学化是大势所趋，在教师教育职前阶段注重为未来教师全面"赋能"，更是全球化时代的师范教育改革的必然要求。

"教师是谁""如何培养教师"的问题也一直是我国师范教育改革关注的重点。自 20 世纪 90 年代以来，我国一直在推动师范教育体系由封闭走向开放，并于 2001 年发布国务院文件正式打破封闭师范教育体系，明确提出"完善以现有师范院校为主体、其他高等学校共同参与、培养培训相衔接的开放的师范教育体系。"[1]教师培养在面向世界的同时也需立足国情，我国在推动师范教育"开放化"的过程中也出现了一些问题。2021 年 5 月最新的人

---

1 中华人民共和国国务院：《国务院关于基础教育改革与发展的决定：国发》[2001] 21 号[A]，2001-05-29。

口统计表明，我国人口总量已经达到 14.1 亿人，其中少儿人口数量不断增加、比重上升，人口基数大、人口众多的国情将长期存在，[2]因此我国基础教育尤其是农村地区的基础教育对师资有长期强烈的需求，而有传统资源优势的中等师范教育被取消，师范大学的师范性也逐渐弱化，师范教育的传统优势在"开放化"过程中被逐渐消解。

党的十八大以后、尤其近五年以来，我国政府不断出台完善教师教育的法规文件，力求在"开放化"背景下加强教师教育建设，力求办好一批高水平、有特色的师范院校和师范类专业，诸如中共中央、国务院《关于全面深化新时代教师队伍建设改革的意见》、教育部《教师教育课程标准（试行）》、教育部《关于印发普通高校师范类专业认证实施办法（暂行）》的通知、教育部五部门《关于印发教师教育振兴行动计划（2018-2022 年）》的通知。在我国人口基数大、对师资数量和质量要求高的背景下，我国的教师培养在未来很长一段时间内仍将以师范院校为主，如何在师范教育"大学化"的趋势下仍保持并增强师范教育特色是我国面临的重要问题。

中俄两国的师范教育有着相似的苏联传统，自 20 世纪 80 年代末以来俄罗斯在高等师范教育领域的变革方向同样是大学化，引入学士—硕士—副博士三级结构，并且由封闭转向开放，由师范大学、综合性大学负责开展高等师范教育，我们或可从俄罗斯的高等师范教育变革之中吸取一些经验。在高等师范教育"大学化"、"开放化"的背景下，俄罗斯仍然保持传统的师范教育特色，打造新时代的区域连续师范教育体系，将中等、高等、高校后师范教育和各级各类普通教育机构紧密联系起来，并尤其注重不同层级教育大纲的延续性，例如在制定师范教育专业国家教学标准时会充分考虑到普通教育国家教学标准的内容。在吸取世界师范教育的先进经验的基础上仍然保留本国师范教育的传统优势——应用性、高效性，使得"开放化"的师范教育体系能继续发挥为普通教育机构培养师资的重要功效。

此外，俄罗斯于 2013 年正式出台《教师职业标准》，对教师的工作职能和相应的胜任力进行了明确规定，并基于职业标准出台了第 3++代《高等教育国家教学标准（师范教育专业方向）》，完成了教师职业胜任力培养在高等

2　中华人民共和国中央人民政府：《国务院新闻办就第七次全国人口普查主要数据结果举行发布会》[EB/OL]. http://www.gov.cn/xinwen/2021-05/11/content_5605842. htm, 2021-05-14.

师范教育国家教学标准和教学大纲中的落实。俄罗斯高等师范教育人才培养模式完成从侧重"知识导向"到侧重"胜任力导向"的这一变革或可给予我国一些参考。同时，面对已经到来的数字时代，我国已于2014年出台《中小学教师信息技术应用能力标准（试行）》，而俄罗斯当前正在开发基于数字胜任力的未来教师胜任力模型，未来可参考俄罗斯的教师数字胜任力模型为我国所用，开发并完善我国中小学教师数字能力标准。

当然，俄罗斯在高等师范教育人才培养模式方面的变革也带来一些问题。通过对赫尔岑师范大学教育学院的教师进行访谈可以发现在变革中隐藏着一些深层次的危机，比如在学分制下学生会陷入过渡追求实用主义的窠臼中，对教师这一职业缺少一定的"想象力"，具体表现为追求学分的达标选择简单课程学习、对没有学分要求的"无用"活动的关注较少；再比如在师范教育管理方面的标准化容易导致形式化的加强等。而这些都是我国在进行师范教育改革的时候需要警惕的现象。

2021年4月，我国教育部办公厅出台关于印发《中学教育专业师范生教师职业能力标准（试行）》等五个文件的通知，建立健全师范院校对于师范生教育教学能力考核制度，推进师范生免试认定教师资格。不难发现，能力为重是我国师范生培养的关键点，其所提出的包括师德践行能力、教学实践能力、综合育人能力和自主发展能力在内的能力框架将学科知识、教育理论和教育实践有机结合起来，是教师专业化水平的重要体现。接下来，我国需要基于职业能力标准相应完善师范教育课程标准和专业标准，以此促进未来教师职业能力在培养环节的落实。

三、研究的创新点与不足

（一）研究的创新点

本研究具有以下三点创新之处：

第一，本研究运用了组织变革理论，综合阿梅纳基斯的组织变革框架、变革时机管理的模型和勒温三阶段变革过程模型对自20世纪80年代末以来俄罗斯高等师范教育人才培养模式的变革进行了深入分析，详实地呈现了在一定变革环境中通过变革者的行动所实现的，从初始状态的侧重"知识导向"的专才培养模式到目标状态的侧重"胜任力导向"的人才培养模式变革的动态过程。

第二，本研究从培养目标、培养内容、培养途径以及培养质量评估四个要素以及要素之间的相互关系的维度对新时代俄罗斯的高等师范教育新型人才培养模式进行全面立体化地分析，得出具备个性化、通才化、专业化和实践导向化人才培养特征的侧重"胜任力导向"的人才培养模式，这一模式呈现出动态的、相互传递的、灵活组合的结构形态。

第三，本研究选择俄罗斯国立赫尔岑师范大学作为个案，通过文献法和访谈法搜集一手资料，从高等师范院校的视角呈现出俄罗斯高等师范教育人才培养模式变革的现实情况以及这一变革对大学一线教师的教育教学活动的影响。其中，积极影响包括推动教育教学活动的个性化、人道化、实践导向化和反思研究化，消极影响包括实用主义下教师职业想象力的丧失以及标准化下的形式化。针对赫尔岑师范大学的实证研究对于客观辩证地看待变革具有重要价值。

（二）研究的不足

本研究存在以下三点不足之处：

一是苏联高等师范教育人才培养模式是自十月革命之后不断发展构建起来的，在苏联七十多年的统治过程中经历了一个不断发展更新的过程，由于研究者个人精力的原因以及博士论文体量的要求，本研究未对苏联高等师范教育人才培养模式进行深层次追溯，仅呈现 20 世纪 80 年代末的苏联高等师范教育人才培养的现实情况。二是研究者在赫尔岑师范大学进行联合培养期间就读于教育学院，对教育学院的 1 名教授、4 名副教授进行了访谈，但是由于有效联系人的缺失未能与其他院系建立起联系，访谈对象不够广泛，这在一定程度上限制了个案的呈现。三是由于陷入众多的资料梳理与分析，加之俄罗斯高等师范教育的新型人才培养模式的形塑时间不长，本研究未对变革的影响，尤其是变革的问题与不足做深入挖掘。因此，这也成为研究者以后深入研究的一个方向，即深入挖掘变革对于俄罗斯高等师范院校一线教师教育教学活动的影响。

四、研究展望

对于"教师是谁""如何培养教师"的问题永远没有一个标准化答案，各国的教师培养都要立足国情面向世界、立足传统面向未来。无论是俄罗斯，还是中国，对于高等师范教育人才培养模式的探索将永不止步，如何使高等师范教育更好地满足当下以及未来对于教师的需求是两国都会一直思考的重要问题。俄罗斯仍然处于师范教育改革的重要进程之中，在继续深化侧重"素养导向"的人才培养模式的同时打造国家—区域连续师范教育体系成为俄罗斯未来重要的变革方向，这一变革趋势值得持续关注。中俄两国的师范教育有共性也有差异，深入探究两国师范教育人才培养模式变革的同和异对于思考世界师范教育发展的趋向有重要价值，这也是研究者未来关注的重要方面。

参考文献

一、中文文献

（一）专　著

1. 安启念：《东方国家的社会跳跃与文化滞后——俄罗斯文化与列宁主义问题》[M]，北京：中国人民大学出版社，1994 年。

2. 北京师范大学外国教育研究所编译：《苏联高等和中等专业教育法律汇编》[M]，北京：北京师范大学出版社，1983 年。

3. 北京师范大学外国教育研究所编译：《苏联普通教育和职业教育法律汇编》[M]，北京：北京师范大学出版社，1985 年。

4. 陈永明：《教师教育研究》[M]，上海：华东师范大学出版社，2003 年。

5. 陈向明主编：《教育研究方法》[M]，北京：教育科学出版社，2013 年。

6. 陈向明：《质的研究方法与社会科学研究》[M]，北京：教育科学出版社，2000 年。

7. 陈伟：《西方大学教师专业化》[M]，北京：北京大学出版社，2008 年。

8. 顾明远，檀传宝：《中国教育发展报告：变革中的教师与教师教育》[M]，北京：北京师范大学出版社，2004 年。

9. 顾明远，梁忠义主编：《世界教育大系教师教育》[M]，吉林：吉林教育出版社，2000 年。

10. 顾明远，梁忠义主编：《世界教育大系苏俄教育》[M]，吉林：吉林教育出版社，2000 年。

11. 顾明远主编：《战后苏联教育研究》[M]，江西：江西教育出版社，1991
    年。

12. 龚怡祖：《论大学人才培养模式》[M]，南京：江苏教育出版社，1999 年。

13. 国家教育委员会高等教育司：《高等教育面向 21 世纪教学内容和课程体
    系改革经验汇编·Ⅱ》[M]，北京：高等教育出版社，1997 年。

14. 姜士林：《世界宪法全书》[M]，青岛：青岛出版社，1997 年。

15. 井润田：《组织变革管理：融合东西方的观点》[M]，北京：科学出版社，
    2020 年。

16. 联合国教科文组织总部中文科：《教育：财富蕴藏其中》[M]，北京：教
    育科学出版社，1996 年。

17. 凯洛夫：《教育学》[M]，北京：人民教育出版社，1953 年。

18. 凯洛夫：《教育学》[M]，北京：人民教育出版社，1957 年。

19. 刘明浚主编：《大学教育环境论要》[M]，北京：航空工业出版社，1993 年。

20. 潘懋元：《新编高等教育学》[M]，北京：北京师范大学出版社，1996 年。

21. 苏真：《比较师范教育》[M]，北京：北京师范大学出版社，1991 年。

22. 石中英：《知识转型与教育改革》[M]，北京：教育科学出版社，2001 年。

23. 王义高：《世界教育大系：苏俄教育》[M]，吉林：吉林教育出版社，2000
    年。

24. 吴式颖：《俄国教育史——从教育现代化视角所作的考查》[M]，北京：
    人民教育出版社，2006 年。

25. 肖甦，王义高：《俄罗斯教育 10 年变迁》[M]，北京：北京师范大学出版
    社，2003 年。

26. 肖甦：《比较教师教育》[M]，南京：江苏教育出版社，2010 年。

27. 肖甦主编：《转型与提升·教师教育的改革与发展》[M]，济南：山东教
    育出版社，2015 年。

28. 谢雪峰：《从全面学苏到自主选择——中国高等教育与苏联模式》[M]，
    武汉：华中师范大学出版社，2004 年。

29. 钟秉林:《教师教育转型研究》[M],北京:北京师范大学出版社,2009 年。

30. 周雪光:《组织社会学十讲》[M],北京:社会科学文献出版社,2003 年。

31. 朱旭东主编:《教师专业发展理论研究》[M],北京:北京师范大学出版社,2011 年。

(二)译 著

1. (日)富永建一著,董兴华译:《社会结构与社会变迁:现代化理论》[M],昆明:云南人民出版社,1988 年。

2. 高尔·博格,徐文彬,侯定凯,范皑皑译:《教育研究方法》[M],北京:北京大学出版社,2016 年。

3. (美)玛丽莲·科克伦·史密斯等编,范国睿等译:《教师教育研究手册变革世界中的永恒问题》[M],上海:华东师范大学出版社,2017 年。

4. (加)迈克尔·富兰著,中央教育科学研究所,加拿大多伦多国际学院译:《变革的力量》(共三册)[M],北京:教育科学出版社,2004 年。

5. (苏)尼·阿·康斯坦丁诺夫等编,吴式颖,周蕖,朱宏译:《苏联教育史》[M],北京:商务印书馆,1996 年。

6. (苏)帕纳钦著,李子卓,赵玮译:《苏联师范教育》[M],北京:文化教育出版社,1981 年。

7. (苏)帕纳钦著,李子卓等译:《苏联的教育管理》[M],北京:文化教育出版社,1982 年。

8. 莎兰·B·麦瑞尔姆,于泽元译:《质化方法在教育研究中的应用》[M],重庆:重庆大学出版社,2008 年。

9. (美)托马斯·库恩,金吾伦,胡新和译:《科学革命的结构》[M],北京:北京大学出版社,2003 年。

10. W·理查德·斯科特,杰拉尔德·F·戴维斯:《组织理论:理性、自然与开放系统的视角》[M],北京:中国人民大学出版社,2011 年。

11. 叶留金 B.Π,张天恩等译:《苏联高等学校》[M],北京:教育科学出版社,1983 年。

12. (美)西里尔·E·布莱克等著,周师铭等译:《日本和俄国的现代化——一份进行比较的研究报告》[M],北京:商务印书馆,1989 年。

13. 耶·恩·米定斯基：《三十年来苏联国民教育及其制度》[M]，上海：作家书屋出版社，1951 年。

（三）期刊论文

1. 常思亮：《苏联、美国、日本高师教育实习改革的基本经验》[J]，外国教育研究，1990 年（3），第 9-14 页。

2. 迟恩莲：《苏联高等师范教育的发展》[J]，高等师范教育研究，1989 年（4），第 73-81 页。

3. 陈和华：《苏联教育理论发展的历史道路》[J]，现代中小学教育，1989 年（1），第 11-16、47 页。

4. 杜岩岩，朱小蔓：《俄罗斯师范教育政策调整的动因、策略与措施——基于《教育的创新发展——提高俄罗斯竞争力的基础》报告解读》[J]，教育研究，2009 年（3），第 65-69 页。

5. 杜岩岩：《俄罗斯师范教育现代化再出发：方向与措施》[J]，教育研究，2015，（9），第 146-151 页。

6. 杜岩岩：《俄罗斯师范教育的现实困境及破解路径》[J]，教育科学，2015 年（4），第 87-91 页。

7. 董泽芳：《高校人才培养模式的概念界定与要素解析》[J]，大学教育科学，2012 年（3），第 30-36 页。

8. 龚怡祖：《略论大学培养模式》[J]，高等教育研究，1998 年（1），第 86-87 页。

9. 赫罗缅科夫，王贵福：《谈苏联的改造高等师范教育》J]，辽宁高等教育研究，1992 年（2），第 83-87 页。

10. 黄福涛：《从洪堡精神到调优项目：欧盟主要国家的学士学位课程改革》[J]，清华大学教育研究，2020 年（5），第 1-10 页。

11. 黄济：《对教育本质问题的再认识》[J]，北京师范大学学报（社会科学版），1998 年（3），第 5-12 页。

12. 姜晓燕：《俄罗斯师范教育现代化计划》[J]，比较教育研究，2004 年（2），第 93-94 页。

13. 林翅：《略论苏联 80 年代高等师范教育的改革》[J]，高教探索，1989 年

（4），第 70-75 页。

14. 刘永福:《面向 2030 的中俄教育现代化发展战略——2017 年中俄教育战略对话会议综述》[J]，教育研究，2017 年（10），第 154-156 页。

15. 刘振:《也论"教育内部关系规律与外部关系规律"说》[J]，清华大学教育研究，1998 年（1），第 21-27 页。

16. 刘茂媛, 高凤兰:《国家复兴关键期俄罗斯教育改革的战略性方向规划——基于对《俄联邦 2016-2020 年教育发展目标纲要》的分析》[J]，外国教育研究，2017 年（6），第 68-81 页。

17. 刘久胜:《苏联高等师范教育简介》[J]，外国教育动态，1981 年（6），第 15-17 页。

18. 刘淑华:《世纪初俄罗斯高等教育现代化的新进展》[J]，比较教育研究，2005 年（6），第 7-11 页。

19. 李艳辉:《俄罗斯《2011～2015 年联邦教育发展目标纲要》教育政策内容分析》[J]，比较教育研究，2013 年（03），第 92-98 页。

20. 李春生, 时月芹:《波伦亚进程框架下俄罗斯高等教育系统的改革与面临的挑战》[J]，复旦教育论坛，2004 年（2），第 66 页。

21. 穆哈敏特加诺娃 Г.В., 姜晓燕:《俄罗斯高等教育现代化进程中的质量问题》[J]，教育研究，2006（08），第 48-54 页。

22. 邵德生:《苏联高师教育的师范性》[J]，黑龙江高教研究，1982 年（03），第 130-133 页。

23. 石隆伟:《造就个性化新型教师:俄罗斯师范教育的战略性发展》[J]，比较教育研究，2012 年（11），第 11-14、19 页。

24. 文育林:《改革人才培养模式,按学科设置专业》[J]，高等教育研究，1983 年（2），第 22-26、17 页。

25. 王凤英:《新世纪俄罗斯师范教育的人文主义》[J]，教育评论，2013 年（6），第 165-167 页。

26. 王海燕:《俄罗斯和美国师范教育课程之比较》[J]，外国教育研究，2001。（2），第 60-64 页。

27. 肖甦:《世纪之交的俄罗斯教师教育改革——打造连续师范教育的完整

体系[J]，比较教育研究，2003 年（4），第 37-42 页。

28. 肖甦，单丽洁：《俄罗斯师范教育改革指导思想评述》[J]，比较教育研究，2001 年（11），第 36-40 页。

29. 夏伟东：《道德教育的"真空"由谁来填补——今日俄罗斯道德教育状况一瞥》[J]，高校理论战线，1998 年（12），第 50-55 页。

30. 俞邃：《戈尔巴乔夫与苏联剧变》[J]，俄罗斯学刊，2012 年（01），第 5-15 页。

31. 杨希钺：《苏联高等师范教育的几个问题》[J]，苏联问题参考资料，1981 年（04），第 20-24 页。

32. 杨大伟，陈婉蕾：《俄罗斯国家资格框架的制订及内容解析》[J]，中国职业技术教育，2017 年（3），第 40-43 页。

33. 朱旭东：《论我国后师范教育时代的教师教育制度重建》[J]，教育学报，2005 年（2），第 76-81 页。

34. 张丹华：《俄罗斯师范教育的演进》[J]，外国教育研究，1995 年（4），第 52-56 页。

35. 张男星：《当前俄罗斯师范教育改革研究》[J]，全球教育展望，2007 年（7），第 87-93 页。

36. 张丹华：《俄罗斯高等师范教育新的培养目标评介》[J]，外国教育研究，1998 年（2），第 31-35 页。

37. 张丹华：《俄罗斯多层次师范教育体系概述》[J]，外国教育研究，1996 年（6），第 34-38 页。

38. 周远清：《质量意识要升温　教学改革要突破——在全国普通高校第一次教学工作会议上的讲话》[J]，高等教育研究，1998 年（3），第 5-15 页。

39. 朱勃：《美苏两国的师范教育》[J]，外国教育动态，1980 年（1），第 27-32 页。

40. 周常稳，周霖：《《2015-2025 年俄罗斯联邦儿童教育发展战略》政策内容分析》[J]，外国中小学教育，2017 年（10），第 1-7 页。

41. 赵伟：《"我们的新学校"——俄罗斯国家教育倡议解析》[J]，外国中小学教育，2011 年（4），第 26-30 页。

（四）学位论文

1. 李贤智:《俄国近现代师范教育发展研究》[D],华中师范大学,2007 年。

2. 吕文胜:《转型期俄罗斯高等师范教育改革及其对我国的启示》[D],东北师范大学,2008 年。

3. 李雅君:《俄罗斯教育改革模式的历史文化研究》[D],东北师范大学,2010 年。

4. 李文婷:《俄罗斯师范学院师范生课程研究》[D],上海师范大学,2012 年。

5. 李佳:《"欧洲教育结构调整"中的教师教育研究》[D],厦门大学,2014 年。

6. 刘朝锋:《综合化背景下美国小学教师职前培养模式研究》[D],东北师范大学,2016 年。

7. 乔桂娟:《俄罗斯教育现代化区域推进模式研究》[D],东北师范大学,2013 年。

8. 宋增元:《俄罗斯教师教育政策研究》[D],浙江师范大学,2012 年。

9. 单春艳:《俄罗斯教育发展对其国家竞争力影响之研究》[D],北京师范大学,2009 年。

10. 王丹:《社会转型时期俄罗斯高师课程改革》[D],上海师范大学,2006 年。

11. 夏辽源:《新世纪俄罗斯职前教师教育改革研究》[D],东北师范大学,2019 年。

12. 周玉梅:《俄罗斯教师教育发展研究》[D],石河子大学,2015 年。

（五）网络链接

1. 中华人民共和国国务院,国务院关于基础教育改革与发展的决定:国发 [2001] 21 号[A]. 2001-05-29.

2. 中华人民共和国中央人民政府,国务院新闻办就第七次全国人口普查主要数据结果举行发布会 [EB/OL]. http://www.gov.cn/xinwen/2021-05-11/content_5605842.htm, 2021-05-14.

二、俄文文献

（一）专 著

1. Адбулина О. А. Общепедагогическая подготовки учителя в системе высшего педагогического образования: для пед. спец. Вузов [M]. М.: Просвещение, 1989.

2. Азимов Э. Г., Щукин А. Н. Новый словарь методических терминов и понятий（теория и практика обучения языкам）[M]. М.: Идательство ИКАР, 2009.

3. Бенин В. Л. Педагогическая культурология [M]. Уфа: БИТУ, 2004.

4. Берган С. Квалификации-осмысление понятия [M]. М.: Аванглион-Принт, 2013.

5. Бубнов А. С. О народном просвещении: Речь на Моск. област. съезде профсоюзов [M]. Ленинград: Гос. изд-во, 1929.

6. Бондаревская Е В. Воспитание как возрождение гражданина [M]. М.: Человека культуры и нравственности, Ростов н/Д, 1995.

7. Буева Л П. Человек, культура и образование в кризисном социуме [M]. М.: Фонд «Новое тысячелетие», 1998.

8. Васильев К.И. Очерки по истории высшего педагогического образования в РСФСР（1918-1932 гг.）[M]. Воронеж, 1966.

9. Веселов В.Р. Формирование учительских кадров в СССР [M]. М: МГПИ, 1983.

10. Верещагина Н. О., Гладкая И. В., Глубокова Е. Н., Писарева С. А., Соломин В. П., Тряпицына А. П. Развитие компетентности будущего педагога в образовательном процессе современного вуза: практико-ориентированная монография [M]. СПб.: Издательство РГПУ им. А.И. Герцена, 2015.

11. Гаджиев Г. М. Личностно-ориентированный подход к профессионально-педагогической подготовке будущего учителя. Известия Дагестанского государственного педагогического университета [M]. Психолого-педагогические науки, 2012.

12. Гришанов П. В. Партийное руководство подготовкой и воспитанием учительских кадров в годы социалистической реконструкции народного хозяйства（1926-1937гг.）[М]. Саратов, 1983.

13. Гершунский Б. С. Философия образования для XXI века（в поисках практико-ориентированной образовательной концепции）[М]. М.: Изд-во «Совершенство», 1997.

14. Главацкий М. Е. Советская историческая литература о формировании производственно-технической интеллигенции. Культурная революция в СССР. 1917-1965. М., 1965.

15. Горшков М. К. Российское общество в условиях трансформаций（социологический анализ）. М.: РОССПЭН, 2000.

16. Гусинский Э. Н. Построение теории образования на основе междисциплинарного системного подхода [М]. М.: Школа, 1994.

17. Днепров Э. Д. Школьная реформа между «вчера» и «завтра» [М]. М.: Изд-во ИОП Международная ассоциация развития и интеграция образовательной системы, 1996.

18. Жуков В. И. Российское образование проблемы перспектив и развития [М]. М.: Изд-во МГСУ «Союз», 1998.

19. Запесоцкий А. С. Молодежь в современном мире проблемы индивидуализации и социально-культурной интеграции [М]. СПб.: ИГУП, 1996.

20. Иващенко Ф.И., Коломинского Я.Л. Актуальные проблемы возрастной и педагогической психологии [М]. Минск: Вышэйшая школа, 1980.

21. Корнетов Г. Б. Цивилизационный подход к изучению всемирного исгорико-педагогического процесса [М]. М.: Изд-во ИТПИ МИО, 1994.

22. Кузьмина Н. В. Профессонализм личности преподавателя и мастерства производственного обучения [М]. М., 1990.

23. Ленинградский ордена Трудового Красного Знамени государственный педагогический институт имени А.И. Герцена. Отчёт о работе кафедры

методики преподавания математики за 1985-1986 учебный год[M]. СПБ.: Изд-во РГПУ им. А.И. Герцена, 1986.

24. Материалы к энциклопедическому словарю по истории высшего образования в России [M]. М.: Изд-во «Республика», 1995.

25. Козырева В. А., Радионова Н.Ф., Тряпицына А.П. Компетентностный подход в педагогическом образовании: Коллективная монография [M]. СПБ.: Изд-во РГПУ им. А.И. Герцена, 2005.

26. Магамадова Л. Х. Управление процессом развития профессионально-ценностных ориентации будущего учителя: дис. Канд. Пед. Наук. М., 1993.

27. Новиков А. М. Как работать над диссертацией [M]. Энгвес, 2003.

28. Пахомов Н. Н. Кризис образования в контексте глобальных проблем. Философия образования для XXI века [M]. М., 1992.

29. Погребенский В. И. Исторические корни современных противоречий и трудностей педагогического образования. Педагогическое образование: опыт, проблемы, перспективы [M]. М., 1989.

30. Пряникова В. Г, Равкин З.И История образования и педагогической мысли [M]. М. Изд-во «Новая школа», 1995.

31. Поташник М. М. Управление качеством образования: Практико-ориентированная монография и методическое пособие [M]. М.: Педагогическое общество России, 2006.

32. Ребрин Ю. И. Управление качеством: Учебное пособие [M]. Таганрог: Изд-во ТРТУ, 2004.

33. Садовничий В. А, Белокуров В. В, Сушко В.Г, Шикин Е. В. Университетское образование Приглашение к размышлению [M]. М.: Изд-во МГУ, 1995.

34. Салов А. И. Разработка проблемы учителя в отечественной педагогике послеоктябрьского периода[M]. М.: АСОУ, 2013.

35. Селезнева Н. А. Качество высшего образования как объект системного

исследования [M]. M.: Издательский центр проблем качества подготовки специалистов, 2003.

36. Сергеев И.С. Как реализовать компетентностный подход на уроке и во внеурочной деятельности [M]. M.: АРКТИ, 2007: 9, 23.

37. Талызина Н. Ф. Управление процессом усвоения знаний: (Психол. основы) [M]. M.: Изд-во МГУ, 1984.

38. Тарасевич Н. Н. Обретение педагогического мастерства [M]. M.: Просвещение. 1981.

39. Шкатулла В. И. Образовательное законодательство теоретические и практические проблемы [M]. M.: Издательский центр проблем качества подготовки специалистов, 1997.

40. Шаповалов В.А. Высшая школа в социокультурном контексте [M]. M: Изд-во «Высшая школа», 1992.

（二）期刊论文

1. Бабинцев В. П., Римский В. П. Бюрократизация вуза как антиинтеллектуальный процесс [J]. Наука. Искусство. Культура. 2014 （4）: 5-17.

2. Батанина И. А. Многоуровневая система образования: особенности и перспективы [J]. Успехи современного естествознания. 2008 （7）: 107-108.

3. Белкина В. В., Макеева Т. В. Концепт универсальных компетенций высшего образования [J]. Ярославский педагогический вестник, 2018 （5）: 117-126.

4. Беляева В. А., Петренко А. А. Компетентностный подход в теории педагогического образования [EB/OL]. https://sworld.com.ua/konfer27/132. pdf, 2021-02-27.

5. Бозиев Р. С. Педагогическое образование в условиях современных цивилизационных вызовов [J]. Педагогика. 2012:54-74.

6. Бордовский Г. А. Модернизация подготовки педагогических кадров на

основе гуманитарных технологий[J]. Universum: Вестник Герценовского университета. 2008（12）:3-6.

7. Бордовский Г. А. Модернизация системы подготовки педагогических кадров в учреждениях высшего образования как необходимое условие обеспечения кадровых потребностей школы [J]. Universum: Вестник Герценовского университета. 2007（8）:3-13.

8. Винникова О. А. Анализ соотнесения ведущих педагогических категорий «компетенции» и «знания и умения» в профессиональном образовании [J]. Вестник ТГПУ. 2012.11（126）.

9. Гумерова Ф.Ф. Содержание этнопедагогического образования в системе подготовки студентов к педагогической деятельности [J]. Историческая и социально-образовательная мысль. 2017（9）:140-144.

10. Данилюк А. Я. Принципы модернизации педагогического образования [J]. Педагогика. 2010:37-46.

11. Дроздов С. Высшая педагогическая школа на рубеже двух пятилеток [J]. Коммунистическое просвещение. 1933（4）.

12. Данилова Л. Н. История непрерывного педагогического образования в России（конец XIX-начало XX века）[J]. Учёные записки Забайкальского государственного университета. 2017（5）: 134-142.

13. Дедкова Е. Г., Коростелкина И.А. Развитие экспорта образовательных услуг в России [J]. Вестник Прикамского социального института. 2018（3）:135-138.

14. Еремина Л. И., Силантьева, М.Ю. Особенности проектирования индивидуального образовательного маршрута обучающегося [J]. Общество: социология, психология, педагогика. 2020（7）.

15. Засыпкин В. П. Модернизация высшего педагогического образования в регионе: социологический анализ [J]. Высшее образование в России. 2010（5）.

16. Залялова А. Г. Региональная модель подготовки педагогических кадров в

условиях образовательного кластера [J]. Профессиональное образование в России и за рубежом. 2011（3）.

17. Зимняя И. А. Ключевые компетенции-новая парадигма результата образования [J]. Эйдос: интернет-журнал. 2006.

18. Ильков В. А. Perspective directions in development of pedagogical education [J]. Alma mater. Vestnik Vysshey Shkoly. 2017（4）:53-56.

19. Иванова Е. О. Компетентностный подход в соотношении со знаниево-ориентированным и культурологическим [EB/OL]. http://www.eidos.ru/journal/2007/0930-23.htm, 2021-02-27.

20. Крупская Н. Основные линии переподготовки учительства [J]. Народное просвещение. 1924:25-27.

21. Коршунова В. В. Педагогическое образование бакалавров: новые стандарты [J]. Вестник Адыгейского государственного университета. Серия 3: Педагогика и психология. 2015（1）:157.

22. Кекеева З. О. Особенности подготовки педагогических кадров в условиях инновационной деятельности университета [J]. Известия РГПУ им. А.И. Герцена, 2012（151）.

23. Калинникова Н. Г. Личностно-ориентированные технологии в тсории и практике педагогического образования [J]. Знание. Понимание. Умение, 2007（1）:23-31.

24. Коллегов А. К. Диверсификация как основная тенденция развития высшего педагогического образования в России [J]. Вестник Томского государственного педагогического университета, 2010（4）:12-16.

25. Калинина Е. Э. Компетентностная модель выпускника педагогического вуза [J]. Современные проблемы науки и образования, 2019（1）:99-108.

26. Ксксева З. О. Особенности подготовки педагогических кадров в условиях инновационной деятельности университета [J]. Известия РГПУ им. А.И. Герцена, 2012（151）:229-234.

27. Коршунова В. В. Педагогическое образование бакалавров: новые

стандарты [J]. Вестник Адыгейского государственного университета. Серия 3: Педагогика и психология. 2015（1）:157.

28. Коршунова Н. Л. Педагогическое образование без педагогики [J]. Педагогика. 2000:41-48.

29. Лызь Н. А. Тенденции развития образования и смыслы педагогической деятельности [J]. Педагогика. 2017（6）: 3-11.

30. Лазарев В. С. К проблеме модернизации педагогического образовании [J]. Педагогика. 2018（1）:3-13.

31. Лобут А. А., Морозов, Г.Б. Тулянкина, И.Н. Концепция «Поддержки» развития педагогического образования как фактор его ускоренной ликвидации [J]. Педагогической образование в России, 2014（4）: 240-248.

32. Макарова Н. С. Дидактический анализ изменений в подготовке современных педагогических кадров [J]. Вестник Челябинского государственного педагогического университета, 2013（10）:131-140.

33. Мелекесов Г. А., Ерофеева Н.Е. Образовательный кластер подготовки педагогических кадров [J]. Вестник ОГУ. 2014（3）:164.

35. Металова И. Г. К вопросу о системе подготовки будущих учителей иностранного языка в условиях личностно ориентированного подхода [J]. Вестник Чувашского университета, 2006（3）:331-342.

34. Марголис А. А. Модели подготовки педагогов в рамках программ прикладного бакалавриата и педагогической магистратуры [J]. Психологическая наука и образование. 2015（5）: 45-64.

35. Марголис А. А. Требования к модернизации основных профессиональных образовательных программ（ОПОП）подготовки педагогических кадров в соответствии с профессиональным стандартом педагога: предложения к реализации деятельностного подхода в подготовке педагогических кадров [J]. Психологическая наука и образование. 2014（3）:105-126.

36. Орлов А. А. Модернизация педагогической подготовки студентов

педвузов [J]. Педагогика. 2010（5）:88-95.

37. Платонова Т. Е. Подготовка педагогических кадров к управлению качеством обучения на диагностической основе [J]. Успехи современного естествознания. 2010（01）:81-86.

38. Панина Л. Ю. Проблемы подготовки учителей в период перестройки（1985-1991гг.）[J]. Вестник Сургутского государственного педагогического университета. 2020（1）: 92-100.

39. Пионова Р. С. Педагогическое образование: стратегия на будущее [J]. Советская педагогика. 1991（8）: 71.

40. Пискунов А. И. Педагогическое образование- концепция, содержание, структура [J]. Педагогика. 2001:41-48.

41. Рукавишников В. О. Социологические' аспекты модернизации России и других посткоммунистических обществ [J]. Социологические исследования. 1995（8）:34-46.

42. Радионова Н.Ф. Теоретико-методологические основы развития педагогического образования [J]. Человек и образование. 2007（10-11）: 39-44.

43. Родин А.М. Подготовка педагогических кадров в РСФСР в 30-е гг.: проблемы и трудности [J]. Педагогика. 1996（6）: 93-97.

44. Романюк Л. В. Гуманистическая педагогика [J]. Знание. Понимание. Умение. 2012（2）: 304-307.

45. Соболев А. Б. Программа развития педагогического образования: новые вызовы [J]. Психологическая наука и образование. 2015. Т. 20（5）:5-12.

46. Суханов А. В. Концепция фундаментализации высшего образования и ее отражение в ГОСах [J]. Высшее образование в России, 1996（3）:17-19.

47. Соколова И. Ю. Технологии и условия качества подготовки педагогических кадров [J]. Вестник Томского государственного педагогического университета. 2005（2）:68-74.

48. Соколова И. И. Педагогическое образование- вызовы современности [J].

Педагогика. 2010:23-28.

49. Сластенин В. А. Профессионализм педагога: акмеологический контекст [J]. Пед. Образование и наука. 2002（4）.

50. Стариченко Б. Е. О формировании общепрофессиональных ИКТ-компетенций студентов направлений подготовки «Педагогическое образование [J]. Педагогическое образование в России. 2016（7）: 97-103.

51. Санкин Л. А. Тонконогая Е.П. Управление качеством образования в гуманитарном вузе [J]. Известия РАО. 2002（2）: 61-72.

52. Селезнева Н. А. Проблема реализации компетентностного подхода к результатам образования [J]. Высшее образование в России. 2009（6）: 3-9.

53. Синенко В.Я. Профессионализм учителя [J]. Педагогика. 1999（5）:45-51.

54. Сухорукова А. В. От знаниевого подхода к компетентностному [EB/OL]. http://aspirantura-olimpiada.narod.ru/index/0-75. 2021-02-25.

55. Тхагапсоев Х. Г. Учитель и культура проблемы подготовки педагогических кадров [J]. Педагогика. 1998（1）:66-72.

56. Тряпицына А. П. Подготовка педагогических кадров и задачи современной школы [J]. Universum: Вестник Герценовского университета, 2010（11）:50-61.

57. Фотеева А. Учитель и время: Обзор материалов заседания секции «Педагогическое образование» Всесоюзного съезда работников народного образования [J]. Советская педагогика, 1989（5）: 50-59.

58. Храпченков В. Г., Храпченкова, И.В. Проблемы подготовки преподавательских кадров в условиях современных образовательных реформ [J]. Сибирский педагогический журнал. 2012（4）, 239-243.

59. Храпченков В. Г. Проблемы подготовки педагогических кадров в условиях транзитивного общества [J]. Социальные взаимодействия в транзитивном обществе. 2003:210-215.

60. Храпченков В. Г., Храпченкова И.В. О социально-экономических предпосылках инноваций в системе образования [J]. Сибирский педагогический журнал. 2008（3）:155-162.

61. Хрущев Н. С. За прочный мир во имя счастья и светлого будущего народов（Речь на Всероссийской съезде учителей 9 июля 1960 г.）[J]. Советская педагогика. 1960（8）: 19.

62. Хуторской А. В. Определение обще-предметного содержания и ключевых компетенций как характеристика нового подхода к конструированию образовательных стандартов[J]. Вестник Института образования человека. М., 2011（1）: 1-13.

63. Шмелёва С. А. Модель профессиональной подготовки выпускника педагогического вуза [J]. Вестник Томского государственного педагогического университета. 2012（5）, 16-22.

64. Эпштейн М. С. Основные проблемы педобразования[J]. Педагогическая квалификация. 1930（3）.

65. Шубина Н. Л. Стратегическое планирование развития уровневого образования в РГПУ им. А.И. Герцена（2008-2015гг.）[J]. Universum: Вестник Герценовского университета. 2008（7）: 3-8.

66. Якунчев М. А., Карпушина Л. П. К проблеме этнокультурной подготовки студентов высших учебных заведений（на примере педвузов）[J]. Сибирский педагогический журнал. 2010（7）: 292-297.

67. Ягодин Г. А. Через гуманизацию и демократизацию к новому качеству образования [J]. 1988

68. Ямбург Е. А. Зачем нужен профессиональный стандарт учителя? [J]. Вестник Московского университета. Серия 20. Педагогическое образование. 2013（3）:3-12.

69. Яковлева И. В., Косенко Т.С. Компетентностный и знаниевый подходы: философско-образовательные проблемы понимания и примененя [J]. Профессиональное образования в современном мире, 2020（1）: 3474-3480.

（三）学位论文

1. Магамадова Л. Х. Управление процессом развития профессионально-ценностных ориентации будущего учителя: дис. Канд. Пед. Наук.М., 1993.

（四）网络文献

1. Верховый Совет СССР. Об основных направлениях реформы общеобразовательной и профессиональной школы [EB/OL]. http://www.libussr.ru/doc_ussr/usr_12023.htm. 2021-02-20

2. Временное положение о государственном высшем учебном заведении в РСФСР.-Постановление Совета Министров РСФСР от 23 февраля 1991 г. [EB/OL]. http://russia.bestpravo.ru/ussr/data01/tex10418.htm. 2020-10-20

3. Государственная программа российской федерации «Развитие образования» на 2013-2020годы. [EB/OL]. https://xn--80abucjiibhv9a.xn--p1ai/%D0%B4%D0%BE%D0%BA%D1%83%D0%BC%D0%B5%D0%BD%D1%82%D1%8B/10748/%D1%84%D0%B0%D0%B9%D0%BB/9640/%D0%98%D0%A2%D0%9E%D0%93%20%D0%9F%D1%80%D0%BE%D1%82%D0%BE%D0%BA%D0%BE%D0%BB%20%D0%B2%D1%81%D0%BA%D1%80%D1%8B%D1%82%D0%B8%D1%8F.pdf. 2018-11-05.

4. Министерство науки, высшей школы и технической политики РФ. Постановление от 13 марта 1992г. No.13 «О введении многоуровневой структуры высшего образования в Российской Федерации» [EB/OL]. https://ru.wikisource.org/wiki/Постановление_Миннауки_РФ_от_13_марта_1992_года_№_13_«О_введении_многоуровневой_структуры_высшего_образования_в_Российской_Федерации». 2021-01-14.

5. Министерство образования и науки РФ. Об утверждении Порядка организации и осуществления образовательной деятельности по образовательным программам высшего образования - программам бакалавриата, программам специалитета, программам магистратуры [EB/OL]. https://www.garant.ru/products/ipo/prime/doc/70503294/. 2021-01-19.

6. Минпросвещения России. Распоряжение Правительства Российской Федерации NO. 907 [EB/OL]. https://edu.gov.ru/activity/main_activities/teacher_education/. 2021-02-23.

7. Постановление Правительства РФ от 19 августа 2009 г. N 667 "О проведении эксперимента по созданию прикладного бакалавриата в образовательных учреждениях среднего профессионального и высшего профессионального образования" [EB/OL]. https://base.garant.ru/196158/#friends. 2021-01-15.

8. Программа развития системы непрерывного педагогического образования в России на 2001-2010 гг. [EB/OL]. http://www.kspu.ru/page-9073.html. 2018-10-25.

9. Правительство Российской Федерации. Распоряжение Правительства РФ от 29.11.2012 N 2204-р <Об утверждении плана разработки профессиональных стандартов на 2012-2015 годы> [EB/OL]. https://legalacts.ru/doc/rasporjazhenie-pravitelstva-rf-ot-29112012-n-2204-r/. 2021-02-22

10. Программа развития системы непрерывного педагогического образования России на 2001-2010 годы [EB/OL]. http://docs.cntd.ru/document/901790476. 2020-12-29.

11. Комплексная программа повышения профессионального уровня педагогических работников общеобразовательных организаций. [EB/OL]. https://минобрнауки.рф/проекты/модернизация-педагогического-образования. 2018-09-10.

12. Концепция модернизации российского образования до 2010 года [EB/OL]. https://dmee.ru/docs/100/index-12988.html. 2020-10-26

13. Об утверждении профессионального стандарта «Педагог (педагогическая деятельность в сфере дошкольного, начального общего, основного общего, среднего общего образования) (воспитатель, учитель) ». Приказ Министерства труда и социальной защиты Российской Федерации от 18 октября 2013 г. № 544н г. Москва. [EB/OL]. http://www.rg.ru/gazeta/rg/2013/

12/18.html. 2018-10-22.

14. Основные цели, задачи и содержание практического занятия [EB/OL]. https://lms.kgeu.ru/pluginfile.php?file=%2F150159%2Fmod_resource%2Fc ontent%2F1%2FМетодические%20указания%20ППС%20к%20проведен ию%20практических%20%28семинарских%29%20занятий%20и%20лаб ораторных%20занятий.pdf. 2020-11-09.

15. Пискунов, А. И. Педагогическое образование: концепция, содержание, структура [EB/OL]. http://piskunovalexey.narod.ru/pedobrazovanie.html. 2018-10-07.

16. Подпрограмма модернизации педагогического образования. [EB/OL]. https://минобрнауки.рф/проекты/модернизация-педагогического-образования. 2018-09-10.

17. Программа развития системы непрерывного педагогического образования России на 2001-2010 годы. [EB/OL]. http://docs.cntd.ru/docu ment/901790476. 2018-09-10.

18. Педагогические ВУЗы России. [EB/OL]. http://bestinedu.ru/pedagogicheskie-vuzy-rossii.html. 2019-01-04.

19. Путин В. В. Важно преломить негативные тенденции в национальных отношениях. [EB/OL]. http://pda.ria.ru/society/20120824/730000926. html. 2018-10-20.

20. Программа модернизации педагогического образования. [EB/OL]. http:// www. ed. gov.ru/prof edu/sred/rub/315/#1. 2018-10-20.

21. Программа модернизации педагогического образования. [EB/OL]. http://base.garant.ru/1592956/. 2018-10-25

22. Профессиональный стандарт «Педагог (педагогическая деятельность в дошкольном, начальном общем, основном общем,среднем общем образовании) (воспитатель,учитель) .[EB/OL]. http://xn--80aaacgdafiea exjhz1dhebdg0bs2m.xn--p1ai/. 2018-10-25

23. Программа «Модернизация педагогического образования в Российской

Федерациию [EB/OL]. http://xn--80aaacgdafieaexjhz1dhebdg0bs2m.xn--p1ai/. 2018-10-25.

24. Problemy podgotovki pedagogov v usloviiakh dvukhurovnevoi sistemy vysshego professional'nogo obrazovaniia[J]. Pedagogika. 2012. [EB/OL]. https://dlib.eastview.com/browse/doc/26865543.2018-10-23.

25. Problemy podgotovki pedagogov v usloviiakh dvukhurovnevoi sistemy vysshego professional'nogo obrazovaniia[J. Pedagogika, 2012. [EB/OL]. https://dlib.eastview.com/browse/doc/26865543.2018-10-30.

26. Студопедия. Педагогические учебные заведдения. [EB/OL]. https://studopedia.ru/9_49414_pedagogicheskie-uchebnie-zavedeniya.html. 2018-09-15.

27. Словари и энциклопедии на Академике. Реформа. [EB/OL]. https://dic.academic.ru/searchall.php?SWord=реформа&from=xx&to=ru&did=dic_fwords&stype=. 2018-10-01.

28. Студопедия. Педагогические способности. [EB/OL]. https://studopedia.ru/4_142104_pedagogicheskie-sposobnosti.html. 2018-10-30.

29. Совет Министров СССР. Постановление от 21 марта 1961 года N.251 "Об утверждении Положения о высших учебных заведениях СССР" http://docs.cntd.ru/document/9053534. 2021-02-27.

30. Сухорукова А.В. От знаниевого подхода к компетентностному [EB/OL]. http://aspirantura-olimpiada.narod.ru/index/0-75, 2021-02-25.

31. ФГОС ВПО по направлению подготовки050100 Педагогическое образованис（квалификация（степень）«бакалавр»）[EB/OL]. http://www.edu.ru/db-mon/mo/Data/d_09/m788. html. 2018-10-21.

32. Закон РФ «Об образовании» [EB/OL]. http://www.consultant.ru/document/cons_doc_LAW_1888/. 2020-12-10.

33. Коваль, С А Становление и развитис двухуровневых образовательных программ в Российской высшей школы [EB/OL].（2011-12-03）[2021-01-14]. http://www.emissia.org/offline/2011/1708.htm. 2021-01-14.

34. Ягофаров, Д.А. Общая характеристика педагогического образования

России [EB/OL]. https://lexed.ru/obrazovatelnoe-pravo/knigi/yagofarov2005/ 1111.php. 2020-10-18.

三、英文文献

1. Adelman, C., Jenkins, D., and Kemmis, S. Rethinking Case Study: Notes from the Second Cambridge Cinference. In Case Study: An Overview. Case Study Methods 1（series）[J]. Victoria, Australia: Deakin University Press. 1983:233.

2. Armenakis, A.A., Bedaion, A.G. Organizational change: a review of theory and research in the 1990s [J]. Journal of management. 1999, 25（3）:293-315.

3. Barnett, W.P., Carroll, G.R. Modeling internal organizational change[J]. Annual Review of Sociology. 1995（21）: 217-236.

4. Becker, H. S. Social Observation and Social Case Studies. In International Encyclopedia of the Social Sciences. Vol.11 New York: Crowell. 1968.

5. Developing an Internal Quality Culture in European Universities. Report on the Quality Culture Project 2002-2003. EUA, 2005:50.

6. DiMaggio，Paul and Walter Powell · The Iron Cage revisited: Institutional Isomorphism and Collective Rationality in Organizational Fields [J]. American Sociological Review. 1983（2）·

7. Etzioni A. The semi-professions and their organization: teachers, nurses, social workers. N.Y.; L.: The Free Press, 1969: 43.

8. Hamilton, P.D. Compentency-Based Teacher Education，Stanford Research Institute， SRI Project 1958, 1973: 3-4.

9. Leavitt, H.J. Applied organizational change in industry: Structural, technological and humanistic approaches [C]. Handbook of organizations. Illinois: Rand McNally & Company. 1965:1144-1170.

10. Meyer. John W·, Brian Rowan. Institutionalized Organizations: Formal Structure as Myth and Ceremony [J]. American Journal of Sociology. 1977（2）·

11. Nadler, D.A., Shaw, R.B., Walton, A.E. Discontinuous change: leading organizational transformation [J]. Academy of Management Executive. 1995,

9（2）: 77-80.

12. Nadler, D.A., Tushman, M.L. A model for diagnosing organizational behavior [J]. Organizational Dynamics. 1980, 9（2）:35-51.

13. Problemy podgotovki pedagogov v usloviiakh dvukhurovnevoi sistemy vysshego professional'nogo obrazovaniia [J]. Pedagogika, 2012. [EB/OL]. https://dlib.eastview.com/browsc/doc/26865543.2018-10-30.

14. Smith, L.M. An Evolving Logic of Participant Observation, Educational Ethnography and Other Case Studies. In L. Shulman（ed.）, Review of Research in Education, Itasca, I11.: Peacock, 1978.

15. Turning Russia [EB/OL]. http://tuningrussia.org. 2021-01-16.

16. TUNING educational structures in Europe. Tuning General Brochure [EB/OL]. http://www.unideusto.org/tuningeu/images/stories/documents/General_ Brochure_final_version.pdf. 2020-10-25.

17. Van de Ven, A. H., Poole, M.S. Explaining development and change in organizational [J]. Academy of Management Review. 1995, 20（3）:510-540.

18. Wilson, S. Explorations of the Usefulness of Case Study Evaluations [J]. Evaluation Quarterly. 1979: 448.

19. Worthen B.R. Is evaluation a mature profession that warrants the preparation of evaluation professionals? // Altschuld J.W., Engle M.（eds）. The preparation of profes- sional evaluators: Issues, perspectives, and programs. San Francisco, CA: Jossey-Bass. 1994:3-15.

20. Yin, R.K. Case Study Research: Design and Methods（2nd ed.）Thousand Oaks [J]. Calif,: Sage. 1994.